KB176074

천오백 년,
영어
글로벌화의
역사

heofonum,
Faeder
ure
thu
the
eart
on
si
thin
nama
ure
thu
the
eart
on
si
thin
nama
Faeder
ure
thu
the
eart
on
si
thin
nama
ure
thu
the
eart
on
si
thin
nama
Faeder
on
si
thin
nama
ure
thu
the
eart
on
si
thin
nama
Faeder.
gehalgod.

si
nama
thin
si
on
eart
nama
thin
si
on
eart
the
thu
ure
nama
thin
si
on
aeder
nama
thin
si
on
eart
the
thu
ure
nama
nama
thin
si
on
eart
the
thu
ure
nama
thin
si
on
aeder
nama
thin
si
on
eart
the
thu
ure
nama
thin
si
on
eart
the
thu
ure
aeder
nama
thin
si
on
eart
the
thu
ure
nama
thin
si
on
eart
the
thu
ure
nama

천오백 년, 영어 글로벌화의 역사

노진서 지음

nama
ure
thu
the
eart
on
si
thin
nama
ure
thu
Give
eart
on
si
thin
nama
Faeder
ure
thu
and
eart
on
si
thin
nama
ure
thu
the
eart
on
si
thin
nama
Faeder
on
si
thin
nama
ure
thu
our
eart
on
si
thin
nama
oure
ure
thu
swa
eart
on
si
thin
nama
Faeder
on
si
thin
nama
ure
thu
day
eart
on
si
thin
nama
eart
on
si
thin
which
are

gehalgod.
Faeder
nama
thin
si
on
eart
the
thu
ure
nama
thin
si
on
Faeder
nama
thin
si
on
eart
the
thu
ure
nama
thin
si
on
eart
the
thu
ure
Faeder
nama
thin
si
on
eart
the
thu
ure
nama
thin
si
on
eart
the
thu
ure
Faeder
heofonum,

머리말

개강–시험–종강으로 반복되는 학사 일정에만 맞추어 살다 보니 정작 유유히 흘러가는 시간의 흐름을 깨닫지 못하다가 어느 날 문득 세월의 강에 한참을 떠밀려 왔음을 알고 허망스러워한다. 이미 어느 모임에 가든 주변의 평균 연령을 높이는 데 기여하는 나이가 되었고 나이는 숫사에 불과하다고 억지로 둘러대기는 하나 몸이 일찌감치 확실한 증거를 보이며 현장 검증을 실시하고 있기 때문에 이는 부인할 수 없는 사실이 되고 만다. 내 딴에 빨리 뛴다고 해 봤자 남이 보기엔 좀 빠르게 걷는 것에 불과한 것이고, 작은 글씨를 볼라 치면 아른거리기 시작하고, 강의실 뒤편 학생이 말하는 것은 앞자리 학생이 중계해 주어야 하니……. 이것이야말로 이제는 작은 것에 집착 말고 큰 것에나 신경 쓰라는 하늘의 뜻이겠지 하고 내 자신을 자위한 지는 벌써 오래다. 그나마 아직 돌아가고 있는 부위는 머리인지라 더 늦기 전에 머리로 할 수 있는 것이나 한번 해 보자고 욕심을 부려 보았다. 다름이 아니라 늘 가르치고 공부하는 영어와 내가 좋아하는 역사, 두 부분을 함께 아우르는 내용으로 책을 만들어 보기로 마음먹었다.

몇 차례 무리가 아닐까 생각도 했었는데 아니나 다를까 그것은 틀림없는 사실이었음이 확인되었다. 무엇보다도 문제가 되는 것은 영어의 음운, 구문, 어휘 등의 변화 과정 그리고 영국사를 어느 범위까지 또 얼마나 깊게 들어갈 것인가 하는 것이었다. 이런저런 고민 끝에 상세하고 전문적인 내용은 다음 기회로 미루고 우선 영어를 전공한 사람이 아니라도 이해할 수 있고 또 흥미를 가질 수 있는 선에서 내용을 구성해 보기로 했다. 이런 연유에서 이 책은 전문적인 음운 현상이라든지 구문의 변화 같은 것은 다루지 않았다. 단지 천오백 년이라는 세월을 통해서 영어가 변해 온 개략적인 모습과 시대상, 그리고 문인의 작품을 통하여 당대 영어의 모습을 확인해 보는 데 주안점을 두고 있다. 또한 이해를 돕기 위해 관련된 사진과 실제 문학 작품의 일부를 발췌하여 제시하였다.

『천오백 년, 영어 글로벌화의 역사』를 준비하면서 어느덧 해가 바뀌고 여름이 되었다. 이 책의 자료를 찾고 정리하고 원고를 작성하는 일은 결코 녹록지 않았다. 더구나 이 시기에 개인적으로 힘든 일들이 유난히도 많았다. 하지만 이 고난의 시간도 늘 따뜻한 마음으로 힘이 되어 주시는 분들 덕분에 그리 힘들지 않게 이겨 낼 수 있었다. 이 자리를 빌려서 언제나 격려와 도움을 주시며 함께해 주신 동료 교수님들과 후배 선생님들 그리고 친구들에게 감사의 말씀을 전한다. 또한 정성껏 멋진 책을 만들어 주신 한국학술정보(주)에도 심심한 감사를 드린다.

2010년 여름

노진서

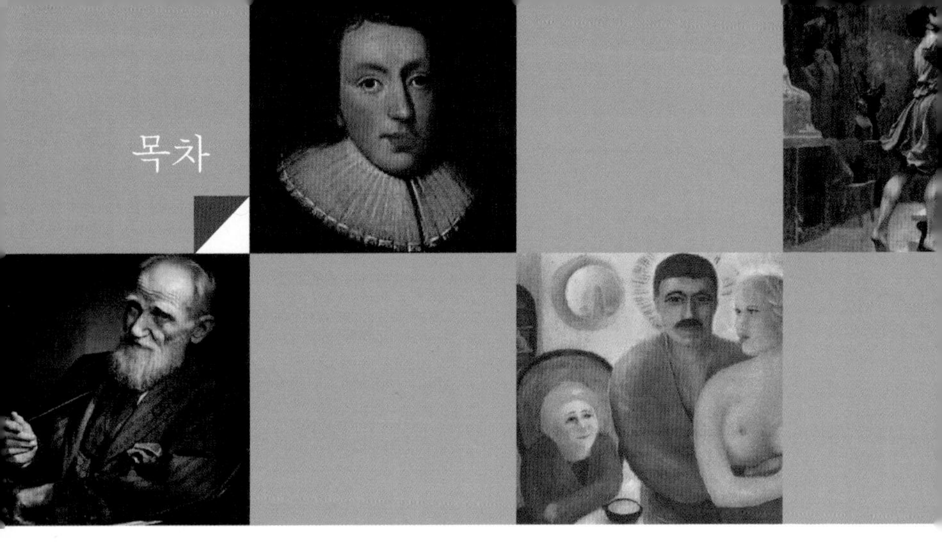

목차

서문 브리튼 섬에서 세계로

국토 면적 24만 ㎢, 인구 6천만 명.
두 개의 큰 섬과 작은 여러 섬들로 이루어진 나라, 영국.

끊임없는 외세 침탈의 수난을 겪은 유럽 변방 국가에서
19세기 팍스 브리태니카를 구가한 나라, 영국.

그 영욕의 역사를 함께한 언어, 영어.

프랑스어·독일어·일본어·러시아어·스페인어·중국어·아랍어·한국어·
포르투갈어와 함께
세계지적재산권기구(WIPO)가 지정한 '국제 공개어.'

뿐만 아니라 프랑스어·독일어·일본어·러시아어·스페인어·중국어·
아랍어와 함께
국제 사회에서 통하는 'UN공용어.'

모국어로서 사용자 약 3억 5천만 명.
제2언어로서 사용자 약 3억 내지 5억 명.
외국어로서 사용자 약 10억 명.

작은 섬나라 언어에서
일약 5대양 6대주의 세계어가 된 언어, 영어.

글로벌 언어, 영어

오늘날 우리는 국제 사회에서 통용되는 주요 언어에 대하여 이런 말들을 하곤 한다. 불어는 감미롭다. 그래서 '불어는 사랑을 위한 언어이다.' 이탈리아에는 〈산타 루치아〉, 〈오 솔레미오〉 등 가곡과 세계적으로 알려진 칸초네canzone가 많다. 그래서 '이탈리아어는 노래를 위한 언어이다.' 독일어는 거세고 둔탁한 음으로 인해 절도 있고 힘차서 군인에게 잘 어울린다. 그래서 '독일어는 군인을 위한 언어이다.' 또한 일본어는 겸양과 반어적 표현이 많아서 국제 외교에 사용하기 편리하므로 '일본어는 외교를 위한 언어이다.' 그렇다면 영어는 어떠한가? 영어에 대해서는 어떻게 말할 수 있는가?

영어는 19세기 팍스 브리태니카Pax Britanica, 그리고 20세기 팍스 아메리카나Pax Americana로 이어지는 글로벌 비즈니스 환경 속에서 세계 공용어로서의 위상을 갖게 되었다. 예컨대 지난 수 세기 동안 유럽에서는 라틴어, 소아시아와 중동 지방에서는 아랍어, 동아시아에서는 중국어가 그 지역의 공용어 역할을 하고 있었다. 또한 라틴어는 교회의 언어였으며 불어는 한동안 외교 언어로서 위상을 자랑하였다. 그런데 사용자 15만 명 남짓의 부족 언어였던 게르만어 방언이 어떻게 15억 명이 사용하는 세계 공용어가 되었을까?

영어의 세력 기반, 국력 신장

영어를 최고의 위치에 도달하게 만든 요인은 두 가지로 압축된다. 먼저, 영어 자체가 가진 내적인 힘, 즉 영어의 포용력이 그 하나이며 다른 하나는 영어 사용자들과 그들 국가의 힘이다. 19세기 영국의 해외 식민지 확장은 세계 최강국의 언어로서 영어의 위상을 한껏 높여 주었다. 그 사실은 19세기 영국의 교육가였던 피트먼Isaac Pitman의 말에서 짐작할 수 있다. 그는 미래의 언어로서 영어를 언급하면서 "대영 제국은 지금 세계 면적의 3분의 1을 차지하고 있으며, 대영 제국에 속해 있는 사람들은 세계 인구의 4분의 1에 해당한다"라고 했다. 이 말의 속뜻을 생각해 보면, 드넓은 식민지 지배를 통하여 전 세계를 영국화하겠다는 것이 영국의 속셈이었고, 영어는 이러한 목적을 이루는 데 있어서 중요한 역할을 수행했다. 즉 영국이 새로운 식민지를 건설하면 그곳에 영어가 사용되면서 그 지역이 문화적 측면에서 영국적으로 바뀌게 되고 그것은 다시 순환적으로 더욱더 영어를 사용하도록 만들기 때문에 영어는 사용 지역과 사용자 수가 커질 수밖에 없었다.

또 영어가 국제 통용어로 자리매김한 것은 영국의 산업과 기술 발달에 힘입은 바 크다. 19세기 초에 접어들면서 영국은 세계 산업과 무역의 중심이 되었다. 이른바 산업 혁명을 거치면서 영국은 기술 혁신과 새로운 운송 수단을 이용하여 다양한 제품을 생산, 수출하는 '세계의 공장'이 되었다. 이 과정에 새로운 과학 기술과 관련된 신조어들이 생겨나고 그것이 영어 사전에 수록되었다. 또한 영국이 세계 첨단 기술의 발원지가 되면서 새로운 기술을 배우려는 타국 사람들은 영어를 배워야 했다. 이러한 상황은 19세기 말엽부터 서서히 미국으로 옮겨 가게 되었다. 어쨌든 1750년부터 1900년까지 주요 과학 기술 연구의 절반이 영어로 발표되었는데 이렇듯 과학 기술 분야에서도 영어는 끊임없이 세력을 확장해 가고 있었다.

게다가 20세기 인터넷 발달에 의한 통신 혁명은 영어의 위상을 더욱 확고히 해 주는 계기가 되었다. “인터넷은 미국에서 시작되었다. 인터넷의 기본 체계와 소프트웨어에서 사용되는 언어는 모두 영어이다”라는 뉴욕타임즈 기사가 암시하는 바대로 인터넷이 사용되면 될수록 그로 인한 영어의 영향력은 배가될 것은 분명하다. 이미 전 세계의 컴퓨터 관련 텍스트 가운데 80~90%는 영어로 쓰여 있고 이러한 경향은 더욱 심화될 것이다.

또, 중남미, 아시아, 아프리카 등 다민족 신생 독립 국가에서는 다민족 사이의 중립적인 의사소통 수단으로 영어를 사용하고 있다. 특히 각 지역에 기반을 둔 지역적 변종 영어는 다민족 통합의 상징으로 여겨지기도 한다.

영어의 내적인 힘, 포용력

19세기부터 영국의 식민지 확장에 따라 영어의 사용 지역도 확대되면서 영어는 일약 국제 사회의 공용어 자리에 오르게 되었다. 그러나 어떤 국가가 영토를 확장했다고 그 국가의 언어가 반드시 세계 공용어가 되는 것은 아니다. 과거 칭기즈칸의 몽골 제국도 유라시아의 넓은 영토를 차지했지만 그들의 언어는 세계 공용어가 되지 못했다. 그렇다면 영어는 어떻게 세계 공용어가 되었을까? 영어가 갖고 있는 포용력을 살펴보면 그 의문에 대한 답을 찾을 수 있다. 영어는 지난 천오백 년에 걸쳐 다른 언어로부터 어휘를 수용한 결과 약 60만 개의 어휘를 갖고 있다. 독일어가 영어의 3분의 1 수준인 약 18만 4천 개, 불어와 러시아어가 각각 6분의 1 정도인 약 10만 개의 어휘에 불과한 것에 비하면 영어가 갖고 있는 어휘는 실로 엄청나다. 영어는 특히 한 어휘에 대한 다수의 동의어를 보유함으로써 다양하고 미묘한 표현을 부족함 없이 나타낼 수 있는 장점을 갖고 있다. 예를 들면, '아름다운'의 의미를 표현할 경우, fair(앵글로색슨어), beautiful(불어), attractive(라틴어) 같은 동의어에서 선택하여 미묘한 뉘앙스를 전달할 수 있다.[1] 또한 앵글로색슨어는 투박하고 라틴어는 지적이고 불어는 음악적이라는 특성을 갖고 있는데, 이와 같은 각 언어의 특성을 영어가 모두 보유하게 된 것은 영어가 다른 언어와 접촉했을 때 타 언어에 대하여 배타적이기보다는 그것을 포용한 결과이다. 이러한 사실은 역사적으로도 입증되는 사실이다. 즉 영어는 고대와 중세에 걸쳐서 자신보다 월등한 지위에 있었던 라틴어와 불어에 눌려 압도당할 위기에 처한 적도 있었지만 끈질긴 생명력과 유연한 포용력으로 살아남았다.

영어가 오늘날의 위상을 갖게 된 데에는 앞서 열거한 요인에 못지않게 초강대국인 미국의 부와 영향력도 한몫했음은 부인할 수 없는 사실이다. 그러나 오늘날 영어가 세계어의 위치에 오를 수 있었던 원천적인 요인은 영어의 역사 속에 내재한다. 천오백 년 영어 역사 속에 그 요인을 찾으며 또한 변화를 거듭해 온 영어의 모습을 추적해 보는 것도 흥미로운 일이 될 것이다. 현대 영어에 이르기까지 변화하는 모습을 주기도문을 통해 잠깐만 살펴보자.

고대 영어(10세기)

Faeder ure thu the eart on heofonum, si thin nama gehalgod. Tobecume thin rice. Gewurthe in willa on eorthan swa swa on heofonum. Ume gedaeghwamlican hlaf syle us to daeg. And forgyf us ure gyltas, swa swa we forgyfath urum gyltedum. And ne gelaed thu us on contnungen ac alys us of yfele. Sothlice.

중세 영어(14세기)

Oure fadir that art in heuenes halowed be thi name, thi kyngdom come to, be thi wille don in erthe es in heuene, yeue to us this day oure bread ouir other substance, & foryeue to us oure dettis, as we forgeuen to oure dettouris, & lede us not in to temptacion: but delyuer us from yuel, amen.

근대 초기 영어(16세기)

Our father which are in heaven, hallowed by thy Name. Thy Kingdom come. Thy will be done, on earth, as it is in heaven. Give us this day our daily bread. And forgive us our trespasses, as we forgive those who trespass against us. And lead us not into temptation, but deliver us from evil. For thine is the kingdom, and the power, and the glory, for ever, amen.

현대 영어

Our Father, who is in heaven, may your name be kept holy. May your kingdom come into being. May your will be followed on earth, just as it is in heaven. Give us this day our food for the day. And forgive us our offenses, just as we forgive those who have offended us. And do not bring us to the test. But free us from evil. For the kingdom, the power, and the glory are yours forever. Amen.

하늘에 계신 우리 아버지, 아버지의 이름을 거룩하게 하시며 아버지의 나라가 오게 하시며, 아버지의 뜻이 하늘에서와 같이 땅에서도 이루어지게 하소서. 오늘 우리에게 일용할 양식을 주시고, 우리가 우리에게 잘못한 사람을 용서하여 준 것같이 우리 죄를 용서하여 주시고, 우리를 시험에 빠지지 않게 하시고, 악에서 구하소서. 나라와 권능과 영광이 영원히 아버지의 것입니다. 아멘.

오늘날 우리가 접하는 주기도문도 시간에 따라 다른 모습으로 바뀌어 온 것을 알게 된다. 중세 영문학을 대표하는 시인 초오서Geoffrey Chaucer(1340~1400)는 자신의 서사시 『트로일루스와 크리세이데Troilus and Criseyde』 제2권 22~26행에다 다음과 같은 말을 남겼다.

Ye knowe ek that in forme of speche is chaunge
Withinne a thousand yeer, and wordes tho
That hadden pris, now wonder nyce and straunge
Us thinketh hem, and yet thei spake hem so
And spedde as wel in love as men now do.

(현대 영어 역문)
You know also that there is change in the form of speech
within a thousand years, and of words though,

that had value, now wondrous foolish and strange
to us they seem, and yet they spoke them thus,
and they prospered as well in love as men now do.

당신은 알겠지, 천 년이면 말이 변한다는 것을,
예전 한때 멋있어 보였던 단어도 지금은 우습고 이상하게 보이는 것을,
그러나 그 시절 사람들도 그 말로 우리처럼 사랑을 했다는 것을.

수천 년에 걸쳐 언어는 변하지만 그 형태가 어떠하든 거기에 사람들이 감정과 생각을 담아 전한다는 초오서의 생각은 450여 년 뒤 소쉬르Ferdinand de Saussure(1857~1913)의 『일반언어학 강의Cours de Linguistique Generale』에서 되살아난다.

시간은 모든 것을 바꾸어 놓는다. 언어도 이 보편적인 법칙을 비켜 갈 수는 없다. 언어의 모든 부분이 변화를 겪는다……. 언어는 거침없이 흐른다. 그것이 잔잔한지 거센지는 다음 문제다.

시간의 흐름 속에 모든 것이 그러하듯 영어도 자신의 역사 천오백 년 동안 끊임없이 자신의 모습을 바꿔 왔다. 그러면 시간의 강을 거슬러 영어의 예전 모습과 그리고 영어가 있었던 그 자리를 찾아가 보기로 한다.

01

유라시아 노마드의 언어, 인도유럽어

산스크리트어 pitar, 라틴어 pater, 영어 father, 독일어 Vater는 아버지,
산스크리트어 mater, 라틴어 mater, 영어 mother, 독일어 Mutter는 어머니.

1786년 영국의 식민지 인도.
당시 영국 식민지였던 인도 캘커타에서 주재하던
영국인 윌리엄 존스William Jones.
그는 산스크리트어 경전을 보다가
우연히 영어의 기원에 대한 수수께끼를 풀었다.

산스크리트어, 라틴어, 그리스어, 영어, 독일어, 불어 등
동쪽의 인도에서 서쪽의 아일랜드에 이르는 유럽의 언어들이
아득한 옛날 하나의 언어였다는 사실.

인간과 언어

입을 열고 폐로부터 공기를 내보내면 공기가 목에 있는 성대를 통과하며 소리를 만들어 낸다. 아주 단순해 보이는 발성 메커니즘으로 소리를 만들어 기분을 표현하는 것은 동물이 할 수 있는 여러 가지 행동 가운데 하나이다. 그런데 인간의 언어는 단순한 기분 표현을 넘어서 복잡한 정보를 교환하려는 욕구를 충족시키기 위하여 필연적으로 발달한 행동 양식이다. 그러나 인간 언어가 어디서부터 어떻게 진화해 왔으며 또 어떻게 분파되었는지 정확히 알 수는 없다. 성경에는 언어의 기원에 대하여 다음과 같이 적혀 있다.

온 땅의 구음이 하나이요 언어가 하나이었더라. 이에 그들이 동방으로 옮기다가 시날 평지를 만나 거기 거하고 서로 말하되 자, 벽돌을 만들어 견고히 굽자 하고 이에 벽돌로 돌을 대신하며 역청으로 진흙을 대신하고 또 말하되 자, 성과 대를 쌓아 대 꼭대기를 하늘에 닿게 하여 우리 이름을 내고 온 지면에 흩어짐을 면하자 하였더니 여호와께서 인생들의 쌓는 성과 대를 보시려고 강림하셨더라. 여호와께서 가라사대 이 무리가 한 족속이요 언어도 하나이므로 이같이 시작하였으니 이후로는 그 경영하는 일을 금지할 수 없으리로다. 자, 우리가 내려가서 거기서 그들의 언어를 혼잡하게 하여 그들로 서로 알아듣지 못하게 하자 하시고 여호와께서 거기서 그들을 온 지면에 흩으신 고로 그들이 성 쌓기를 그쳤더라. 그러므로 그 이름을 바벨이라 하니 이는 여호와께서 거기서 온 땅의 언어를 혼잡하게 하셨음이라 여호와께서 거기서 그들을 온 지면에 흩으셨더라(창세기 11장 1~9절).

피터 브뢰겔이 그린 바벨탑Tower of Babel. 구약 성서에는 바벨탑이 무너지면서 깨진 조각 수만큼 언어가 생겨났다고 기록되어 있다.

성경에 따르면 창세기의 신은 단지 인간들이 서로의 말을 이해하지 못하게 만들었을 뿐이라고 하였지만, 언어학자 마틴 주스Martin Joos는 언어가 무한히 그리고 예측 불가능한 방식으로 달라지므로 인간들은 신이 의도했던 것보다 훨씬 더 혼란에 빠져 있다고 하였다. 오늘날 지구상에는 4,000~6,000개의 언어가 존재한다. 이 많은 언어들의 출발은 성경의 기록 그대로일까? 언어의 출처에 대하여 창세기 기록을 그대로 믿는 사람도 있지만 그렇지 않은 사람도 있다. 이를테면 심리학자 로빈 던바Robin Dunbar와 인류학자 레슬리 에일로Leslie Aiello는 영장류의 털 다듬기와 집단의 크기 그리고 언어의 진화를 연결 지어 생각했다. 털 다듬기는 영장류 사회를 묶어 주는 가장 보편적인 행동인데 영장류의 개체 수가 늘어나면서 생존을 위한 필수적인 활동, 즉 먹이를 찾고 짝을 찾는 활동에 할애해야 하는 시간 때문에 늘어난 개체들 모두의 털 다듬기에 한계를 느끼게 되고 게다가 인간은 털이 사라짐으로써 그 대신 인간의 수다 떨기가 서로의 유대 관계를 이어 주는 중요한 수단으로 대체되었다는 것이다.

어쨌든 아득히 먼 옛날 인류의 조상들은 어떤 말을 썼을까? 대략 5만 년에서 10만 년 이전에 몇 가지 음성 언어가 발달했을 것으로 추정될 뿐이다. 인류의 초창기에 관한 흔적 어디에도 언어가 어떻게 만들어졌는지에 관한 정확한 증거나 유물을 찾을 수 없다. 다만 유적, 화석, 그림, 신화, 관습 등에 남아 있는 미미한 흔적으로부터 미루어 재구성해 볼 뿐이다.

인도유럽어

시간을 거슬러 아주 오랜 옛날을 가정해 보자. 짐작하다시피 그 시절 언젠가부터 앵글로색슨의 조상들이 별안간 나타나서 영어를 쓰지는 않았을 것이다. 영어도 그 조상 언어인 원시 게르만어로부터 진화해 온 언어이기 때문이다. 게르만족의 선조들은 고고학적인 기록을 남기지는 않았다. 다만 그들이 거주했던 지역에 특별한 흔적을 남겼는데 이 흔적을 발견하여 엄청난 수수께끼를 풀어낸 사람이 다름 아닌 윌리엄 존스William Jones(1746~1794) 경이다.

18세기 말 영국은 동방으로 진출하여 인도를 식민지로 삼았다. 1786년 인도에 주재했던 존스는 오래전에 사라진 산스크리트어를 연구하다

획기적인 발견을 하고 다음과 같이 기록하였다.

산스크리트어는 그토록 오래된 언어임에도 대단히 훌륭한 구조를 가지고 있다. 그리스어보다 더 완벽하고 라틴어보다 더 풍부하며 그 둘보다 더 절묘하고 세련된 형태를 지니고 있다. 심지어는 동사의 어근과 문법 형태 모두에서 우연 이상으로 두 언어와 유사하다. 실제로 그 유사성은 너무도 긴밀해서 세 언어를 모두 조사해 본 언어학자라면 누구라도 지금은 사라진 어떤 공통의 근원으로부터 그것들이 생겨났다고 믿지 않을 수 없을 정도이다. 고트어(게르만어)와 켈트어가 매우 상이한 모습임에도 불구하고 산스크리트어와 동일한 기원을 가진다고 확신할만한 근거가 있다. 그리고 고대 페르시아어도 동일한 어족에 추가할 수 있다…….

1786년 윌리엄 존스는 왕립아시아학회Royal Asiatic Society에서 논문을 발표했는데 거기서 그는 증거를 제시하면서 산스크리트어가 라틴어 및 그리스어와 연관이 있다는 주장을 하였고 또 산스크리트어가 게르만어 및 켈트어와도 연관되어 있을 것이라는 추측을 하였다. 언어학자들은 연구를 통하여 윌리엄 존스가 언급한 언어뿐만 아니라 유럽과 아시아의 많은 언어들이 인도유럽어라고 하는 같은 어족에 속하는 친척들이라는 결론을 내렸다. 존스가 주장한 언어들을 대조하면 다음과 같다.

영어	brother	mead	is	thou bearest	he bears
그리스어	phrater	methu	esti	phereis	pherei
라틴어	frater		e	fers	fert

고대 슬라브어	bratre	mid	yeste	berasi	beretu
고대 아일랜드어	brathir	mith	is		beri
산스크리트어	bhrater	medhu	asti	bharasi	bharati

이러한 유사성을 근거로 학자들은 현존 언어들의 조상어, 즉 원시 인도유럽어를 재구성해 보려는 노력을 기울여 왔다. 그러나 오늘날까지도 인도유럽어 사용자들이 누구였는지 아는 사람은 아무도 없다. 선사 시대라 기록이 없으므로 고증을 위하여 그들의 언어, 신화뿐 아니라 고고학 자료까지도 검토되고 있지만 아직도 상당 부분 언어학자와 고고학자의 상상에 의한 추측만 무성할 뿐이다. 이를테면 금속이나 바퀴 달린 수레, 농기구, 가축과 식물을 지칭하는 어휘[2]로부터 인도유럽어 사용자들이 후기 신석기인일 것으로 짐작하고 있다. 또 그들의 어휘에 느릅나무, 버드나무는 있지만 올리브나무나 종려나무를 가리키는 어휘가 없다는 사실에서 그 나무들의 분포 지역을 참작하여 이들은 북유럽 내륙에서 러시아 남부에 이르는 지역, 즉 우크라이나Ukraine 지역인 흑해Black Sea 또는 다뉴브Danube 강 유역 또는 발트 해Baltic Sea 연안 어딘가에 거주했을 것으로 추정되고 있다. 또한 가부장제, 요새, 말, 무기 등을 뜻하는 어휘로 볼 때 이들은 이륜마차를 타고 이동하던

소아시아 히타이트Hittite의 유적에서 발굴된 25,000개의 점토판 중 하나. 제작 연도는 기원전 1800년대까지 거슬러 올라가며 여기에 기록된 설형 문자가 인도유럽어의 고어 형태일 것으로 보고 있다.

유목민이었을 것으로 생각된다. 인도유럽어 사용자들이 '아리안Arian'족이었으며 그들이 자신들의 조상이라는 나치의 주장도 있다. 그러나 그것은 하나의 설일 뿐이고 고고학자들은 오히려 기원전 3000년경 러시아 남부 초원 지대에서 말과 마구를 사용했던 쿠르간Kurgan 족에 무게를 두고 있다. 최근 고고학자인 콜린 렌프루Colin Renfrew는 인도유럽어 사용자들이 기원전 7000년경 아나톨리아Anatolia(터키의 고원 지대)에 살았던 세계 최초의 농부들이었다고 주장하여 주목을 끌고 있다.

게르만어

기원전 3천5백 년에서 2천5백 년 사이에 가부장적 사회를 이루며 공격적이고 호전적이었던 인도유럽어족 사람들은 중앙아시아와 유럽 전역으로 이동하기 시작하였다. 물론 그들과 함께 인도유럽어도 같이 옮겨갔다. 흩어진 그룹 간에 왕래가 힘들었던 그 시기에 오랜 시간이 경과하면서 그룹별로 언어가 점점 변해 서로에 대하여 소통이 불가능한 별개의 언어가 되어 버렸다. 결과적으로 인도유럽어라는 하나의 언어가 각 지역별로 흩어져 지금은 사멸한 토카리아어Tocharian, 그리고 켈트어Celtic, 게르만어Germanic, 이탤릭어Italic, 헬레닉어Hellenic, 인도이란어Indo-Iranian, 발토슬라브어Balto-Slavic 등과 같은 언어로 분파되었다. 인도유럽어에서 분파된 이 언어들의 유사성은 친족 관계나 숫자 등을 나타내는 어휘에서 그 흔적을 엿볼 수 있다.[3)]

이 가운데 게르만어가 후에 영어로 발전하게 된다. '게르만'이란 켈트어로 '이웃 사람'을 의미한다. 'gair'는 '이웃'을 뜻하며 'maon'은 '사람'을 가리킨다. 게르만어족의 사람들은 다른 인도유럽어족 사람들과 마찬가지로 하늘과 전쟁의 신Donner, 마술의 신Wotan, 다산多産의 신Freia을 숭배했다. 또 그들은 스텝초원이 아니라 숲에서 살면서 강, 나무, 숲을 소중히 여겼다. 그들은 룬 문자runes를 사용했으며 쇠를 다룰 줄 알았다. 전사이자 목축민이었으며 상인이기도 했던 그들은 수레나 말을 이끌고 집단으로 유목 생활을 하였다. 게르만족이 데인족, 색슨족, 앵글족, 주트족, 반달족, 프랑크족, 고트족 등으로 불리는 것은 그들이 다니는 지역에 따라 이름이 붙여졌기 때문이다.

이 인도유럽어에서 게르만어에 이르는 변화는 제이콥 그림Jacob Grimm(1785~1863)에 의해 그 규칙성이 밝혀졌는데 그의 이름을 따 그림의 법칙Grimm's Law이라 한다. 그는 동생 빌헬름 그림Wilhelm Grimm(1786~1859)과 함께 당대 유명했던 그림 형제이다. 동생도 형과 이력이 비슷한데 대학에서 법률을 전공하고 괴팅겐 대학의 교수를 역임하고 나중에 베를린 아카데미 회원이 되었다. 그들은 『백설 공주와 일곱 난쟁이』, 『브레멘의 음악대』, 『백조의 왕자』, 『헨젤과 그레텔』 등을 수집하여 수록한 『그림 동화』(1812)를 비롯하여 독일의 전설, 독일어 사전 같은 저술 활동을 함께하여 그림 형제라 불렸다.

그림 형제의 제이콥 그림은 빌헬름 그림의 형이다. 제이콥 그림은 인도유럽어에서 게르만어로 분파되는 과정에 언어음의 변화를 체계적으로 정리하여 설명한 법칙을 찾아냈는데, 이것을 그림의 법칙이라 한다.

독일의 전설, 동화 등을 수집하는 그림 형제. 형인 제이콥 그림과 동생 빌헬름 그림은 똑같이 법학을 전공했으면서도 언어에 관심이 많았다.

그림의 법칙은 제이콥 그림이 그의 저서 『독일 문법』에 정리하여 발표한 것인데 이를테면 인도유럽어의 /p/음은 게르만어에서 /f/음이 되었다는 것이다. 일례로 라틴어와 게르만어의 한 분파에 속하는 영어를 비교해 보면 pater아버지–father, pod발–foot, penta다섯–five가 된다.

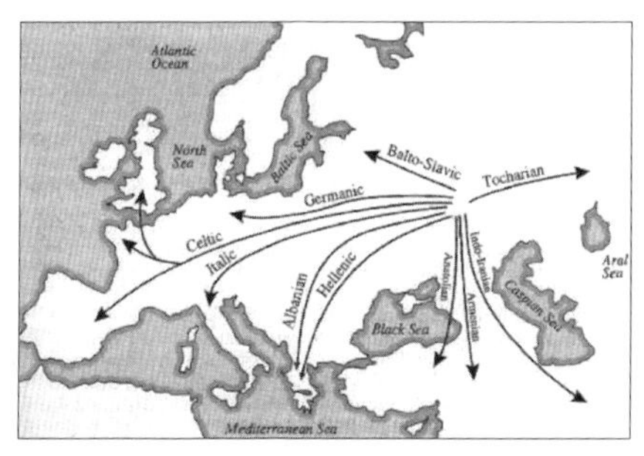

중앙아시아의 유목민이던 인도유럽어 사용자들이 유럽 전역과 인도에까지 이동하게 되었고 이들은 서로 소통하지 못한 채로 오랜 세월이 지남에 따라 이들의 언어는 서로 다른 환경 속에 각자 변하면서 별개의 언어로 발달하게 되었다.

서게르만어

인도유럽어의 한 갈래로서 게르만어족Germanic은 다시 세 개의 하위 그룹으로 분파되었는데 북게르만어North Germanic, 서게르만어West Germanic, 그리고 동게르만어East Germanic가 그것이다. 북게르만어는 오늘날의 노르웨이어, 덴마크어, 스웨덴어 등으로, 서게르만어는 영어, 독일어, 네덜란드어 등으로, 그리고 동게르만어는 사멸되어 기록만 있는 고딕어로 각각 나뉘어졌다. 이들은 ed로 끝나는 과거 시제 어미뿐만 아니라 영어 stone, 독일어 Stein, 스웨덴어 sten의 어휘를 대조시켜 보면 이들의 관계가 친족 관계임을 짐작할 수 있다.[4)]

지금까지의 내용을 간략하게 정리해 보면 이렇다. 유라시아 대륙에서 인도유럽어라는 언어를 쓰면서 이동을 시작한 오늘날 영어 사용자의 조상들은 중부 유럽으로 이동하면서 오랜 세월이 흐르자 인도유럽어를 썼던 다른 사람들과 언어가 달라져 버려서 언어학자들은 이들의 언어를 게르만어라고 하였다. 게르만어 사용자들은 다시 이동하여 북유럽과 동유럽 그리고 서유럽으로 흩어져 이동하여 오랜 세월이 흐르자 이들의 언어는 또다시 각각 다른 언어로 또 분파되었다. 이들 중 서유럽으로 이동한 유목민들이 오늘날 영어 사용자들의 조상인 셈인데 이들 또한 다시 이동하여 오늘날 독일 내륙 지방, 네덜란드 지방, 북서유럽 해안 지방에 정착하여 오랜 세월이 지나자 이들의 언어는 다시 서로 다른 언어가 되어 버렸다. 이들 중 북서 유럽의 해안 지방에 거주하던 게르만인들이 영국 섬에 들어와 정착하였는데 이들이 오늘날 영어 사용자들의 직계 조상이다. 그러면 영어 사용자의 직계 조상을 따라가 보기로 하자.

02

캐멀롯의 전설, 켈트어

모든 이에게 물어보시오. 그 이야기를 들었느냐고.
아니라고 대답하거든 분명히 말해 주시오.
먼 옛날, 뜬구름처럼 덧없는 한순간의 부귀영화
캐멀롯이 있었노라고,[5)]
해 진 뒤 비 내리지 않으면
이튿날 아침이면 안개가 흩어지는 곳
결코 잊지 마시오.
먼 옛날, 짧고 찬란했던 그때
캐멀롯이 있었노라고.
- 앨런 러너 작사, 뮤지컬 캐멀롯에서 -

아더왕의 무덤이라는 주장이 제기된 글래스턴베리 수도원 유적.

아더왕 전설의 한 내용인 가웨인 경과 녹색 기사에 실린 삽화. 14세기 작품으로 추정된다.

켈트인들의 브리튼 섬 이주

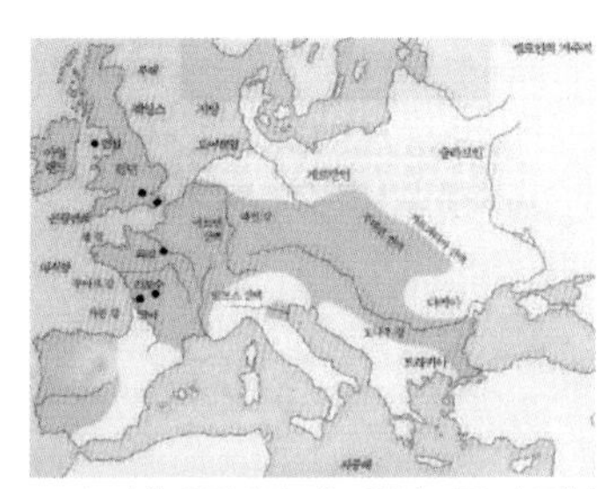
로마 시대 유럽에서 켈트인의 거주지. 전성기에는 알프스 산맥을 사이에 두고 로마를 위협할 정도였다.

BC 800년경, 철기 시대 초기에 켈트인들은 유럽 대륙에서 영국 섬으로 건너왔다. 로마의 위대한 정복자였던 시저Caesar는 유럽 대륙의 피레네 산맥과 라인 강 사이에서 거주하던 부족들을 아퀴타니Aquitani, 갈리아Gauls, 벨가이Belgae라고 했는데 그들은 모두 켈트인을 지칭하는 말이었다. 그들은 소아시아에서 유럽으로 온 최초의 인도유럽어족 사람들이었고 당시 오늘날의 프랑스, 벨기에, 독일뿐만 아니라 스페인과 이탈리아 지역에도 정착하였다.

켈트인들은 푸른 눈과 붉은 머리를 가졌고 콧수염을 길렀다. 그들은 좀 험상궂은 외모를 갖고 있었지만 로마인들의 기록과는 달리 결코 야만인들은 아니었다. 켈트인들은 찰흙으로 외벽을 친 목조 움막에 살면서 농지를 경작하였다. 소와 쟁기를 이용하여 농경지를 갈았고 오트밀, 밀, 보리, 귀리 등을 재배하였으며 그것으로 빵을 만들어 그것을 주식으로 하였다. 또 물과 꿀을 혼합하여 발효시킨 미드라는 벌꿀주를 마셨다. 그들은 밝은색, 특히 붉은색의 옷을 즐겨 입었으며 가죽신을 신었다. 게다가 부유한 사람들은 새와 동물 모습을 새겨 넣은 정교한 브로치, 팔찌, 목걸이, 반지 등을 착용했다.

그들은 겨우살이(식물명)를 가지고 종교 의식을 거행하는 드루이드

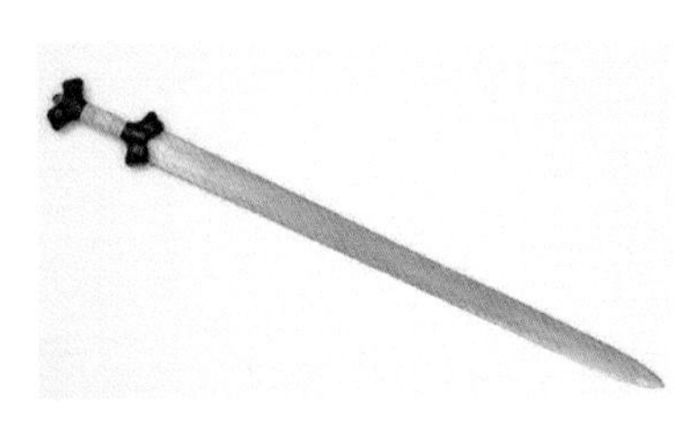

켈트족의 유물들. 철기를 사용했던 켈트족들은 금은 세공 기술과 철의 제련 기술이 뛰어났다.

교도들이었다. 종교 의식으로 동물을 제물로 바쳤는데 간혹 노예나 가난한 사람들을 제물로 대신하는 경우도 있었나. 내세의 존재를 믿어서 그 삶을 위하여 무기와 장신구들을 죽은 사람과 함께 매장하였다.

켈트인들은 잔디와 돌 성벽으로 성채를 구축하였다. 그들은 긴 머리를 휘날리며, 벌거벗은 몸에 푸른 물감으로 칠을 하고 칼, 방패, 단도를 가지고 전투를 하였다. 그들은 전투용 낫을 들고 마차를 몰고 나와 로마인들에게 공포감을 주기도 하였다.

켈트어의 잔향

400년간 로마 제국의 지배로 인하여 켈트인들의 세력은 위축되었지만 그들 나름대로 명맥을 이어 갔다. 로마의 핍박이 끝나자 켈트인들은 브리튼 섬을 노리는 북방의 침략자들에 의해 다시 밀리게 되면서 서쪽으로 이동하여 콘월Cornwall 지방과 또 해협을 건너 유럽 대륙의 브르타뉴Brittany로 다시 가기도 하였다. 또한 웨일즈Wales의 산악 지방, 맨섬Isle of Man, 아일랜드 그리고 스코틀랜드로 물러났다. 그들의 언어는 스코트 게일어Scots Gaelic, 어스말Erse, 웨일즈어Welsh, 맨섬말Manx, 그리고 브리타니어

Breton에 잔존한다. 대체로 로마 점령지에 있었던 소수 민족의 언어는 사멸하면서 라틴어, 불어, 포르투갈어, 루마니아어, 스페인어 등의 로맨스어Romance language로 대체되는 것이 보통이다. 그러나 켈트어의 흔적은 오늘날 영국의 지명 속에 아직도 살아 있다. 수는 적지만 가장 오랜 역사를 갖고 있는 어휘들이다.

로마 지배 이후 켈트인의 거주지. 그들은 외세에 밀려 기후가 좋은 브리튼 섬의 남동부를 내주고 북부와 남서부 그리고 아일랜드까지 쫓겨 갔다.

- 이름: the Avon에이번 강, the Cam캠 강, the Derwent더원트 강, the Don돈 강
  the Ouse우즈 강, the Severn세번 강, the Thames템즈 강, the Wye와이 강

- 도시명: Bryn Mawr브린모, Carlisle칼라일, Dover도버, Leeds리즈, London런던

- 지명: Britain브리튼<Prythons/Brythons(부족 이름)
  Kent켄트/Canterbury캔터베리<Cantii(부족 이름)
  Devon데번/Dorse도즈<Dumnonii(부족 이름)
  Dendee덴디(스코틀랜드의 지명)
  Belgrade벨그라드(발칸 지역의 지명)

- 인명의 성씨: Mc/Mac(예, MacDonald맥도날드)

03

로마의 속주, 브리타니아

앨비언Albion
라틴어로 '하얀색'을 뜻하는 단어.

브리튼 섬의 하얀 해안 절벽 지대를 보고
로마인들이 붙인 이름.

기원전 1세기
로마 제국의 정복자 시저는 브리튼 원정에 올랐다.

브리타니아Britannia는 최강의 로마 군대에 결연히 맞섰으나
중과부적으로 그들의 속주가 될 수밖에 없었다.
그러나 이것은 외세 침탈 역사의 서막에 불과했다.

영국 도버Dover항 인근의 해안 절벽. 로마인들은 바다 건너 희게 보이는 브리튼 섬에 대하여 앨비언이라는 이름을 붙여 주었다.

로마의 브리튼 섬 정복

줄리어스 시저Julius Caesar는 갈리아Gallia, 현재의 프랑스 지방을 원정하던 중에 영국 섬의 브리튼족이 로마 제국과 적대적이었던 갈리아족을 도와준 사실을 알게 되었다. 그는 대제국 건설이라는 자신의 위업을 달성하는 데 있어서 브리튼족을 복속시키는 것이 필요하다고 생각했다.

기원전 55년 8월, 시저는 80여 척의 전함에 1만 명을 태우고 바다를 건넜다. 브리튼 섬에 도착할 무렵, 거친 파도와 브리튼족의 끈질긴 저항으로 상륙이 쉽지는 않았지만 우여곡절 끝에 브리튼족을 제압했다. 그 후 계속되는 브리튼족의 산발적인 저항으로 사태가 여의치 못해 강화를 맺고 일단 로마로 철수했다. 이듬해 기원전 54년 시저는 800여 척의 대규모 군단을 이끌고 허트포드셔Hertfordshir에 있는 카시벨라누스Cassivellaunus의 성채를 빼앗기 위해 다시 브리튼 섬을 침공했다. 시저의 함대가 브리튼 섬에 도착하여 닻을 내리는 순간, 폭풍우가 몰아쳐서 전함과 군대는 많은 피해를 입었다. 그러나 시저는 어려움 속에서 마침내 브리튼 섬을 정복하여 브리튼 족장으로부터 조공을 약속받고 로마로 귀환하였다.

AD 43년 로마의 클라디우스Claudius 황제는 브리튼 섬에 로마 관원을 파견하면서, 결국 브리튼 섬은 로마 제국의 속주, 브리타니아Britannia가 되었다. 그러나 그 과정은 결코 순탄치 못했다. 로마의 군단이 브리튼 섬에 상륙하여 내륙으로 진군하자 브리튼인들은 끈질기면서도 격렬하게 저항하였다. 특히 네로Nero 황제가 즉위한 후 콜체스처Colchester에

황제를 모시는 신전 건립을 위한 기금을 마련하기 위해 브리튼족으로부터 각종 착취가 극심해졌다. 이에 대하여 브리튼족들은 반발하게 되었고 급기야 잉글랜드 동부의 이케니Iceni 부족을 중심으로 로마에 반기를 들게 되었다. 이케니 부족은 원래 로마에 우호적이었으나 부족의 왕이 죽은 후 심해진 로마 관원들의 폭정을 견디다 못해 부디카Boudicca 여왕은 브리튼의 9개 부족을 규합하여 반란을 일으켰다. 그들은 로마인들의 중요 거점이었던 콜체스터를 공격해 그곳에 주둔했던 로마 군단을 패퇴시켰다. 또 론디니움Londinium(지금의 런던) 성채를 불태우고 로마와 내통한 거주민들을 학살하였다. 로마 역사가 타키투스Tacitus는 당시 약 7만 명의 로마인과 로마에 동화된 브리타니아인들이 학살되었다고 전한다. 타키투스는 전투를 독려하는 브리튼의 부디카 여왕의 모습을 다음과 같이 적고 있다.

해안을 따라 적(여왕의 브리튼 군대)이 만반의 준비를 갖추고 기다리고 있었다. 무기와 병사들로 빽빽한 전열, 그 사이로 종횡무진 뛰어다니고 있는 여인. 마치 복수의 화신처럼 상복을 걸치고 머리칼을 헝클어뜨리고 횃불을 치켜들고 있다. 주위에서는 드루이드들이 하늘을 향해 두 손을 들어 올리고 소름끼치는 주문을 외우고 있다. 이 기괴한 광경에 로마 병사들은 잔뜩 겁을 먹어서 마치 온몸이 마비된 듯 움직이지 못했고 이 때문에 적의 공격에 완전히 무방비 상태로 놓여 있었다(연대기, XIV, 30).

초기에는 부디카 여왕의 용맹으로 브리타니아인들에게 전세가 유리하게 전개되었다. 그러나 로마군이 전열을 정비하여 대반격을 펼치면서

브리튼의 요새를 공격하는 로마군. 로마의 통치자 시저는 기원전 55년과 54년, 두 차례에 걸쳐 원정하여 브리튼 섬을 복속시켰다.

AD 1세기경 로마의 통치에 저항했던 브리타니아의 부디카 여왕의 동상. 그녀는 부당한 외세 침탈에 저항한 영웅으로 추앙되고 있다.

피의 보복을 자행하여 무려 8만 명의 브리튼족을 학살하였다. 수세에 몰리던 부디카 여왕은 사로잡힐 위기에 몰리자 독약을 마시고 자살함으로써 반란은 일단락되었다. 이것은 브리튼 역사상 가장 참혹한 사건으로 기록되어 있지만 후세 사람들은 부디카 여왕을 침략자를 응징하고 반역자를 처단한 영웅적인 인물로 기억하고 있다.

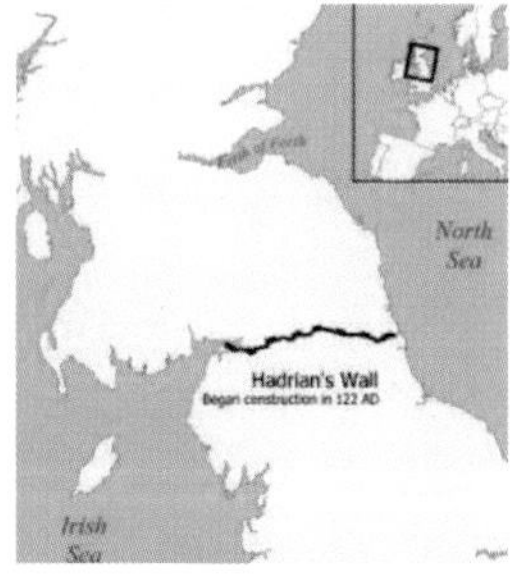

북방으로부터 침입을 방어하기 위하여 기원 121년부터 6년간에 걸쳐 쌓은 하드리아누스 방벽. 솔웨이 만에서 타인 강에 이르는 이 방벽은 총 길이가 120km에 달한다.

로마 제국이 브리튼 섬을 복속시키고 각 지역을 연결하는 도로, 즉 로마가도를 건설하였다. 브리튼 섬에는 세 개의 로마가도가 있다. 워틀링 스트리트Watling Street, 어민 스트리트Ermine Street, 포스웨이Fosse Way가 그것이다.

그 후 로마는 브리타니아에 군단을 주둔시키며 해안을 따라 성채를 구축하였다. 특히 121년에서 127년에 걸쳐 하드리아누스Hadrianus 황제는 북방으로부터 이민족의 침략에 대비하여 성벽Hadrialn's Wall을 쌓았는데 그것은 솔웨이Solway 만에서 타인Tyne 강 하구까지 높이 20피트(약 5미터), 길이 73마일(약 120킬로미터)에 이르고 1마일마다 망루를 갖추고 있다. 당시 성벽의 수비를 위해 14,000명의 수비대와 500명의 순찰병이 필요했다고 전해진다.

로마인들은 브리튼 섬을 정복한 후 암석으로 기초를 다지며 그 위에

로마의 속주 시기에 만들어진 런던 남서부 배스Bath에 있는 목욕탕. 로마의 문화 수준을 짐작할 수 있다.

자갈을 덮은 직선 도로, 이른바 로마 가도를 건설하며 전국을 열십자(+) 모양으로 연결하였고, 로마까지의 거리를 알리는 이정표를 세웠다.

또 그들은 석조와 슬레이트 건물을 지어 도시를 건설하면서 바둑판 모양의 거리와 중앙 광장 등 로마의 특징적인 양식을 그대로 재현하였다. 또한 사원, 군대 막사, 목욕탕, 원형 극장 등을 지었으며, 특히 목욕탕 내부의 방들을 호화스럽게 꾸며서 그것을 중앙 집중식 난방으로 가동하였다. 발굴된 지 600년이 지난 목욕탕과 로마의 저택을 보면 당시 호화스러웠던 로마 귀족들의 생활상을 짐작할 수 있다.

라틴어의 흔적

로마 제국에 의한 통치Pax Romana 속에서 브리튼 섬은 약 400년간의 평화로운 시기를 맞이한다. 이 시기를 통해 라틴어가 영어에 남긴 영향력은 장구한 통치 시간에 비하면 오히려 미미한 셈이다. 그러나 영어 어휘 가운데 60% 정도는 그 안에 라틴어 어근과 라틴어 접사 등 라틴어 요소를 아직도 간직하고 있다. 다음은 라틴어 어휘가 오늘날에도 잔존하는 예이다.

· -chester/caster로 끝나는 지명
맨체스터Manchester, 윈체스터Winchester, 콜체스터Colchester, 도체스터Dorchester, 레스터Leicester, 로체스터Rochester, 웨스트체스터Westchester, 체스터Chester, 던커스터Duncaster, 랭커스터Lancaster 등

• 일상어 어휘: mill, cook, kitchen, wine, cup, pound, cheap, inch, mile anchor, punt 등

• 채소와 과일 이름: beetroot, cherry, kale, mint, pea, peaches, pear, pepper, plum, turnip 등

• 기타: monger 'trader' (예, ironmonger, fishmonger 등)

그러나 이러한 어휘가 모두 로마의 속주 시기에 들어온 것은 아니고 대다수는 중세 영어시기에 노르만 불어Norman French를 통하여 영어에 유입된 것이다.

–체스터-chester, –스터-cester, –커스터-caster로 끝나는 도시들. 로마 속주 시절 로마군대가 주둔했던 요충지이다.

04

앵글로색슨의 언어, 그 출발점에 서다

잉글리시English, 앵글족Angles의 언어
잉글랜드England, 앵글족의 땅.

앵글족.
북유럽 덴마크 반도에 거주하던
게르만의 한 부족.

기원 500년경
로마 제국의 쇠퇴를 틈타
색슨족Saxons, 쥬트족Jutes과 함께
브리튼 섬에 들어와
새 주인이 되었다.

앵글로색슨의 역사가 시작되다

런던에서 북동쪽으로 약 100킬로미터 떨어진 데번Devon 강변에 바다를 향해 우뚝 솟아 있는 벼랑곶, 서턴 후Sutton Hoo에는 모래사장이 길게 뻗어 있다. 그런데 그곳에는 장구한 세월의 비바람을 견뎌 낸 고분이 있었다.

바로 그 고분이 1939년 발굴 계획에 따라 마침내 세상에 모습을 드러냈다. 발굴결과 그것은 7세기에 축조된 왕릉으로 밝혀졌다. 고분 내부에는 왕릉의 주인공이 사후 세계로 타고 갈 커다란 배와 은접시, 금은보석, 동전, 무기, 갑옷, 기타 도구 등의 보물이 가득 들어 있었다. 이 왕릉의 주인과 왕릉을 만든 사람들은 브리튼 섬의 새로운 역사를 창조한 주역들로 알려진 앵글로색슨인이었다.

로마 제국의 세력이 약해지면서 힘의 공백 상태가 된 브리튼 섬은 로마화된 내부의 브리튼인들과 외부의 게르만 부족들의 충돌로 내우외환

서턴 후 고분에서 발굴된 앵글로색슨족의 투구.

서턴 후 발굴 현장. 부장품을 실었던 배 윤곽.

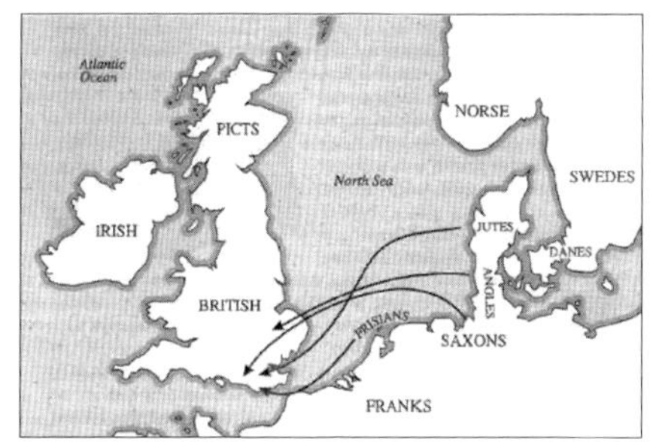

AD 5세기경 로마 제국의 쇠퇴를 틈타 브리튼 섬에 들어온 앵글족, 색슨족, 쥬트족 등 게르만 부족들의 이동 경로. 초기에는 브리튼 섬에 왔다가 그들의 본거지로 돌아가곤 했었는데 나중에는 브리튼 섬에 정착하고 이전에 살던 브리튼족들을 핍박하기 시작했다.

에 빠져들었다. AD 367년에 북방에서는 픽트족Pict이 하드리아누스 성벽 Hadrian's Wall을 넘어 요크York 지방을 유린했다. 서쪽에서는 아일랜드 섬의 해적들이 작은 배로 바다를 건너와 노략질을 일삼았다.

그러나 이것은 시작에 불과했다. 대규모의 게르만족들이 유럽 대륙으로부터 몰려왔는데 앵글족Angles, 색슨족Saxons, 쥬트족Jutes이 바로 그들이다. 잉글랜드England라는 이름을 낳게 한 앵글족의 명칭은 남 발트해 Baltic Sea 쪽으로 돌출된 육지의 돌출 부분에서 유래되었다. 쥬트족은 현재의 덴마크Denmark, 즉 유틀란드Jutland 반도에서 왔으며, 색슨족은 홀스타인Holstein(덴마크 남부와 독일 북부 지역)에서, 그리고 소수 부족인 프리지안족Frisian은 현재 네덜란드와 덴마크의 해안 지대와 인근 섬에서 몰려왔다.

브리튼인들은 사력을 다해 외세의 침입을 방어하였다. 먼저 그들은 도시로 들어오는 입구를 좁혀 놓았다. 그 후에 그들은 로마에 병력의 보강을 요청하였으나 로마는 자국 내의 문제로 브리튼 섬에까지 신경 쓸 여력이 없었다. 즉, 기원 406년 얼어붙은 라인 강Rhine 위로 수천 명의 게르만족들이 국경을 넘어 로마의 영내까지 깊숙이 들어왔기 때문이다. 로마 본국의 상황이 이 정도로 긴박했기 때문에 브리타니아에 주둔하던 로마의 함대들이 그곳에서 철수하는 것은 당연했다. 따라서 브리타니아는 일시적으로 무방비 상태에 놓이게 되었다.

446년 브리튼인들은 로마에 다시 한 번 도움을 요청한 것이 묵살되자, 그들은 449년 색슨족에게 도움을 요청하였다. 브리타니아와 색슨족은 원래 우호적인 관계를 유지하고 있었는데 그러한 상황은 오래가지 못했다. 브리타니아의 도움 요청에 응했던 색슨인들(Saxon이란 명칭은 그들이 갖고 있는 단검, seax에서 유래됨)은 돌변하여 브리튼인들을 핍박하기 시작했다. 금발의 머리와 수염을 길러 험악한 인상을 주는 색슨인들은 칼, 철제 창, 전투용 도끼, 가죽으로 싼 방패 등으로 위협하며 브리튼인들을 공포로 몰아넣고, 약탈, 강간, 살인을 서슴지 않았다. 이 시기의 모습은 그로부터 약 300년 후인 기원 731년 비드Bede가 라틴어로 기술한 『영국민 교회사Ecclesiastical History of the English People』에 서술되어 있다. 그는 그때의 참상을 다음과 같이 기록했다.

참담한 죽음을 당한 시신들을 묻어 줄 사람이 없을 정도였다. 성채에서 사로잡힌 사람들도 모두 살육당했으며, 굶주린 사람들은 적에게 잡히면 평생 노예가 된다는 것을 알면서도 허기를 면하기 위하여 제 발로 적에게 나아갔다. 일부 생존자들은 바다를 건너갔고, 또 어떤 이들은 위험을 피해 산악 지방의 숲 속에서 두려움에 떨며 비참한 삶을 이어 나갔다.

이와 같이 게르만족들은 브리튼 섬에 거주하던 브리튼인들을 학살하였고 이 와중에 살아남은 브리튼인들은 스코틀랜드Scotland의 고지대나 웨일즈Wales 지방으로 도주했다. 또 일부는 대륙의 브르타뉴Brittany 지방으로 건너가기도 했다.

초기의 게르만족들은 브리튼 섬에 건너왔다가 대부분 자신들의 본거지인 유럽 대륙으로 되돌아갔다. 그러나 유럽 대륙의 그들 거주지에 비해 온화한 기후와 비옥한 토양을 가진 브리튼 섬에 욕심을 내면서 점차 귀환을 포기하고 그대로 정착하기 시작했다. 그들은 철제 도끼와 쟁기, 그리고 소를 이용하여 숲을 개간하기도 하고 또 중부 지방의 척박한 진흙땅을 개간하여 경작하기 시작했다.

서폭Suffolk의 웨스트스토우West Stow에 복원된 앵글로색슨족의 움막집. 각 움막의 길이는 약 5~6m 정도이다.

이 시기에 브리튼 섬에 정착한 게르만족들은 일곱 개의 부족 국가를 건설하였는데, 이른바 고대 7왕국Anglo-Saxon Heptarchy이다. 색슨족은 서식스Sussex, 에식스Essex, 웨식스Wessex 왕국을 건설했다. 북부 지방에는 앵글족이 정착하여 노섬브리아Northumbria, 머시아Mercia, 그리고 이스트앵글리아East Anglia

노섬브리아, 머셔, 이스트앵글리아, 에식스, 웨식스, 서식스, 켄트 왕국 등 게르만 부족이 세운 앵글로색슨 고대 7왕국의 판도.

를 세웠고 쥬트족은 켄트Kent 왕국을 건설하였다.

이교도 앵글로색슨, 기독교로 개종하다

유럽 대륙에서 원시 다신교를 믿었던 앵글로색슨인들은 브리튼 섬에 이주한 이후, 기독교로 개종하게 되었고 이에 따라 로마의 선진 문화를 흡수하고 또 기독교를 통하여 부족 연맹체의 결속을 다지게 되었다.

로마 교황 그레고리Gregory는 브리튼인을 기독교로 개종시키고자 베네딕트Benedict 수도원의 성 어거스틴St. Augustine이 이끄는 40명의 선교단을 파견했다. 597년 어거스틴은 켄트Kent에 상륙했다. 어거스틴의 성공적인 선교 활동에 힘입어 마침내 켄트 왕국의 에셀버트Aethelbert 왕은 기독교로 개종하였고 에셀버트왕은 왕권을 이용하여 어거스틴과 선교단의 선교 활동을 적극적으로 지원해 주었다.

성 어거스틴으로부터 세례를 받는 에셀버트 왕. 원래 게르만족들은 유럽 대륙에 있을 때 원시 다신교를 믿었으나 597년 기독교로 개종한다.

성 어거스틴은 캔터베리Canterbury에 수도원과 교회를 세우고 초대 대주교가 되었다. 향후 200년에 걸쳐서 영국 섬에 세워진 수도원들은 종교 활동의 중심지가 되었을 뿐만 아니라 학문의 중심지가 되었는데, 특히 영국의 북부 지방에서 더욱 그러했다.

앵글로색슨 시대 초기 기독교 교회인 요크 민스터의 모습. 기독교 전파 후 남쪽에서는 캔터베리, 북쪽에서는 요크를 중심으로 기독교가 활발하게 전파되었다.

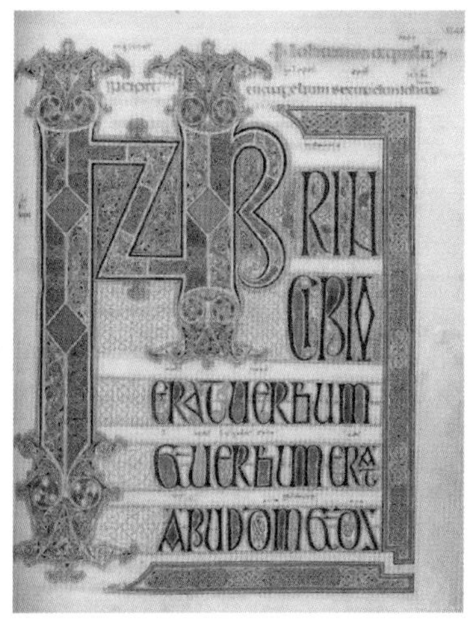

AD 700년경 쓰인 린디스판 성 요한복음서. 8세기에서 9세기에 최고조에 달했던 바이킹들의 약탈과 방화를 피해 현존한다.

로마의 선진 문화가 담겨 있는 서적의 필사본들은 대체로 수도원을 통해 보급되었다. 노섬브리아의 해안에 위치한 린디스판Lindisfarne 수도원에서는 수도승들이 훌륭한 필사본을 만들어 냈다. 이들 중 하나인 린디스판 복음서는 바이킹들이 저지른 파괴의 참화를 피해 기적적으로 현존한다. 이 시기에 들어온 라틴어 어휘는 대체로 교회와 관련된 어휘들이다. 이를테면, apostle전도자, deacon부제, 집사, demon악마, pope교황, school학교, 학파, hymn찬송가 등이다.

고대 영어와 문헌

이 시기에 브리튼 섬에서 사용된 언어를 고대 영어라고 하는데 지역별로 네 가지 방언이 사용되고 있었다. 이른바 남동부 지방의 켄트 방언Kentish, 남부 지방의 웨스트색슨 방언West Saxon, 그리고 중부 지방의 머시아 방언Mercian과 노섬브리아 방언Northumbrian이 그것이다. 현대영어와 비교하여 고대 영어가 갖고 있는 몇 가지 특징을 들어 본다면, 먼저 고대 영어 시대에는 로마 알파벳과 앵글로색슨인들이 대륙에서 사용하던 룬 문자를 함께 썼기 때문에 현대영어에 없는 æ, ə, Ƀ, þ, œ 등의 글자가 사용되고 있었다. 또한 현대 영어와는 달리 j, q, v, k는 없었으며 y는 불어의 u(tu에서의)처럼 모음으로 사용되었다. 그리고 현대 독일어처럼 명사를 비롯한 주요 낱말의 어미가 복잡하게 변했다.

고대 영어는 오늘날의 영어 속에 고스란히 전해졌다. 우선 흔히 사용

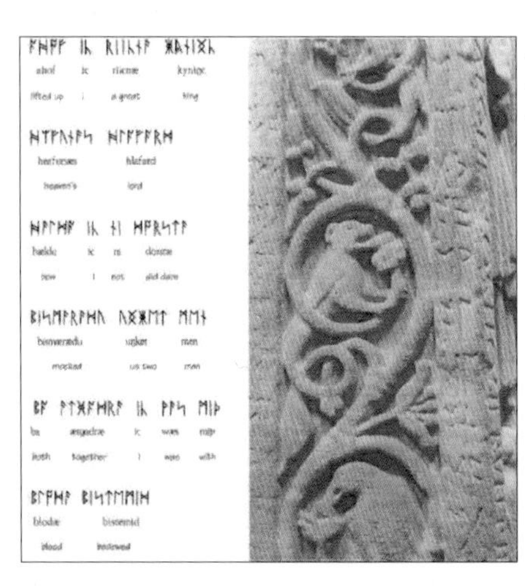

AD 700년 십자가에 새겨진 룬 문자의 모습. 브리튼 섬에 건너온 게르만족들은 유럽 대륙에서 사용하던 룬 문자를 쓰다가 나중에 로마 알파벳이 전래되면서 점점 오늘날과 같은 영어 알파벳을 쓰게 되었다.

되는 영어 단어 100개 가운데 거의 모두가 고대 영어, 그러니까 앵글로색슨 고유어에서 그대로 오늘날까지 잔존한 셈이다. 그 어휘는 다음과 같다.

the / of / and / a / to / in / is / you / that / it / he / was / for / on / are / as / with / his / they / I / at / be / this / have / from / or / one / had / by / word / but / not / what / all / were / we / when / your / can / said / there / use / an / each / which / she / do / how / their / if / will / up / other / about / out / many / then / them / these / so / some / her / would / make / like / him / into / time / has / two / more / write / go / see / number / no / way / could / people / my / than / first / water / been / call / who / oil / its / now / find / long / down / day / did / get / come / made / may / part

굳이 출처를 더 세밀히 밝히자면 they, their, them 등은 스칸디나비아어Scandinavian에서 온 것이고 number는 불어에서 첫 번째로 차용된 어휘이다. 또한 앵글로색슨어의 특징은 오늘날 지명에서 많이 찾아볼 수 있다.

· -bury/-burgh/-borough(요새를 뜻함):
캔터베리Canterbury, 에딘버러Edinburgh, 피터버러Peterborough

· -ham(농장을 의미):
버밍햄Birmingham, 치펜햄Chippenham, 그랜덤Grantham, 풀햄Fulham, 토튼햄Tottenham, 노팅햄Nottingham

· -ing(일족의 거주지/사람들을 의미):
레딩Reading, 헤이스팅스Hastings, 일링Ealing, 도킹Dorking, 워딩Worthing

· -ton(마을을 의미):
킹스턴Kingston(왕의 소유지 마을), 노턴Norton(북쪽 마을), 이스턴Easton(동쪽 마을), 에스턴Eston(동쪽 마을), 웨스턴Weston(서쪽 마을), 서턴Surton(남쪽 마을), 뉴턴Newton(새로 생긴 마을), 힐턴Hilton(언덕 마을), 워싱턴Washington(개인명+마을)

· -well/-wall(샘, 흐르는 물의 의미):
크롬웰Cromwell(굽은 시내), 블랙웰Blackwell(검은 샘), 스토웰Stowell(돌샘), 스턴웰Stanwell(돌샘), 콜월Colwall(차가운 시내)

· -mere/-mire(호수를 의미):
윈더미어Windermere(바람 많은 호수), 레드미어Redmire(갈대 호수), 앨머Almer(뱀장어가 많은 호수), 풀머Fulmer(새가 많은 호수), 키머Keymer(소가 물 마시는 호수)

· -ey(섬을 의미):
오크니Orkney(떡갈나무 섬), 쏜니Thorney(가시나무 섬), 램지Ramsey(마늘의 섬), 애슬니Athelney(왕족의 섬)

· -ley(숲/목초지를 의미):
오클리Oakley(떡갈나무 숲), 애쉴리Ashley(겨우살이 숲), 버클리Berkley(자작나무 숲), 엘름리Elmley(느릅나무), 윌리Willey(버드나무 숲), 쏜리Thornley(가시나무 숲), 브래들리Bradley(넓은 목초지 숲), 셜리Shirley(빛나는 목초지), 랭글리Langley(긴 목초지 숲), 페얼리

Fairley(아름다운 목초지), 그링글리Gringley(초록빛 목초지)

· -ford(얕은 시내):
헤이퍼드Heyford(건초 나루터), 허트퍼드Hertford(사슴이 물을 먹던 곳), 옥스퍼드Oxford(소의 나루터), 스윈퍼드Swinford(돼지의 나루터)

· -field(농지, 벌판):
셰필드Sheffield(셰프 강의 들판), 맨스필드Mansfield(사람들의 벌판, 도시), 햇필드Hatfield(히스가 많은 들판)

650년경 노섬브리아Northumbria 왕국의 왕족이며 유명한 학자였던 힐다Hilda는 휘트비Whitby에 수도원을 세웠는데 그 수도원에 있던 캐드먼Caedmon이 쓴 작품 중 하나가 바로 고대 영어 시대의 작품으로 현존하는 '캐드먼의 찬가Caedmon's Hymn'다. 그에 따르면 꿈속에서 어떤 사람의 말에 따라 모든 것을 찬양하였는데 꿈속에서 자신이 만들었던 찬가의 곡조가 너무나 또렷하게 기억되어 그것을 기록해 놓은 것이라고 한다.

웨스트색슨 방언
Nu we sculan herian heofonrices weard
Metodes mihte and his modgÞeonc
weorc wuldorfæder; swa he wundra gehwæs
ece dryhten, ord onstealde.
He ærest gesceop eorðan bearnum
heofon to hrofe, halig scyppend;
ða middangeard, moncynnes weard,

ece dryhten, æfter teode
firum foldan, frea ælmihtig.

현대 영어 번역문
Now we must praise heaven-kingdom's Guardian
Creator's might and his mind-thought
work Glory-father's; as he of-wonders each
everlasting Lord, beginning established.
He first shaped ofearth for-children
heaven as roof, holy Creator;
then middle-earth, mankind's Guardian,
everlasting Lord, after determined
for-men earth, Ruler almighty.

이제 우리는 천국의 수호자이신 조물주,
그의 능력과 그의 섭리,
영광스러운 아버지의 업적을 찬양할지니,
이는 영원하신 주님께서 놀라운 만물의 시초를 마련하셨음에서이니라.
거룩하신 조물주께서는 먼저 인자들을 위하여 하늘을 지붕으로 만드셨고 그리고 인류의 보호자이신 영원하신 주님이시며 전능하신 주님께서는 뒤에 사람들을 위하여 이 세상, 이 땅을 만드셨느니라.

노섬브리아의 수도승이자 유명한 학자이기도 한 비드Bede는 AD 731년 웨어머스-재로우Wearmouth-Jarrow 수도원을 세운 베네딕트Benedict 주교의 지원을 받아서 그때까지 발생한 사건들을 그레고리력에 따라 연대별로 정리한 『영국민 교회사Ecclesiastical History of the English People』를 편찬하였다. 그는 또한 복음서에 주석을 달았고 번역도 하였다.

AD 8세기에 비드가 집필한 『영국민 교회사』의 첫 페이지. 영국 고대사를 연구하는 귀중한 자료이다.

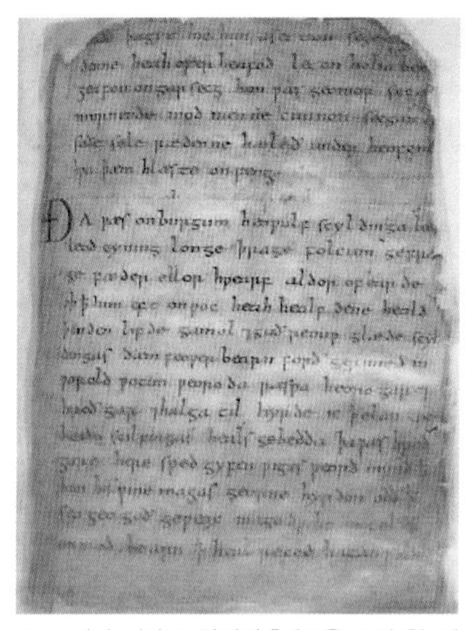

AD 8세기 시가로 알려진 『베오울프』의 한 페이지. 현존하는 앵글로색슨족의 시가로서 가장 오래된 것이다.

또 『베오울프Beowulf』는 8세기 초에 지어진 작가 미상의 가장 오래된 앵글로색슨 시가이다. 주인공으로 등장하는 베오울프가 실존 인물인지는 알 수 없지만 그의 영웅적인 행위를 묘사하는 서사시인데, 두 부분으로 나뉘어 총 3,182행으로 구성되어 있다. 1부에서는 덴마크 궁전에 밤마다 나타나 사람들을 괴롭히는 요괴 그렌델이 있었는데, 이웃나라 게아타스에 사는 베오울프가 그 소식을 듣고 달려와 그렌델을 처치한다. 2부를 보면 땅 밑의 보물을 지키던 용이 보물을 도둑맞고 화가 나 온 나라를 휘젓고 다니는데, 이때 왕으로 있던 베오울프가 용을 죽이기로 결심한다. 베오울프는 용감하게 싸워 마침내 용을 죽이지만 자신도 중상을 입고 죽어 가는 내용으로 되어 있다.

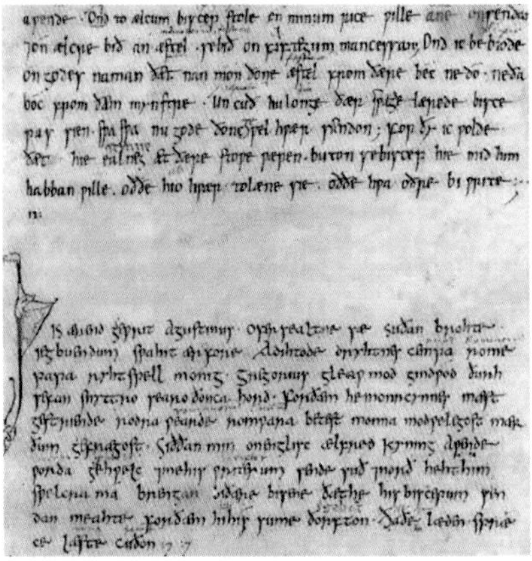

AD 890년경 앨프레드 대왕이 교황 그레고리의 사목교사Pastoral Care를 번역하고 붙인 서문. 앨프레드 대왕은 바이킹의 침략으로부터 웨식스 왕국을 지켜내 앵글로색슨족의 문화와 전통을 수호하였고 게다가 문예 부흥을 도모하면서 그 일환으로 라틴어로 된 많은 서적들을 앵글로색슨어로 번역하게 하였다.

그러나 이와 같은 고대 영어에 관한 문헌들은 대부분 800년대 이후에 고대 영어로 기록된 것들이다. 그 이전까지 모든 문헌들은 라틴어로 기록되었는데 이는 문자로 기록된 문헌들이 왕이나 귀족들을 위한 것이었고 그들의 언어는 라틴어였기 때문이다. 이후 웨식스West Saxon 왕국의 앨프레드 대왕Alfred the Great(849~899) 시절에 이르러 비로소 많은 라틴어 문헌들이 고대 영어로 번역되었고 그때 앵글로색슨 시가와 다른 문헌들도 더불어 고대 영어로 기록되어 현존하게 되었다.

05

바이킹의 내습, 침탈의 용광로가 되다

북유럽의 혹독한 자연환경에서 생존한
유럽의 바바리안, 바이킹.
8세기 브리튼 섬으로 그들이 몰려왔다.

그들은 잉글랜드의 수도원과 교회, 마을을 유린하면서
무차별 학살을 자행했다.

잉글랜드의 교회마다 간절한 기도 소리가 들렸다.
'주여! 야만인들로부터 우리를 지켜 주소서!'

그러나 그들의 간절한 소망은 끝내 이루어지지 않았다.

서양 해적의 대명사, 바이킹의 침공

8세기 말 영국 섬에는 바이킹들('바이킹'이란 명칭은 '만'을 의미하는 고대 스칸디나비아어 '비크'에서 유래)이 출현하기 시작했다. 서양 해적의 대명사인 바이킹은 8세기에서 11세기까지 약 300년간 주변국들을 끊임없이 약탈하던 스칸디나비아인Scandinavian들을 일컫는 말인데 데인족Danes이라고도 한다. 그들은 후에 스웨덴인, 덴마크인, 노르웨이인으로 나뉘어져 스웨덴인은 동쪽으로, 덴마크인은 서쪽으로, 노르웨이인은 주로 해적질을 하면서 사람이 살지 않는 땅을 점령했다.

그들은 북유럽의 거칠고 척박한 환경을 극복하며 살아왔기에 강인하고 거친 성품을 지닌 사람들이어서, 타 부족에 대하여 야만적이고 잔인무도한 행동을 서슴지 않았다. 가장의 재산과 권리가 첫째 아들에게 상속되기 때문에 차남과 그 아래 아들들은 서유럽 해안 그리고 아이슬란드Iceland, 심지어 아메리카 대륙까지 나아가 약탈을 자행하며 생활하였다. 부족 단위의 생활을 하던 바이킹족은 9세기 말 하랄드 블루투스Harald Bluetooth에 이르러 통일 왕국을 이루었다. 그런데 그의 이름은 오늘날 다시 부활하였다. 1994년 스웨덴의 세계적 정보 통신 회사인 에릭슨Ericsson이 자신들이 개발한 무선 통신

템즈 강 어귀에서 발굴된 바이킹의 전투 무기인 미늘창. 창끝에 도끼를 고정시킨 섬뜩한 무기이다.

규격에 블루투스Bluetooth라는 이름을 붙였다. 그것은 하랄드 블루투스 왕이 스칸디나비아 반도 일대를 통일했듯이 컴퓨터와 디지털 장치 사이의 통신 규격이 하나로 통일되기를 바라는 염원을 담았을 것이다.

하랄드 블루투스 왕을 새긴 부조. 그는 기독교를 덴마크의 국교로 정했다.

어쨌든 바이킹들은 뱃머리에 용머리를 조각하고 줄 친 돛을 높이 단 커다란 배를 만들었다. 가장 널리 알려진 것은 1880년 발견된 것으로 배의 길이가 약 22m이고 너비가 약 5m이다. 그 배는 50명의 선원 외에 전투요원 30명이 승선하여 한 달 정도를 생활할 수 있었다. 그러나 이 정도의 규모도 바이킹이 갖고 있던 배 전체를 놓고 보면 중간 크기에 해당될 정도로 바이킹의 선박 제조 기술은 일찍부터 발달해 있었다.

브리튼 섬이라고 바이킹의 공격을 피해 갈 순 없었다. 마침내 브리튼 섬 전역을 사슬처럼 연결한 봉화대에 약탈자들의 내습을 알리는 횃불이

바이킹의 뛰어난 선박 제조 기술을 엿볼 수 있는 배.

바이킹들이 타고 다닌 배의 모형.

피어올랐다. 바이킹들이 브리튼 섬까지 온 까닭은 바로 이곳의 풍부한 자원 때문이었다. 비드Bede는 그것을 『영국민 교회사』에서 다음과 같이 기술하고 있다.

> 브리튼 섬은 곡식과 목재가 풍부하다. 또 가축을 키울 수 있는 좋은 목초지가 있으며, 넓은 포도 재배지도 갖고 있다. 샘이 많아 식수 사정이 좋으며, 다양한 종류의 조류가 서식하고 강과 바다에는 연어와 뱀장어, 물개, 돌고래, 고래 등 어류가 풍부하다. 게다가 소금도 생산되며, 온천이 있어서 온천욕을 할 수 있다. 또 구리, 철, 납, 은 등의 풍부한 자원이 있다.

처음에 바이킹들은 배를 타고 강을 거슬러 올라와 앵글로색슨인들의 거주지를 습격하여 닥치는 대로 살인과 약탈을 자행한 후 전리품을 챙겨 돌아갔다. 또 그들은 약탈 지역의 부족장을 협박하여 철수 대가(데인겔트danegeld 라고 함)를 받고 물러가기도 했지만 다시 올 때마다 점점 더 많은 것을 요구하였다. 793년 그들은 노섬브리아Nothumbria 해안의 린디스판Lindisfarne 수도원을 유린하였고 794년에는 해안에서 50마일 떨어진 재로우Jarrow의 수도원을 약탈하였다. 또한 아일랜드의 여러 수도원들도 그들의 야만적인 행위로 화를 입은 것은 마찬가지였다. 그 결과 북부 지방의 수도원을 중심으로 요원의 불길처럼 타오르던 학술과 문예 활동은 찬란한 결실을 맺기도 전해 바이킹에 의해 곧바로 피폐되었다.

850년 바이킹들은 350여 척의 배로 템즈 강Thames을 거슬러 올라왔다. 당시 앵글로색슨 고대 왕국들은 대부분 멸망하였고 그 가운데 마지

AD 8세기 말엽 바이킹들에 의해 유린된 홀리 섬에 있는 린디스판 수도원 유적

바이킹의 약탈을 상징하는 조각상

막까지 남아 그들에게 저항한 것은 브리튼 섬의 남서부에 있었던 웨식스Wessex 왕국뿐이었다. 871년 웨식스의 왕 에셀울프Æthelwulf의 아들이었던 앨프레드Alfred가 왕위에 올랐다. 그는 28년의 재위 기간 동안 바이킹의 침략을 효과적으로 잘 막아내어 웨식스 왕국을 지켜냈고 그 덕분에 브리튼 섬 전체가 바이킹에 의해 유린당하는 것을 피할 수 있었다. 그 결과 앵글로색슨의 문화는 웨식스 왕국에 의해 천만다행으로 그나마 명맥을 유지할 수 있었고 그와 같은 공로로 웨식스 왕국의 앨프레드 왕은 오늘날에도 앨프레드 대왕Alfred the Great으로 추앙받고 있다.

바이킹의 뛰어난 전투력 때문에 용감하고 지략이 풍부했던 앨프레드 대왕조차도 전투에 져서 위급한 경우를 당한 경험이 여러 번 있었다. 전언에 따르면, 한때 앨프레드 대왕은 구스럼Guthrum이 이끄는 바이킹에 쫓겨서 애슬니Athelney 섬으로 피신했던 적이 있었다. 그때 어느 농가의 움막에 은거하고 있었는데 앨프레드 대왕을 알아보지 못한 농가의 아낙네가 그에게 과자를 구우라고 했다. 그러나 앨프레드는 활과 화살을 손질하는 데 신경을 쓰고 있다가 과자를 까맣게 태우자, 그 아낙네는 "과

윈체스터에 있는 앨프레드 대왕의 동상과 AD 878년 앨프레드 대왕의 에딩튼 전투의 승리를 기념하기 위해 브래튼 산기슭에 만든 에딩튼의 말 형상. 앨프레드 대왕은 바이킹들의 침략으로부터 웨식스 왕국을 지켜내 앵글로색슨 왕국과 브리튼인의 전통과 문화가 단절되는 것을 막았다.

자가 다 타는데 뒤집지 않고 뭘 해요! 먹을 때는 재빠른 사람이!"라고 꾸짖었다는 일화가 전해 내려오고 있다. 그 후 878년 앨프레드 대왕은 전열을 정비하여 에딩튼Eddington 전투에서 마침내 바이킹을 물리쳤다.

그로부터 8년 후, 앨프레드 대왕은 런던에서 체스터Chester를 잇는 경계선을 정하고 그 이북 지역에 바이킹의 거주를 허용하는 협정을 맺었다. 그 경계선의 북쪽은 바이킹의 합법적인 거주지가 되었는데 이것을 데인로Danelaw라고 한다. 물론 경계선 남쪽에는 앵글로색슨족이 거주했다. 이때 생긴 런던-체스터 라인은 오늘날에도 여전히 영국의 북부 방언과 남부 방언을 나누는 경계선인데 바이킹의 거주지였던 북쪽의 요크셔Yorkshire와 호수 지방Lake District의 방언은 런던 방언과 상당히 다르기 때문에 오늘날에도 의사소통에 있어서 문제가 되는 경우가 종종 발생한

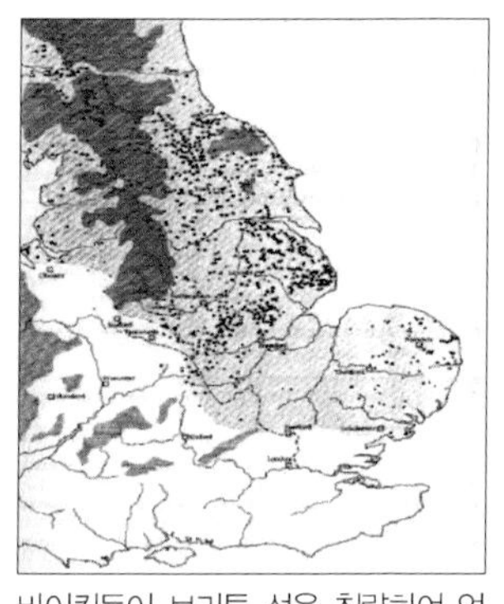

바이킹들이 브리튼 섬을 침략하여 얻어낸 전리품 격인 데인로 지역. 다시 말하면 브리튼 섬에서 바이킹들의 합법적인 거주지인데 런던과 체스터를 잇는 선의 북쪽 지역으로서 그 경계선은 로마가도인 워틀링스트리트와 일치한다.

요크 지방에 건설된 바이킹 정착촌 요르빅의 모습. 이엉지붕의 목조 가옥과 가옥 사이에는 부두까지 이어지는 나무보도를 깔아 놓는 것이 특징이다.

다. 이후 앨프레드 대왕은 바이킹의 재침에 대비하여 강한 군대를 양성하고 또 전국의 요충지에 요새를 구축하고 거기에 군대를 주둔시켰다. 이러한 군사요충지는 오늘날 버러burgh라는 이름으로 남아 있다.

9세기를 전후하여 바이킹의 공포는 유럽 전역을 강타하였다. 프랑스도 예외는 아니었다. 프랑스 해안을 포함하여 내륙까지 바이킹들의 약탈 피해가 늘어가자 프랑스의 왕 샤를르Charles the Simple는 바이킹의 우두머리인 롤로Rollo와 협정을 맺었다. 그 내용은 노르망디Normandy(북방인의 땅이라는 뜻)를 할양해 주는 조건으로 센Seine 강을 거슬러 들어와 파리Paris를 약탈하지 않는다는 협약이었다. 바로 이때 바이킹의 우두머리 롤로가 할양받은 노르망디는 후에 그의 후손 윌리엄William과 더불어 영어 역사에 오래도록 기억되는 이름이 된다.

용감한 전사일 뿐만 아니라 학자로서 앨프레드 대왕은 수도원을 정비하고 또 영국민들을 계몽하는 데 심혈을 기울였다. 일단 승리를 거두기는 했지만 전쟁은 끝나지 않았다는 사실을 그는 잘 알고 있었다. 그리고 자신의 왕국과 주변의 부족들이 단결해야 한다는 사실도 절실히 느끼고 있었다. 이러한 상황을 타개할 여러 가지 방법을 강구하게 되었는데 그중 하나가 바로 영어를 수단으로 이용하는 것이었다. 같은 언어를 쓰고 있다는 동류의식에 호소함으로써 충성심을 유발할 수 있다는 것을 알고 있었다. 그래서 그는 영국민들에게 영어를 가르치기 시작했고 영어에 대한 자부심을 갖게 했으며 영어로써 전투에 임하고 영어 사용자들을 위해 싸울 준비를 하도록 만들었다. 또한 자신이 라틴어를 잘 알고 있었기 때문에 비드Bede의 『영국민 교회사Ecclesiastical History of the English People』, 어거스틴Augustine의 『대화록Soliloquies』, 보에시우스Boethius의 『철학의 위안Consolation of Philosophy』 등 기타 작품들을 영어로 번역하였다. 그는 영국민의 첫 역사를 앵글로색슨의 언어, 즉 영어로 편찬하도록 했다. 이것이 바로 『앵글로색슨 연대기Anglo-Saxon Chronicle』인데 영국 초기 역사를 기록한 소중한 자료이다. 앨프레드가 대왕으로 칭송받는 이유는 무엇보다도 앵글로색슨 민족을 통합하여 외세의 침략으로부터 앵글로색슨 왕국을 지켜낸 것 때문이기도 하지만 그와 더불어 교육과 저술 및 번역 사업 등의 문예 부흥을 통하여 영어를 앵글로색슨 민족의 언어로 자리매김하게 만든 공로 때문이기도 하다.

앨프레드 대왕의 뒤를 이어 왕위에 오른 후손들은 바이킹에 대하여 우위적 관계를 이어가지 못했다. 특히 978년에서 1016년까지 재위했던 에셀레드Æthelred the Unready(12세에 왕위에 올라 '왕이 될 준비가 덜 된' 의미) 왕이 최악이었다. 그는 몸이 허약한 반면에 성품은 충동적이고 잔인해서 나라의 통치자로서는 부적격 인물이었다. 그의 무능한 통치를 틈타 바이킹들이 다시 출몰했고 심지어 브리튼 섬의 북부에 정착했던 바이킹들까지도 가세했다. 그들은 점점 더 많은 철수 조건의 합의금, 데인겔트danegeld를 요구하였는데 그로 인한 피해가 고스란히 평민에게 무거운 세금으로 전가되었다. 1022년 에셀레드 왕은 무모하게도 요크York에 있는 바이킹들을 학살하였는데, 이것이 그들의 우두머리인 스웨인Sweyn Forkbeard의 무서운 복수를 자초하는 꼴이 되었다. 결과적으로 에셀레드 왕은 앨프레드 대왕이 공들여 일구어 놓은 왕국을 스웨인에게 넘기고 노르망디로 달아나 버렸다.

1016년 앵글로색슨족의 원로회 격인 위탄Witan 회의에서 데인족의 크누트Cnute를 왕으로 선출했고 그는 잉글랜드, 덴마크, 그리고 노르웨이를 통합하여 하나의 왕국을 건설했다. 강력한 통치자였던 크누트는 세례를 받은 독실한 기독교 신자였다. 그러나 그가 죽은 후 통합 왕국은 두 아들에 의해 분할 통치되었고 게다가 1042년 에셀레드의 아들 에드워드가 다시 잉글랜드의 왕위에 오르게 됨에 따라 250여 년에 걸친 잉글랜드에서의 바이킹 시대는 끝이 났다.

바이킹으로부터 왕위를 되찾은 에드워드 왕은 신앙심이 깊어서 참회왕 에드워드Edward the Confessor로 알려져 있다. 지나치게 신앙심이 깊은 나머지 템즈 강변의 웨스트민스터West Minster 사원 건립에만 신경을 쓰고 국정을 소홀히 하였다.

1066년 1월, 그 에드워드 왕이 사망하자 해롤드Harold Godwinson가 다른 경쟁자들을 따돌리고 왕위에 올랐다. 그의 대관식이 있던 날, 하늘에는 핼리 혜성이 나타났는데 그것은 후에 일어날 역사적 사건을 예고하는 불길한 전조였다.

영어에 남겨진 바이킹의 흔적

바이킹이 사용한 언어는 스칸디나비아어Norse인데 그것은 북게르만어North Germanic에서 분파된 언어이며 영어의 모태인 서게르만어West Germanic와 관계를 살펴볼 때 이들은 인척 관계이다. 따라서 두 언어는 태생적으로 유사하므로 앵글로색슨인들과 바이킹들은 어느 정도까지는 어려움 없이 의사소통이 가능했을 것이다. 뿐만 아니라 이 시기의 데인로에서는 바이킹들이 앵글로색슨인들과 결혼하는 예가 빈번해져서 영어와 스칸디나비아어가 함께 사용되는 기회는 더욱 확대되었다. 이 시기를 거치면서 바이킹들은 요크셔Yorkshire와 스코틀랜드 지방에 걸쳐 1,400여 개의 지명을 포함하여 기타 어휘에 자신들의 언어 흔적을 남겨 놓았다.

· 지명

-by(마을/농장을 의미):

더비Derby, 애플비Appleby, 휘트비Whitby, 내서비Naseby, 럭비Rugby, 아이러비Ireby, 터스비Thursby, 위건비Wigonby, 코비Corby, 레이전비Lazenby, 손비Thornby, 도벤비Dovenby, 갬블스비Gamblesby

-thorpe(마을을 의미):
앨러소프Allerthorpe, 케니스로프Kennythorpe, 베리소프Burythorpe, 할소프Harlthorpe, 퍼거소프Foggathorpe, 스쿤소프Scunthorpe, 알소프Althorp, 린소프Linthorpe

-gate(거리를 의미):
빌링스게이트Billingsgate, 커크게이트Kirkgate, 캐슬게이트Castlegate

-thwaite(개간지/넓은 밭을 의미):
크로스웨이트Crossthwaite, 브레이스웨이트Braithwaite, 루스웨이트Ruthwaite, 바센스웨이트Bassenthwaite, 미클스웨이트Micklethwaite, 로스스웨이트Rosthwaite

-fell(언덕을 의미):
스카펠Scarfell

-beck(개천을 의미):
버벡Birkbeck, 콜벡Caldbeck, 트라우트벡Troutbeck

-toft(한 덩어리의 땅을 의미):
로스토프트Lowestoft, 이스토프트Eastoft, 샌드토프트Sandtoft

-dale(계곡을 의미):
보로우데일Borrowdale, 와스데일Wasdale, 랭데일Langdale, 에스크데일Eskdale, 패터데일Patterdale

· 성(가족명)
-son(아들, 후손을 의미):

존슨Johnson, 패티슨Pattison, 롭슨Robson, 해리슨Harrison, 롤린슨Rawlinson, 왓슨Watson, 니콜슨Nicholson, 깁슨Gibson, 디킨슨Dickinson, 허드슨Hudson, 휴이트슨Hewitson, 스트븐슨Stevenson

· 요일명:
Tuesday(←Tiew), Wednesday(←Wodan), Thursday(←Thor)

· /sk/ 음으로 시작하는 단어:
skill, skin, sky, ski, scold, score

· 일상 어휘:
bul, flat, happy, husband, law, root, sail, take, ugly, get, both, same, want, weak, dirt, birth, cake, call, egg, guess, leg, trust, knife, hit, wrong 등

· 대명사:
they, them, their

또 앵글로색슨의 어휘와 바이킹의 어휘가 오늘날까지 공존하면서 사용되기도 한다. 다음 예가 그러한 경우이다.

· 앵글로색슨 어휘/바이킹 어휘
break/breach, craft/skill, ditch/dike, no/nay, raise/rear, shatter/scatter, shirt/skirt, whole/hale, sick/ill, hide/skin

또한 바이킹과 앵글로색슨인들이 접경 지역을 중심으로 활발한 교역이 이루어지면서 두 언어가 섞이게 되었는데 이는 곧바로 영어의 어법을

흔들어 놓아 결국 문법이 바뀌는 결과를 가져왔다. 원래 영어는 관사, 대명사, 명사 같은 어휘에 어미를 붙이고 그 어미를 통해서 그 어휘가 문장의 주어인지 목적어인지를 표시하는 언어였다. 그러나 바이킹의 언어와 접촉하면서 영어는 굴절어미를 잃어가기 시작했다. 그 대신 문장에서의 위치와 순서에 따라 주어–동사–목적어가 정해지고 또 'to'나 'with' 같은 전치사로서 어휘의 역할과 의미를 표시하게 되었다. 이러한 변화는 영어에 보다 나은 유연성을 부여하는 전화위복의 결과를 가져다주었다. 이러한 과정을 겪으면서 영어는 게르만어의 편협성을 벗어나 한 차원 높은 언어로의 발전을 지향하며 다가올 다음 시대를 준비하고 있었다.

06

새로운 시작, 노르만 정복

천 년 전, 헤이스팅스Hastings의 센라크Senlac 평원.
바로 이곳에서 해럴드 왕과 침입자인 노르만 공작 윌리엄.
그 두 사람은 운명적인 만남을 가졌다.

윌리엄 공작은 해럴드 왕이 전열을 갖추기 전 기습을 감행하였고
해럴드 왕의 잉글랜드 군대는 몰든 전투Battle of Maldon의 전통[6]에 따라
후회 없이 최후까지 용감하게 싸웠다.

황혼녘에 수세로 몰리던 해럴드 왕은 전사했고
그의 부하들도 왕의 시신을 둘러싸고 차례차례 쓰러졌다.

1066년 10월 14일
노르망디 공작 윌리엄, 그는 잉글랜드의 새로운 역사를 쓰고 있었다.

윌리엄, 잉글랜드의 중세를 열다

1066년 노르만인Norman이 브리튼 섬을 정복한 사건, 즉 노르만 정복Norman Conquest은 역사적으로 또 영어 발달사적으로도 매우 중요한 사건이다. 그 시점이 바로 영국의 고대와 중세 시대를 나누는 분수령이 되는 기준점이며 또한 고대 영어에서 중세 영어 시기로 넘어가는 분기점이기 때문이다.

앞서 언급한 것처럼 노르만인들은 원래 바이킹의 후손이다. 일찍이 10세기에 노르만족의 원조 족장 격인 롤로Rollo와 프랑스 왕 샤를르Charles the Simple 사이에 체결된 불가침 협정에 따라 프랑스의 노르망디 해안 지방이 노르만 공작Duke of Normandy의 영지로 할양되었고, 이에 따라 노르만

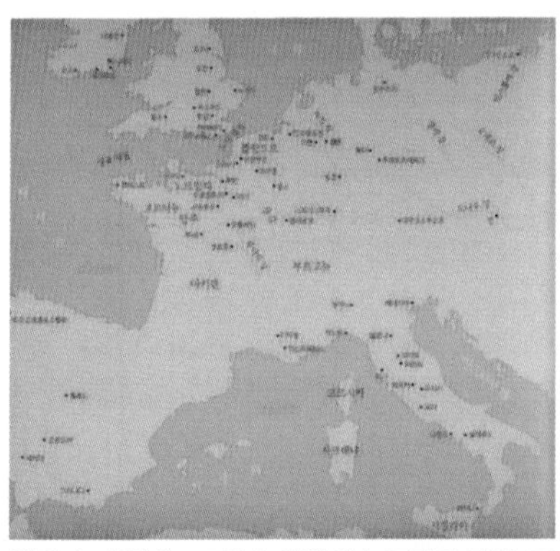

영국과 마주보는 프랑스 해안의 노르망디 지방. 프랑스 왕 필립은 9세기에 들어 바이킹들의 노략질이 심해지자 아예 프랑스 해안 땅의 일부를 바이킹에게 내어 주고 거주하게 하는데 이곳을 가리키는 말이 노르망디이다. 노르망디란 북방인들의 땅을 의미한다.

AD 10세기에 프랑스 왕으로부터 노르망디를 할양받은 초대 노르망디 공작, 롤로. 바이킹들은 노르망디 지방에 거주하면서 프랑스의 선진 문화와 불어를 배우게 되는데 특히 그들이 사용하는 불어를 노르만 불어Norman French라고 한다. 후에 영어는 이 노르만 불어로부터 엄청난 불어 어휘를 차용하게 된다.

인들은 노르망디 지방에 정착하게 되었다. 노르망디에 정착한 이후 그들은 자신들의 스칸디나비아어Norse와 야만적인 문화를 버리고 중세 프랑스의 생활 양식과 중세 불어를 배워 프랑스풍으로 동화되었다.

11세기 이 지역을 통치하던 노르망디 공작 윌리엄(1027~1087)은 자신의 것으로 생각했던 잉글랜드 왕위를 차지하기 위해 1066년 잉글랜드 침공을 감행하여 성공한다. 정복왕 윌리엄William the Conqueror으로 알려진 그는 출생부터가 예사롭지 않았다.

어느 날 아침, 롤로의 4대손이었던 노르망디 공작 로버트는 도읍지인 팔래즈Falaise로 달려가던 중에 아를레타Arlette라는 가죽수선공의 딸이 개울에서 빨래를 하고 있는 것을 보았다. 그는 이미 귀족 출신의 정실

정복왕 윌리엄의 출생지로 알려진 플래즈 성과 1066년 잉글랜드를 정복한 정복왕 윌리엄 1세의 모습. 그는 서자 출신이란 신분상의 약점을 극복하고 천신만고 끝에 노르망디를 통치하는 공작의 자리에 올랐고 이어 잉글랜드 정복에 성공함으로써 정복왕 윌리엄이라는 칭호를 얻었다. 출신 신분상 약점에 대한 보상심리로 자신의 대한 반역자는 잔인하고 무자비하게 처단했다고 전해진다.

부인이 있었지만 그녀를 본 순간 한눈에 반하여 그녀를 성으로 데려왔다. 둘 사이 만남의 결실로 1025년 아들을 얻었는데 그가 바로 윌리엄이다.

윌리엄은 서출이었기 때문에 당시 서자를 차별하는 사회 관습에 따라 신분에 따른 차별 대우를 받았다. 그러나 윌리엄은 성장하면서 신분상 불리함을 극복하여 후에 노르망디 공작이 되었으며, 그 시절 노르망디에 망명해 있던 잉글랜드 웨식스 왕국의 왕자, 에드워드Edward를 돌보아 주었다. 후에 잉글랜드 왕위를 계승한 에드워드가 후계자 없이 사망하자 윌리엄은 잉글랜드 왕위는 당연히 자기 것으로 생각했다. 그러나 뜻밖에 잉글랜드 원로회의는 웨식스 왕국의 유력 귀족 해럴드 고드윈Harold Godwin의 아들 해럴드 고드윈슨Harold Godwinson을 왕으로 선출하였다. 해럴드의 왕위 계승으로 잉글랜드 왕위를 도둑맞은 사실을 알게 되자 윌리엄은 잉글랜드 침공을 계획하게 된다. 필요한 군대와 함대를 소집한 이후, 교황의 지지를 얻어 내었고 교황은 이를 입증하듯 윌리엄의 군대를 격려하는 교황의 깃발을 보내 주었다. 1066년 여름에 만반의 준비가 끝나자 그는 군대를 집결시키고 출항을 위해 순풍을 기다리고 있었다. 그러나 날씨는 윌리엄 편이 아니었다. 만 6개월 동안 내내 윌리엄에게 불리한 북풍만 불어올 뿐이었다.

그때, 반대편 해안에서도 해럴드가 군대를 소집하고 윌리엄의 공격에 대비하고 있었다. 북풍이 꽤 오래도록 불어오자 양측은 더 이상 대치 상태를 유지하기 곤란해졌다. 왜냐하면 수확기가 도래했기 때문에 각자 영지로 돌아가 추수를 해야 했기 때문이었다.

이와 같은 상황에서 양측의 운명을 결정지어 줄 새로운 변수가 생겼다. 바로 이 시기는 앞 장에서 언급했던 것처럼 잉글랜드를 통치했던 바이킹 왕 크누트 시대로부터 30년이 지난 시기였다. 이 무렵 북유럽의 바이킹의 후손들, 특히 노르웨이인들Norwegians은 크누트 왕 이후 잃어버린 잉글랜드를 다시 찾을 기회를 노리고 있었는데, 때마침 하랄드 하르드라가Harald Hardraga가 그것을 실행에 옮기고 있었다. 하랄드 하르드라가의 지휘 아래 잉글랜드 원정군이 조직되었는데 거기에는 잉글랜드에서 추방되었던 해럴드의 동생 토스티그Tostig까지 가담하고 있었다. 그들은 대규모 군대를 함대에 태우고 스칸디나비아를 떠나 북풍을 이용하여 해안을 따라 요크셔Yorkshire까지 내려온 후 상륙하여 요크York로 향했다.

이 소식을 접한 해럴드는 우선 윌리엄과 대치하던 군대를 빼돌려 북쪽에서 내려오는 침략군을 막을 수밖에 없었다. 그는 기습을 감행하여 하랄드와 자신의 동생 토스티그를 스탬포드 브리지Stamford Bridge 전투에서 죽이고 노르웨이로부터의 침략자들을 완전히 패퇴시켰다.

그런데 운명이랄까. 해럴드가 북방의 위협 세력을 제거하는 사이에 날씨가 바뀌었다. 지난 6개월간 윌리엄 군대의 발을 묶었던 북풍이 멎고 반대편으로 바람이 불기 시작했다. 그러자 윌리엄은 이 기회를 놓치지 않고 재빨리 천여 척의 배와 보트에 군대를 태워 노르망디를 출발했다. 그들은 별다른 저항 없이 잉글랜드 페븐시Pevensey 만에 상륙했다. 윌리엄은 먼저 헤이스팅스에 도착해 주둔하면서 2주일에 걸쳐서 흙과 목재로 요새를 구축하고 교두보를 확보하였다.

윌리엄이 잉글랜드에 상륙한 지 이틀 후에야 해럴드는 요크에서 이 소식을 접할 수 있었다. 그는 노르웨이와 전투에서 거둔 승전을 자축하던 중이었다. 소식을 듣자마자 해럴드는 그 즉시 군사를 출발시켜 6일 만에 런던 북쪽 190마일까지 진군했다. 거기서 군대를 재정비하고 10월 12일 오전에 다시 출발하여 이틀 만에 헤이스팅스 근교 58마일까지 내려왔다. 마침내 10월 14일 새벽 윌리엄의 노르만 군대와 해럴드의 잉글랜드 군대는 헤이스팅스의 센라크 벌판에서 마주했다. 노르만 군대는 교황의 깃발 아래 활을 가진 궁수, 무기를 든 전사, 갑옷을 입고 말을 탄 기사 등이 전투 준비를 완벽하게 마치고 잉글랜드 군대가 오기를 기다리고 있었다. 반면에 해럴드는 숨을 고르며 뒤이어 도착할 지원군을 기다리고 있었다. 해럴드 자신과 잉글랜드의 병사들은 밤새도록 먼 길을 진군해 와 몹시 피곤했기 때문에 상대적으로 휴식을 취하며 호시탐탐 기회만 노리고 있던 윌리엄의 군대에 비하면 너무나 불리한 상황이었다.

1066년 노르망디 공작 윌리엄과 잉글랜드 왕 해럴드가 맞섰던 격전지 헤이스팅스. 이 전투에서 승리를 거둔 노르망디 공작 윌리엄은 잉글랜드 왕을 겸하게 되었고 6백 년 정도를 이어 오던 앵글로색슨 고대 왕국의 전통은 마침내 종지부를 찍게 된다.

10월 14일 오전, 드디어 쌍방 간의 전투는 시작되었다. 불리한 여건 속에서 해럴드의 잉글랜드군은 용감히 싸웠고 심지어 수세에 몰리는 절망적인 상황에서도 끝까지 싸웠다. 일진일퇴의 밀고 밀리는 전투 끝에 해럴드는 전사했고 그의 휘하에 있었던 영주와 가신들도 하나씩 하나씩 그의 곁에서 쓰러져 갔다. 전투는 그렇게 끝이 났다.

노르만 정복의 전투를 묘사한 길이 231피트 폭 20인치짜리의 태피스트리의 일부. 노르만 정복을 축하하는 뜻으로 제작한 것인데 준비에서부터 전투 장면에 이르기까지 여러 장면이 상세하게 수놓아져 있다.

그해 12월 25일 성탄절에 노르망디 공작 윌리엄은 웨스트민스터Westminster 사원에서 대관식을 거행하고 윌리엄 1세라는 이름으로 노르만 왕조를 열고 잉글랜드의 주인이 되었다. 그 뒤 윌리엄은 곧바로 토착 귀족의 토지를 몰수하고 그것을 자신에 대한 충성심의 대가로 부하들에게 나누어 주었다. 즉 영주는 국왕에 대한 충성을 맹세하고 국왕은 그것을 조건으로 토지를 하사하는 주종의 계약 관계, 즉 봉건제를 시행하여 통치의 틀을 다졌다. 또한 그는 배심원 제도를 확립시키고 유대인의 이주를 권장하여 교역과 상업을 육성했다. 또 반대 세력에 대한 경고의 의미로 자신에 대한 어떠한 반란이든 잔인하고 무자비하게 진압하면서 점차 잉글랜드의 토착 세력을 무너뜨렸고 강력한 군대를 유지하여 외세의 침략을 저지했다.

윌리엄의 치적 중 하나는 둠즈데이북Domesday Book을 만들기 시작했다는 것이다. 현재 런던 국립기록보존소에 보관되어 있는 둠즈데이북은 1086년 윌리엄의 지시로 작성된 잉글랜드 전역의 토지 대장이다. 주위의 반대에도 불구하고 윌리엄은 정복지 잉글랜드를 통치하는 데 필요하다는 이유로 둠즈데이북을 만들도록 지시했는데 사실상 빠짐없이 세금을 거둬들이려는 것이 주요 목적이었다. 그러나 윌리엄은 둠즈데이북의 완성을 보지 못하고 죽었다. 둠즈데이란 말은 원래 성경의 최후심판의 날doomsday을 가리키는데 이 조사 기록이 작은 부분까지 너무 상세히 기록되어 있어서 도저히 빠져나가지 못하고 심판을 제대로 받는다는 뜻에서 둠즈데이북이라고 하였다. 둠즈데이북을 만들 당시 영국의 인구는 200만 명이었는데 이들 개개인에 관한 정보 외에도 토지 면적, 삼림이나 목초지, 방목지 등 공유지의 면적, 소유자의 이름과 직할지 면적, 쟁기의 숫자, 자유민, 비자유민 노동자의 수 등이 상세하게 기록되어 있어서 둠즈데이북은 영국 중세사 연구에 귀중한 자료이다. 1085년 앵글로색슨 연대기의 저자도 세금 조사의 철저함에 대하여 다음과 같이 자신의 생각을 전하고 있다.

1066년 12월 25일 웨스트민스터 사원에서 거행된 윌리엄 대관식 모습. 정복왕 윌리엄은 잉글랜드의 노르만 왕조를 열면서 영국 중세의 시작을 알렸다.

……대주교, 교구주교, 수도원장, 귀족들이 어느 정도의 토지를 갖고 있는지 기록해 놓았다. 과장이 아니라 각자가 무엇을 얼마나 가졌는지 그리고 토지, 가축의 소유 상태까지 너무나 상세히 기록해 놓았다. 너무나 자세히 조사되어서 심지어 한 치의 땅이나 한 마리의 소, 돼지까지도 기록에 빠지지 않을 것 같았다.

또 노르만인들은 잉글랜드에 상당한 건축물을 남겨 놓았다. 그들은 잉글랜드를 정복한 이후 약 30년간에 걸쳐 500여 개의 성을 축조하였다. 윈저성Windsor Castle과 방어를 목적으로 지은 런던탑Tower of London이 그들의 기술과 솜씨를 보여 주는 대표적인 건축물이다. 또한 1093년 더럼Durham 성당을 짓기 시작하였는데 그 무렵 14개의 주요 성당들이 동시에 건립되고 있었다. 1220년 시작된 샐리즈버리Salisbury 성당을 제외하면 잉글랜드의 유명한 주요 성당들은 그 무렵 한꺼번에 지어진 것이다.

1066년에 잉글랜드의 헤이스팅스로부터 발발한 정변을 사학자들은 노르만 정복Norman Conquest이라 명명했다. 노르만 정복 이후 영국의 지배계급은 색슨계에서 프랑스 노르망디 출신의 노르만계로 바뀌었다. 노르

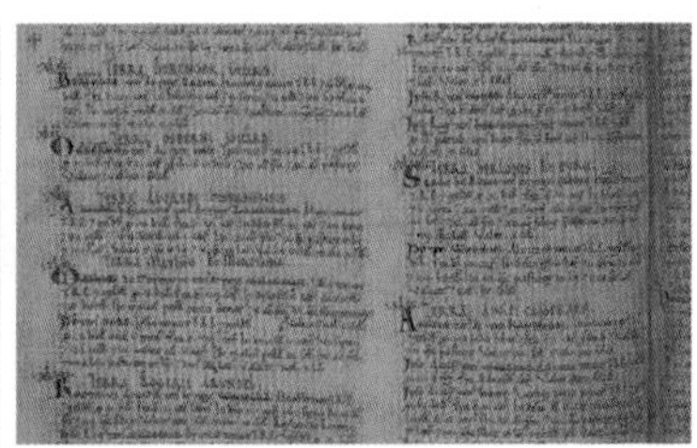

잉글랜드 국민 개개인의 신상명세와 소유물을 상세히 기록하여 1086년에 완성된 둠즈데이북. 둠즈데이는 최후 심판의 날을 의미하는데 최후 심판을 받은 날의 운명처럼 빠져나갈 수 없다는 것을 보여 주려는 의도인 것 같다.

1066년 윌리엄이 잉글랜드를 정복한 후, 토호 세력의 공격을 방어하기 위한 요새로 화이트 타워(왼쪽)를 짓는다. 이후 증축된 다른 건물들을 아울러 런던탑이라고 하는데 1603년 튜더 왕조의 엘리자베스 1세까지 이곳을 왕궁으로 사용하였다. 바이워드 타워(오른쪽)는 오늘날 관광객이 들어가는 입구인데 런던탑 전체로 보면 외곽 성벽의 일부이다.

만인들이 일약 지배 계급으로 안착하면서 봉건제가 실시되고 그에 따른 법, 기사도, 패션, 건축, 요리 등 의식주에 관련된 문화와 생활 양식이 도입되면서 동시에 그것과 연관된 어휘도 함께 들어오게 되었다. 잉글랜드 정복 이후 300년간 노르만 출신 잉글랜드 왕은 영어를 쓰지 않고 노르만 불어를 사용했는데 다음의 일화는 그것을 입증하는 좋은 예이다. 1348년 에드워드 3세Edward III는 샐리즈버리Salisbury의 공작부인 조안Joan과 춤을 추고 있었는데 때마침 공작부인이 양말대님을 떨어뜨렸다. 그때 에드워드 3세는 그것을 집어 들고 "Honi soit qui mal y pense그것을 나쁘게 생각하는 이는 수치스러울 것이니라"라고 말했는데 이 기사도를 칭송하는 불어가 가터 훈장the Order of the Garter의 모토가 되었다. 이런 식으로 방패 모양의 왕실 문장에도 "Dieu et mon droit"('God and my right')처럼 불어를 썼듯이 당시 잉글랜드 왕은 영어를 사용하지 않았다. 노르만 출신 잉글랜드 왕 치하에서 잉글랜드와 노르망디, 좀 더 나아가서 프랑스는 서로 얽혀 있는 하나의 국가였다. 에드워드 3세는 프랑스 남서부의 드넓은 영토를 넘겨받았고 1415년 헨리 5세Henry V는 프랑스 북부의 대부분을 자신의 영지로 갖고 있었다. 잉글랜드 왕이나 귀족이 프랑스에서 손을 떼고 완전히 물러난 것은 잔 다르크Joan of Arc가 등장하는 백 년 전쟁(1337~1453) 말기이다. 잉글랜드가 프랑스에 마지막 보루로서 갖고 있던 칼레Calais에서 완전히 물러난 것은 1558년이었다.

노르만인들의 잉글랜드 정복과 그들의 통치는 다소 야만적인 요소가 있다고 하더라도 노르만인들이 영국 역사에 끼친 영향은 실로 지대하다. 유럽의 변방에 머무르던 미개한 고대왕국 잉글랜드는 높은 수준의 문화를 향유하던 유럽의 중심 국가와 직접 맞닿게 되는 기회를 잡으면서 유럽의 일류 국가로 발돋움하는 기틀을 마련했다.

노르만 불어를 삼킨 중세 영어

헤이스팅스 전투의 결과인 노르만 정복은 영국사는 물론이고 영어사의 흐름을 바꾸는 결과를 초래했다. 노르만 정복 이후 정복자들의 언어인 노르만 불어Norman French는 잉글랜드 지배 계급의 언어가 되면서 그 이후 수백 년간 피지배 계급의 영어와 공존하는 상태가 이어진다. 그러나 시간이 가면서 지배를 받던 하층민의 영어가 열세를 극복하고 잉글랜드에서의 주류 언어로서 지위를 회복하게 된다. 즉 하층민의 영어는 중세 잉글랜드가 겪은 역사적 사건을 함께하면서 자신의 게르만어적인 구조에 상당수의 불어 어휘를 포용하는 형태로 절체절명의 소멸 위기를 무사히 넘었다. 이 시기, 즉 1100년에서 1500년 사이를 지나는 영어를 중세 영어라 한다.

앞서 언급하였듯이 노르만 불어 사용자였던 윌리엄과 그의 후계 왕들은 굳이 피정복민들이 사용하는 영어를 알 필요는 없었다. 또 윌리엄과 함께 잉글랜드에 온 귀족과 성직자들도 모두 노르만 불어를 사용하였기 때문에 잉글랜드에서 힘을 가진 공식 언어는 당연히 영어가 아닌 노르만 불어였다.

상류층 지배계급에서의 이러한 변화와는 달리 피지배 계급으로 전락한 앵글로색슨인들의 언어 사용은 별로 달라진 것이 없었다. 간혹 앵글로색슨인이 노르만 귀족의 집사나 서기가 되는 경우 어쩔 수 없이 노르만 불어를 배워야 할 때도 있었겠지만 그런 경우는 그다지 흔치 않았다. 오히려 그와는 반대로 노르만 귀족이나 호족들이 잉글랜드에 와서 앵글로색슨 여성들과 결혼하는 경우가 많았는데, 이때 노르만 불어를 모르는 앵글로색슨의 여성은 자녀를 양육할 때 영어를 사용하였고 그 결과 자녀들은 영어를 자연스럽게 배우게 되었다. 그런데 노르만 정복 이후 시간이 경과함에 따라 노르만 귀족들이 앵글로색슨 여성과 결혼하는 경우가 점점 증가하였고 이에 따라 영어 사용자의 수도 늘어갔다. 이러한 추세가 계속되면서 마침내 에드워드 1세Edward I(1239~1307)가 왕으로 있었던 시기에는 상황이 역전되어 일상에서도 다수가 영어를 사용하였기 때문에 노르만 귀족 자제 중에서는 불어를 교과서로 배우는 경우가 있을 정도였다.

9세기 노르만 정복 이후 영어는 간소한 형태로 바뀌고 있었다. 노르만인들의 지배를 받는 하층민이 되어 수레 제작, 농사일, 집안의 허드렛

중세 영어는 북부, 중부, 남부 등 지역적인 방언이 있었다. 이 가운데, 동중부 방언의 런던, 케임브리지, 옥스퍼드 지역의 언어가 후에 표준 영어로 발전하게 된다.

일을 하는 앵글로색슨인들은 대부분 글자를 모르는 문맹이었기 때문에 복잡한 문법을 알 리가 없었다. 따라서 그들은 영어의 명사, 동사, 형용사 그리고 기타 품사에 붙이는 복잡한 어미를 -s로 단순하게 처리했다. 예를 들면, 고대 영어 동사 어미 가운데 하나인 -eth도 단순화해서 그 결과, giveth, taketh, goeth보다는 gives, takes, goes로 쓰게 되었다. 또 hosen, shoen의 복수어미 -en도 마찬가지로 oxen과 children을 제외하면 -s나 -es로 쓰게 되었다. 또 woman이 남성 명사이며 wife는 중성 명사 등의 문법 사항을 무시하게 되면서 결국 문법성grammatical gender도 없어지게 되었다. 발음도 변화가 일어나 똑똑히 발음되던 철자들이 약화되거나 아예 발음을 생략하는 경우가 생겨났다. 예를 들어 make의 'e'는 분명히 발음되다가 약화되어 /ə/를 거쳐 발음하지 않게 되었다. 또한 마지막 음절에 격을 표시하던 굴절어미inflectional suffix가 탈락되면서 어순word order을 고정시키게 되었고 이 같은 점을 보강하기 위하여 전치사와 조동사의 문법적 기능이 더 한층 강화되었다.

노르만인들의 통치가 시작된 직후부터 200년간 불어에서 약 1,000단어가 영어에 유입되었는데 그것은 하층민의 언어인 영어 어휘에 대응되는 지배층의 어휘였다.

· 요리관련 어휘(영어-불어)

ox-beef / sheep-mutton / calf -veal / deer-venison / pig, swine-pork

· 기타 어휘:

begin-commence / child-infant / doom-judgment / freedom-liberty / happiness-felicity / hearty-cordial/ help-aid / hide-conceal / holy-saintly / love-charity / meal-repast / stench-aroma / wedding-marriage / wish-desire

요리 관련 어휘의 예를 보면 당시의 상황을 미루어 짐작할 수 있다. 즉 살아 있는 가축을 가리키는 어휘 ox[소], sheep[양], calf[송아지], deer[사슴], pig[돼지], swine[돼지]는 하층민으로서 직접 가축을 키우는 앵글로색슨인의 언어인 영어 고유어의 어휘이다. 이에 반하여 가축의 고기로 만든 요리를 먹는 이는 그들의 상전이 된 노르만 귀족이어서 요리를 지칭하는 어휘는 노르만 불어가 사용되었다. beef[쇠고기], mutton[양고기], veal[송아지 고기], venison[사슴 고기], pork[돼지고기]가 그것이다. 이러한 과정을 겪으며 영어는 기존의 앵글로색슨 고유 어휘와 대응되는 세련된 불어 어휘를 수용함으로써 미묘한 뉘앙스의 차이를 갖는 동의어의 쌍을 많이 보유하게 되었다. 이것은 곧 섬세한 의미 전달이 가능하므로 영어가 갖고 있는 장점 중의 하나가 되었고 특히 글을 쓰는 작가에게 환영받는 언어가 되었다.

노르만 정복 이후 1500년대까지 정치, 종교, 군사, 법률, 문화에 관련된 엄청난 수의 불어 어휘가 영어에 유입되는데 그것은 왕과 귀족들이 갖고 있던 정체성의 변화에 기인한다. 즉 프랑스와의 관계가 단절되면서 노르만인으로서의 인식이 사라지게 되었고 이로 인하여 잉글랜드와 영어를 자신들의 나라와 언어로 인정함으로써 비롯된 결과이다. 즉 영어를 공식적으로 인정하고 그 틀에 자신들이 사용하던 불어 어휘를 섞어서 사용하다 보니 자연 영어는 불어 차용어를 많이 갖게 되었다. 그리고 왕과 귀족들이 영어를 사용하다 보니 불어는 노르만인이 쓰는 귀족어, 영어는 앵글로색슨인들이 쓰는 하층민 언어라는 인식은 사라지게 되었다. 불어에서 차용된 각 분야의 대표적인 어휘의 예는 다음과 같다.

- 통치 관련 어휘: country, duke, duchess, liege, parliament, prince, sovereign 등
- 군사 관련 어휘: arms, armor, peace, war, battle, army, navy, admiral, captain, lieutenant, officer, sergeant, soldier 등
- 법률 관련 어휘: court, judge, justice, jury, attorney, defendant, plaintiff, felony, larceny, petty 등
- 종교 관련 어휘: religion, angel, saint, savior, trinity, virgin abbey, cloister, monastery, relic 등
- 음식 관련 어휘: gourmet, sauce, soup, venison, bacon, beef, veal, mutton, pork, sausage 등
- 여가와 생활 관련 어휘: leisure, art, architecture, ornament, design, costume, color, paint, joy, pleasure, fruits, flowers, falcon, quarry, scent, chase, trump, ace, duce, dice 등

그러나 노르만 불어에 대하여 상대적으로 열세에 놓여 있던 영어의 지위를 급변하게 만든 것은 뜻밖에도 유럽을 휩쓸고 간 흑사병이었다. 흑

1347년 발생한 흑사병은 유럽의 인구를 3분의 2로 줄일 정도로 심각한 영향을 미쳤다.

사병으로 인하여 1349년에서 1350년까지 단 2년간 영국 인구 400백만 명 중 3분의 1이 사망했다. 특히 귀족, 법률가 그리고 수도원이나 교회에서 집단생활을 하던 성직자들의 사망률이 높았다. 귀족과 성직자 다수가 사망함으로써 지배 계층의 수가 급감하였고 이 와중에 살아남은 소작농, 기술자, 노동자들 가운데에는 지배층의 공백을 메우면서 새로운 신흥 계급으로 부상하는 사람들이 생겨났다. 그들은 부의 축적과 함께 사회적 위상이 높아져 귀족들과 동등한 지위를 차지하게 되었고 아울러 그들이 사용하는 언어, 즉 영어도 상류층 언어로 대접받게 됨에 따라 영어는 불어와 대등한 언어로서 불어 어휘를 수용하게 되었다.

왕과 노르만 귀족들조차도 점점 영어를 사용하게 됨에 따라 1362년 마침내 영어는 노르만 불어를 밀어내고 공식어 자리를 되찾게 되었다. 노르만 불어를 구사할 수 있는 귀족이 극소수에 불과하다는 이유를 들

1415년 아쟁쿠르 전투 모습. 이 시기에 이미 영어는 다시 공식어 자리를 다시 되찾았고 그래서 노르만 왕조의 헨리 5세는 불어가 아닌 영어로 전투를 지휘하였다.

어 잉글랜드 의회는 모든 소송 절차를 노르만 불어 대신 영어로 진행한다는 법을 승인하였다. 이로써 노르만 정복 이후 300년 만에 영어는 노르만 불어에 빼앗겼던 지위를 되찾아 잉글랜드의 언어로 복귀했다. 이것은 공식적으로 노르만 지배층이 프랑스와 관련된 모든 것을 버리고 자신들도 잉글랜드인임을 인정한다는 것을 의미했다. 1415년 앵글로색슨 보병을 이끌고 아쟁쿠르Agincourt에서 프랑스 군과 싸웠던 헨리 5세Henry V는 자신이 노르만의 후예임에도 불구하고 자신과 자신의 군대를 영국군이라고 지칭하면서 영어를 사용하여 전투를 지휘하였다.

바로 이 시기에 영문학의 아버지라고 일컬어지는 초오서Geoffrey Chaucer(c. 1345~1400)가 『캔터베리 이야기Canterbury Tales』를 썼다. 영어는 초오서의 문장에 실려 화려한 부활을 알리며 근대 영어의 문턱을 막 넘어가고 있었다.

중세 영어의 완결판, 캔터베리 이야기

초오서Geoffrey Chaucer(c. 1345~1400)를 일컬어 영문학의 아버지라고 한다. 그러니까 영문학 분야에서 작가로서 이름을 알린 사람들 가운데 역사적으로 가장 먼저라는 의미일 것이다. 초오서는 영국의 중세를 통치한 에드워드 3세Edward III, 리처드 2세Richard II, 헨리 4세Henry IV의 재위 기간에 걸쳐 역동적인 삶을 살다 간 인물이다. 왕의 명으로 그는 프랑스, 스페인, 이탈리아를 다녀오면서 그 기간 동안 다양한 부류의 사람들과 교류할 수 있는 기회를 가졌다. 또한 그의 생애 동안 유럽을 휩쓴 흑사병(1347~1351), 농민 반란(1381), 위클리프John Wyclif의 종교 개혁 운동(1382) 등 중요한 역사적 사건들을 경험하기도 했다. 후에 초오서는 자신의 작품 속에서 신에 대한 절대적 신앙을 갖고 있는 중세인의 시각을 통하여 자신이 경험했던 각계각층의 사람들을 하나하나 묘사해 놓았다.

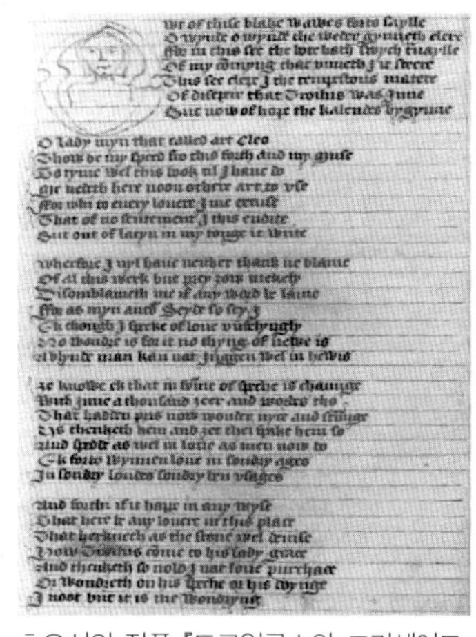

초오서의 작품 『트로일루스와 크리세이드』의 인쇄본 일부.

『캔터베리 이야기』는 그가 궁정을 떠나 켄트Kent에 거주하던 1387년에 쓰기 시작하여 그의 죽음으로 인하여 1400년에 미완성 형태로 발표된 그의 대표작이다. 궁정 사람들만의 한정된 독자들을 겨냥했던 『트로일러스와 크리세이드Troilus and Criseyde』, 그리고 『선녀열전The Legend of Good Women』 등 이러한 작품과는 달리 『캔터베리 이야기』는 폭넓은 독자들을 겨냥해 저술되었다. 작품 속에서 초오서가 사용한 영어는 현대 영어와는 상당한 차이가 있는 중세 영어이다. 그 발음이 상상할 수 없을 정도로 오늘날의 영어와는 다른 영어였을 것이고 어휘 또한 불어와 라틴어에서 유래된 것들이 많았다. 『캔터베리 이야기』의 내용은 캔터베리 대성당을 참배하기 위해 모인 기사, 하인, 신학생, 방앗간 주인, 법률가, 의사 등 다양한 순례자들이 런던 템즈 강Thames 남쪽 사우스와크(또는 써더크)Southwark의 타바드 주점Tabard Inn에 모여 주점 주인인 해리 베일리Harry Bailey의 제의에 따라 여흥을 돋우기 위한 이야기를 하는 형식으로 되어 있다. 「기사 이야기The Knight's Tale」, 「바스의 여장부The Wife of Bath」, 「옥스퍼드 학생의 이야기The Clerk's Tale」, 「무역상의 이야기The Merchant's Tale」를 비롯하여 미완성된 것을 포함하면 모두 24편의 이야기로 되어 있다. 먼저 그 유명한 「서시prologue」를 보자.

Whan that Aprill, with his shoures soote
The droghte of March hath perced to the roote
And bathed every veyne in swich licour,
Of which vertu engendred is the flour;
Whan Zephirus eek with his sweete breeth
Inspired hath in every holt and heeth
The tendre croppes, and the yonge sonne
Hath in the Ram his halfe cours yronne,
And smale foweles maken melodye,
That slepen al the nyght with open eye
(So priketh hem Nature in hir corages);

Thanne longen folk to goon on pilgrimages
And palmeres for to seken straunge strondes
To ferne falwes, kowthe in sondry londes;
And specially from every shires ende
Of Engelond, to Caunterbury they wende,
The hooly blisful martir for the seke
That hem hath holpen, whan that they were seeke.

4월이 부드러운 봄비로
3월 가뭄을 뿌리까지 없애 주고
나뭇가지마다 물기 오르면
그렇게 꽃이 필 수밖에.
서풍도 달콤한 입김으로
숲마다 들판마다 어린 새순을 깨우고
양궁좌의 아직 어린 해님은 반 항로를 돌았을 뿐
작은 새들은 노래 부르고
밤이면 뜬눈으로 잘 수밖에
자연이 그들 마음을 그리 설레게 하였으니.
사람들이 순례를 떠나고
싶어 하는 것은 이때.
긴 여행을 즐기는 순례자들은
저 멀리까지
낯선 나라를 찾아, 저기 멀리까지
알려진 곳을 찾는구나
특히 마을마다 모두
영국에서는 캔터베리로 순례를 가니,
병들었을 때 그들을 도와준
거룩하고 복된 순교자를 찾고자 함이라

초오서의 모습(왼쪽)과 『캔터베리 이야기』 속에 등장하는 순례자의 모습(오른쪽)을 그린 그림

초오서부터 현대의 T. S. 엘리엇Thomas Stearns Eliot에 이르기까지 영문학 작가들의 작품 속에서 4월은 특별한 의미로 나타난다. 위도가 높은 영국은 유난히 길고 춥고 어두운 겨울과 겨울밤으로 인해 누구나 새 생명이 돋아나는 봄의 시작, 4월을 기다린다. 하지만 『캔터베리 이야기』를 낳게 한 초오서의 중세 4월은 좀 다르다. 『캔터베리 이야기』의 서시에 나오듯 4월의 봄비와 서풍이 나뭇가지에 생명을 불어넣고 어린 해님의 햇살이 반쯤 회복될 무렵이면 초오서 시대의 중세 영국인들은 순례 여행에 올랐다. 목표지는 로마 또는 예루살렘 아니면 캔터베리였다.

영국인들이 순례지로 캔터베리를 선택하는 이유는 캔터베리 대성당이 그곳에 있기 때문이다. 알다시피 캔터베리 대성당은 영국 국교회Anglican Church 그러니까 성공회의 본산이다. 그러나 그곳이 유명 순례지가 된 데는 다음과 같은 사연이 있다. 노르만 정복 100년 후, 그 당시 왕이었던 헨리 2세(1133~1189)는 부모로부터는 프랑스 북부 앙주Anjou의 땅을 물

영국 남동부 켄트 주에 있는 캔터베리 대성당의 모습. 영국인들의 가장 가고 싶어하는 첫 번째 순례지로 꼽힌다.

려받고 거기에다가 아내 엘리노어Eleanor가 프랑스 유력 귀족 출신이어서 그녀가 소유하고 있었던 프랑스 남부의 아퀴텐느Aquitaine의 땅까지 합쳐 유럽에서 가장 넓은 영토를 소유한 왕이었다. 이 드넓은 영토를 업고 헨리 2세는 당시 무소불위 권력을 휘두르던 교황과 잦은 마찰을 빚고 있었다. 당시 교황은 종교의 범위를 넘어서 세속의 일에까지 막강한 영향력을 행사하고 있었다. 이에 헨리 2세는 자신의 사람이었던 토마스 베케트Thomas Beckett를 캔터베리 대주교에 임명함으로써 교황의 간섭을 견제하려 하였다. 그러나 토마스 베케트는 대주교에 임명된 후 오히려 교회의 입장을 옹호하는 쪽으로 태도를 바꾸기 시작했고 급기야 헨리 2세가 교회의 재판권을 제한하는 클래런던법Constitutions of Clarendon을 공포한 뒤부터 두 사람 사이는 급격히 벌어졌다. 토마스 베케트는 이 법에 반대하며 교회의 재판권을 사수하려 했고 더 나아가 헨리 2세를 배신하고 오히려 교회가 헨리 2세의 세속 권력 위에 있음을 주장하며 자신을 밀어준 헨리 2세의 세속 권력에 정면으로 맞섰다. 이에 불같은 성격의 소유자였던 헨리 2세는 세속 권력이 교회 권력 위에 있음을 보여 주기로 했다. "누가 이 거추장스런 성직자를 없애 주겠는가?"라는 헨리 2세의 말이 입에서 떨어지자마자 곧바로 4명의 기사가 밤새 캔터베리로 달려가 토마스 베케트 대주교의 두개골을 부수고 뇌를 끄집어내 성당 바닥에 던져 버렸다. 이것이 바로 역사에 기록된 '성당의 살인' 사건의 전말이다. 교황 권력의 전성시대를 구가하던 중세에 그것도 교황 권력의 직접 영향권 안에 있는 성당에서 대주교를 살해한 엄청난 사건, 그 사건 직후 헨리 2세는 사태가 자신에게 불리하게 전개되고 있음을 직감했다. 이에 그는 왕의 의복과 신을 벗고 평복을 입은 채 성당의 현관에서 무릎을 꿇었다. 그리고 토마스 베케트 대주교가 살해된 바로 그곳까지 맨발로 걸어가 대주교가 쓰러진 돌에 입을 맞추었다. 그리고 난 후 교황에게 석고대죄를 드렸음은 물론, 문제의 발단이 되었던 클래런던법을 폐지해야만 했다. 순교로서 기고만장했었던 헨리 2세의 세속적 권력을 꺾은 토마스 베케트 대주교는 그 후 성자로 추앙되었고 그의 유골이 안치된 캔터베리 대성당은 기독교도들에게는 중요한 순례성지가 되었다. 이 전대미문의 역사적 사건은 이후 시간이 지나도 꾸준히 세인들의 관심을 끌게 되었고 그 결과 중세 시대 초오서의 『캔터베리 이야기』뿐만 아니라 현대에 들어 T. S. 엘리엇의 시극 『성당의 살인』(1935)을 비롯한 기타 연극과 영화의 소재가 되었다.

헨리 2세의 명령을 받은 기사들이 캔터베리 대주교 토마스 베켓을 살해하는 모습을 담은 그림들. 토마스 베켓 대주교는 "주님을 위해 죽을 준비가 되어 있다"고 말하자 기사들이 달려들어 무참하게 살해하는 모습을 묘사하고 있다. 이 사건으로 캔터베리는 성지가 되었고 이 사건은 후대에 문학 작품의 소재로 많이 인용되었다.

초오서가 『캔터베리 이야기』를 쓴 시기는 이 희대의 성직자 살인 사건이 일어난 지 200년이 지난 중세 말엽이다. 초기 기독교도들에게 의무적이며 경건한 행사였던 성지 순례도 시간이 지나면서 여흥과 오락의 성격이 가미된 순례 여행으로 변질되어 있었다. 우리식으로 말하자면, 패키지 투어로 예루살렘을 다녀오면서 같이 간 관광객끼리 여흥을 돋우기 위해 지금은 노래를 주로 하는데 초오서가 살았던 그 시절에는 돌아가면서 재미있는 이야기를 했었던 모양이다. 초오서는 이전의 이탈리아 여행에서 보았던 보카치오Boccaccio의 『데카메론Decameron』에서 영감을 얻어 이와 같은 순례 여행의 분위기를 『캔터베리 이야기』라는 작품으로 담아내었다.

초오서가 『캔터베리 이야기』에서 사용한 어휘의 약 20% 정도는 불어

오늘날 복원되고 있는 캔터베리에서 로마까지의 중세 시대 도보 순례길. 총 1,931㎞에 이르며 걸어서 약 70일이 걸린다.

에서 차용된 어휘이다. 우리나라에서도 지식층인 사대부들은 한자 어휘를 많이 썼듯이 초오서의 작품에도 불어에서 온 어휘가 많이 사용되었다. 이 시기의 불어는 지배층 언어로서의 위상이 훼손되기는 했지만 그래도 영향력은 여전했다. 앞에서 인용한 「서시」만 해도 한 행에 하나 정도는 불어에서 온 어휘가 들어 있다. April사월, March삼월, perced(>pierced관통하다), veyne(>vein혈관), licour(>liquor액체), vertu(>virtue미덕), engendred(>engender일으키다), flour(>flower꽃), inspired(>inspire영감을 일으키다) 등이 그 예이다.

『캔터베리 이야기』의 15세기 필사본 50여 개가 아직도 현존하며 또 15세기에 런던에 인쇄소를 차렸던 윌리엄 캑스턴William Caxton은 두 가지 판의 『캔터베리 이야기』를 인쇄했다. 그 후로 『캔터베리 이야기』는 세대에서 세대로 전해지면서 시공을 초월하여 읽혔고 책으로뿐만 아니라 연극, 영화 등을 통해서도 대중들에게 소개되었다. 중세가 마무리되는 끝자락에서 중세의 모습을 담아낸 이 작품으로 초오서는 영문학의 주춧돌을 놓은 위대한 문인으로 평가받고 있다. 그가 죽고 나서 150년 뒤 그를 기리기 위한 기념비가 웨스트민스터 사원에 세워졌다.

07

유럽의 변방에서 중심으로

1588년 9월

유럽의 강국 스페인의 필립 2세는
이래저래 자신의 심기를 불편케 하는
엘리자베스 여왕을 제압해야 했었다.

이에 필립 2세는 세계 최강의 위용을 자랑하던
무적함대에 공격 명령을 내렸다.

당시 잉글랜드는 유럽의 변방 약소국.
엘리자베스 여왕과 영국민들의 운명은
그야말로 풍전등화 그것이었다.

그러나 엘리자베스 여왕은 영국민과 병사들을 독려했고
그들의 용맹 앞에 스페인의 무적함대는 맥없이 무너졌다.
역사는 바뀌었다.

승리의 함성, 그것은 새 주인공들의 환호였다.
그리고 그들의 언어, 영어는 제국의 언어로 도약을 준비하고 있었다.

변화의 바람과 새로운 도약, 르네상스

1500년을 즈음하여 포르투갈과 스페인을 비롯한 유럽의 제국들은 항해술의 발달에 힘입어 바다로 눈을 돌리게 된다. 1488년 아프리카의 남단 희망봉을 발견하고 이어 희망봉을 돌아 인도 항로를 개척하였다. 또한 1492년 콜럼버스도 대서양을 가로질러 아메리카 대륙을 발견하였다. 이와 같은 신세계의 발견은 새로운 영토의 확장과 새로운 문물의 유입으로만 끝나지 않았다. 신세계의 발견은 중세 신학이 주도한 종교와 지식 체계를 뿌리째 흔들어 놓았고 이에 수백 년을 이어 오던 기존 질서가 무너져 내리면서 유럽은 중세의 깊은 잠에서 깨어나기 시작하였다.

이 시기의 영국은 '엘리자베스 시대Elizabethan'라는 수식어가 생길 정도로 엘리자베스 1세(1533~1603)의 통치로 대변된다. 엘리자베스 1세는 왕위에 오른 직후 통일령Act of Uniformity(1558)을 반포하여 국왕이 국가와 교회의 최고 통치자임을 알렸고 스페인의 무적함대를 격퇴하면서 해상권을 장악하여 부를 축적하였으며 엄격한 신분 질서와 기사도의 선양을 통하여 사회의 기강을 바로잡았다. 대외적으로는 해적 영웅으로 칭송되던 드레이크Francis Drake(c. 1540~1596), 경제적으로는 '악화는 양화를 구축한다'는 그레셤 법칙으로 유명한 토머스 그레셤Thomas Gresham(1519~1579), 문화와 예술에서는 셰익스피어William Shakespeare(1564~1616), 스펜서Edmund Spenser(1552~1599), 베이컨Francis Bacon(1561~1626) 등 걸출한 인물들이 영국 근대사를 화려하게 장식하였다.

또 영국 민족은 노르만 불어로부터 되찾은 자신들의 언어에 대하여 자부심을 가지고 그 언어로 새로운 문물을 표현하려고 노력했고 그것을 계기로 영어는 세계어로 도약할 발판을 마련하였다. 인쇄술의 보급, 르네상스의 열풍, 종교 개혁과 성서 번역 등 일련의 역사적 사건들은 영어가 한 단계 더 발전할 수 있는 계기를 마련해 주었다.

인쇄술의 보급

1476년 런던에 최초로 인쇄소가 세워졌다. 윌리엄 캑스턴William Caxton(c. 1422~1491)이 설립한 이 인쇄소는 장차 영어가 중세 영어에서 벗어나 근대 영어로 진입하는 중요한 계기를 마련해 주게 된다. 윌리엄 캑스턴은 15세기 중엽 구텐베르크Gutenberg에 의해 발명된 활자 인쇄술을 도입하여 영국 최초의 인쇄소를 설립한 것이다. 윌리엄 캑스턴은 켄트Kent에서 태어나 브루제Bruges(벨기에 서북부에 있는 도시)에서 포목상을 하기도 했는데 쾰른Cologne에서 인쇄 기술을 배워 1476년 웨스트민스터Westminster에서 목판 인쇄소를 차렸다. 그는 초오서Chaucer의 『캔터베리 이야기』와 말로리Thomas Malory(?~1471)의 『아더의 죽음Morte d'Arthur』을 포함하여 대략 100여 권의 서적을 인쇄하였다. 인쇄물이 대량으로 보급되면서 인쇄물에 찍힌 어휘의 철자는 그대로 고정되는 반면에 어휘의 발음은 시간이 경과함에 따라 변하여 결국 어휘의 철자와 발음이 서로 괴리되는 결과를 초래했다. 이를테면, 현대 영어 어휘에서의 묵음철자(예: dou<u>b</u>t)들은 서적이 출판되던 당시 분명히 발음되었던 철자였는데 시간이 지나면서 철자는 그대로 있는데 음가는 없어졌다. 이와 같이 어휘의 철자는 서적에 인쇄된 상태로 고정되는 데 반하여 그 철자에 대한 발음은 변화하면서 영어는 철자대로 발음하던 원래의 모습에서 점점 벗어나 마침내 적혀 있는 철자와는 별도로 그 어휘의 발음을 외워야 하는, 즉 철자와 발음이 제각각인 언어가 되었다. 이러한 모순에 대하여 버나드 쇼George Benard Shaw(1856~1950)는 'fish'라는 단어를 'ghoti'로 표기할 수 있다고 꼬집었다. 즉 tough에서 'gh'의 발음 /f/, women에서 'o'의 발음 /i/, nation에서 'ti'의 발음 /ʃ/을 따오면 'ghoti'로 표기할 수 있다는 것이다. 영어의 철자와 발음의 괴리 현상을 지적하는 유명한 일례이다.

또 인쇄술이 발달하면서 대량 제작과 가격 인하로 인하여 점차 중산층과 하층민들도 책을 접할 수 있게 되었다. 그런데 당시 소수 귀족을 제외하면 라틴어를 몰랐기 때문에 라틴어 서적에 대한 수요는 적을 수밖에 없었다. 그래서 출판업자와 상인들은 영어 사용자들에게 눈을 돌릴 수밖에 없었고 따라서 그들에게 서적 판매를 하기 위해서는 라틴어 서적을 영어로 번역해야 했었다. 이러한 요구에 부응하여 이 시기에 다수의 라틴 고전 작품이 영어로 번역되었고 이 과정에서 라틴어 어휘가 영어에 대거 유입되었다. 또한 인쇄소가 런던에 있었기 때문에 모든 인쇄물이 런던 방언으로 제작되어 보급되면서 런던 방언은 사용 지역이 확대되고 사용자가 확산되는 계기를 맞게 되었다. 게다가 이로 인하여 런던 방언이 다른 방언에 비해 우위를 점하게 되면서 런던 방언은 점차 표준 영어로 자리매김하게 되었다.

종교 개혁과 성서 번역

자신의 이혼 문제를 둘러싸고 로마 교황과의 불화 끝에 헨리 8세King Henry Ⅷ는 1534년 수장령Act of Supremacy을 발표하면서 로마 가톨릭 교회Roman Catholic Church와 결별을 선언하고 자신을 수장으로 하는 영국 국교회Anglican Church를 탄생시켰다.

그와는 별도로 독일에서 시작된 마르틴 루터Martin Luther(1483~1546)의 종교 개혁은 바다 건너 영국에까지 그 파장이 번지고 있었다. 신교의 교리에 따르면 신교도Protestant들은 구교도들처럼 미사나 성직자를 통해서가 아니라 하나님 말씀을 직접 접하는 것이었다. 하지만 당시 하나님의 말씀을 전하는 성경은 라틴어로 쓰인 것뿐이었고 라틴어를 모르는 신교도들에게 라틴어 성경은 무용지물이었다. 이 같은 배경에서 영어 성경의 필요성이 제기되었고 이에 따라 라틴어 성경을 영어로 번역하는 작업이 시작되었다. 그러나 그 과정은 결코 순탄치 못했다. 영어 성경 출간에는 교회와 국왕의 엄청난 핍박을 받으며 목숨을 건 사람들의 피로 얼룩진 역사가 있다.

한스 홀바인이 그린 헨리 8세 초상화. 캐더린 왕비와 이혼 문제로 로마 교황청과 갈등을 빚으면서 수장령을 반포하고 영국 국교회를 창시하였다. 다혈질에다 고집스런 강골의 느낌을 주는 헨리 8세는 실제 거구였던 것 같다. 런던 탑 내의 왕실 무기 전시관에 있는 그의 갑옷이 그것을 입증해 주며, 또 특이한 점은 그의 갑옷만 성기 부분을 돌출시켜 제작했다는 것이다.

그 당시 영국의 인구는 500만

명이 채 안 되었다. 그 인구의 대부분은 교회에 다녔다. 큰 귀족 저택에는 예배당이 있었고 심지어 작은 집에도 아침 기도에는 모든 가족들이 참여했다. 종교가 곧 삶이라 해도 과언이 아니었고 성경은 종교의 지침이었기 때문에 결과적으로 성경 구절은 사람들의 행동거지를 좌우하는 하나님의 절대적인 말씀이었다.

당시 교회에서는 성 제롬St Jerome(c. 340?~420)이 히브리어나 그리스어 성경을 번역한 라틴 불가타 성경Vulgate을 쓰고 있었다. 그러나 라틴어는 성직자와 귀족들의 전유물이었기 때문에 일반 신도교들은 라틴어로 된 성경을 읽을 수 없었다. 이에 "쟁기로 밭을 가는 소년이 오히려 성경 구절을 더 많이 알고 있는 사람으로 만들겠습니다"라고 한 윌리엄 틴들William Tyndale(1494~1536)의 말에서 짐작할 수 있듯이 그는 영어 성경의 필요성을 인식하고 라틴어를 모르는 하층민을 위해 성경을 영어로 번역하기로 마음먹었다. 그러나 성경을 영어로 번역하는 일은 교회의 권력과 맞서는 그야말로 목숨을 거는 위험한 일이었다. 당시에는 성직자들만이 하나님의 언어인 라틴어를 통하여 하나님 말씀, 즉 성경을 접할 수 있다고 믿었기 때문이다. 그러므로 성경이 하층민의 언어인 영어로 번역되어 하층민들이 직접 하나님 말씀을 접한다는 것은 당시 교회와 성직자들에게는 자신들의 절대적 권위를 무너뜨리는 어불성설이었다.

틴들보다 앞서 14세기에 이미 위클리프John Wycliff(c. 1330~1384)가 영어로 번역한 성경이 있었지만 그것은 라틴어 성경을 번역하였기 때문에 그리스어나 히브리어 원전과는 다른 점이 많았다. 어쨌든 라틴어 이외의 언어로 성경을 번역하는 것을 불경하게 여겼던 분위기 속에서 당시 위클리프는 간신히 목숨을 부지하기는 했지만 죽은 뒤 40년이 지나서 결국 그의 유골이 파헤쳐져 불태워지는 화를 입었다.

틴들은 영국에서 성경 번역본 출간이 어렵게 되자, 영국을 떠나 1526년 독일의 보름스Worms에서 영역본 신약 성서를 출판하였다. 이 출판된 영어 성경들을 천으로 싸서 배에 싣고 라인 강을 타고 바다로 나와 다시 영국으로 들여왔다. 또 그는 1530년 구약성서에 대한 번역본 5권을 출간하였는데 그것은 히브리어 성서를 영어로 번역한 것이었다. 이에 대해 토마스 울시Thomas Wolsey(c. 1474~1530) 추기경을 위시한 고위 성직자들은 계속해서 틴들을 비난했고 틴들의 번역 성경을 모두 불태우라는 명령이 내려졌다. 심지어 관용과 학식으로 명망이 높았던 토마스 모어Thomas More(1478~1535)조차도 틴들을 '짐승'이며 '지옥의 사냥개'라고 험담하면서 이단자로 몰아 화형에 처해야 한다고 주장했다. 틴들은 국외로 떠돌다가 헨리 필립스라는 영국 가톨릭교도의 밀고로 체포되어 투옥되었다. 마침내 1536년 10월 6일, 틴들은 42세의 나이로 교회의 성직자들 앞으로 끌려 나와 기둥에 묶여 화형에 처해졌다.

이후에도 한동안 영어 성경은 금기시되었다. 하지만 세월과 함께 상황은 변했다. 절대적이던 교회의 권력은 점차 약화되었고 반대로 시민의식이 싹트는 시기가 도래하고 있었다. 마침내 1604년 제임스 1세King James the First가 나서서 성경 번역 작업에 나설 당대의 유명한 학자 54명을 선발하고 이들에게 앞서 번역 출간된 성경을 참조하여 성경을 영어로 번역하게 하였다. 왕명을 받은 이들은 히브리어와 그리스어로 된 원전을 번역했다고 하였지만 앞서 출간된 윌리엄 틴들William Tyndale의 번역본을 상당 부분 그대로 옮겼다. 그리고 셰익스피어 작품에서 볼 수 있는 새로운 표현이나 새로 유입된 어휘를 사용하기보다는 예전에 사용했었던 다시 말하면 그 당시에는 오히려 잘 쓰지 않거나 익숙하지 않았던 표현들을 사용하였다. 예를 들면, you 대신 ye, 또 동사 어미 –s 대신 –eth를 사용하였다. 또한 20,000개의 어휘를 사용한 셰익스피어보다도 적은 8,000개의 어휘를 사용하였다. 다만 강독할 때 시처럼 운율이 느껴지도록 문장을 구성하려 했는데 그 의도는 성공을 거두었다. 예를 들면 다음과 같다.

Ye have heard that it hath been said, Thou shalt love thy neighbour, and hate thine enemy. But I say unto you, Love your enemies, bless them that curse you, do good to them that hate you……

마침내 1611년에 그 유명한 킹 제임스 흠정역본Authorized King James Version(제임스 성경King James Bible 또는 흠정역본Authorized Version이라고도 함)이 나왔고 이것은 향후 300년간 영국 전역에 걸쳐 집에서는 소리 내어 읽히는 하나님 말씀으로, 또 학교에서는 영어 학습의 교재로 사용되었다. 여기에 실린 표현들 중 the apple of somebody's eye눈동자, 매우 소중한 사람, by the skin of your teeth겨우, 간신히, the salt of the earth세상의 소금, 세상을 정화하는 정직한 사람, the straight and narrow진실한 생활방식 등 상당수의 표현은 영어에 그대로 남아 오늘날까지 사용되고 있으며 거기에 실린 시적 표현들은 후대의 작가들에 의하여 수없이 인용되고 있다. 특히 이 제임스 성서를 비롯한 여러 성서의 보급은 지금까지 라틴어의 전유물이었던 성경 말씀을 영어가 대신하게 됨으로써 하나님의 언어였던 라틴어와 그것을 독점하던 성직자들의 권위는 땅에 떨어졌고 그와는 반대로 라틴어 자리를 대신하게 된 영어와 영역된 성경을 직접 접할 수 있는 중산층과 하층민의 지위는 상승했다. 아울러 영어 성서의 출간과 영국 국교회의 출범으로 라틴어의 효용 가치는 급락했고 이에 따라 라틴어 교육의 필요성도 급격히 감소했다. 따라서 라틴어 교육을 전담하던 성직자들 또한 영어를 사용하고 교육할 수 있는 중산층 또는 평민으로 대체되었고 교육의 주체가 교회에서 국가로 넘어가게 되었다. 또한 제임스 성서는 당시 막 생겨나기 시작한 영국 식민지에도 보급되었는데 이 성서를 영어 철자와 어법에 대한 준거로 삼게 되면서 후에 영국의 식민지가 전 세계로 확장되었음에도 불구하고 드넓은 면적에서 영어가 무리 없이 통용되는 데 결정적인 역할을 했다.

1611년에 나온 킹 제임스 흠정역본. 그것은 소리 내어 읽는 하나님 말씀으로, 또 영어 공부의 교재로 사용되었다.

국민의식의 고양

15세기에서 16세기에 걸쳐 유럽에서는 민족주의 국가들이 출현하기 시작하는데 영국에서는 1570년 엘리자베스 1세가 교황에 의하여 파문된 사건을 계기로 민족주의가 촉발되었다. 그러나 그 사건의 기저에는 스페인과의 케케묵은 대립이 있었다.

먼저, 당시 잉글랜드는 영국 국교회의 출범으로 신·구교 간의 갈등 관계가 지속되고 있었는데 엘리자베스 여왕 측의 신교도와 가톨릭교도들 간의 긴장 관계는 1586년 들어 더욱 고조되었다. 그러던 중 엘리자베스 1세와 친척 관계[7]였던 스코틀랜드의 메리Mary Stuart(1542~1587) 여왕이 엘리자베스 여왕을 왕좌에서 끌어내리려는 음모에 연루되자 엘리자베스 1세는 메리를 참수형에 처했다. 가톨릭교도였던 메리가 처형당하자 당시 가톨릭 국가의 맹주를 자임하던 유럽의 강국 스페인은 이 사건을 문제 삼기 시작했다.

또한 스페인이 잉글랜드에 대하여 트집거리로 삼고 있는 것 중 하나가 바로 프랜시스 드레이크Francis Drake(c. 1540~1596)라는 인물이었다. 당시 그는 유럽 세계에서는 해적으로 악명이 높았지만 오늘날 넬슨Horatio Nelson(1758~1805) 제독과 함께 영국을 구한 영웅으로 추앙받고 있는 사실이 입증하듯이 당시 엘리자베스 1세에게는 더할 나위 없는 충신이었다. 드레이크는 원래 잉글랜드의 데번셔Devonshire 출신으로서 친척 소유의 노예선을 타고 대서양을 건너 아메리카 대륙을 오가던 선원이었다. 그러다가 1570년 이후 서인도와 파나마 앞바다를 거점으로 삼고 그곳을 지나는 스페인 상선으로부터 금은보화를 약탈해 잉글랜드로 가져와 엘리자베스 1세에게 바쳤다. 이에 대해 스페인 국왕 필립 2세는 엘리자베스 1세에게 드레이크를 스페인으로 넘겨줄 것을 요구했지만 오히려 여왕은 드레이크에게 기사 작위를 수여하고 공로를 치하했다. 왜냐하면 당시 잉글랜드 왕실과 해적들은 자금 지원과 이윤 배당이라는 이해관계로 결탁되어 있었기 때문이다. 이에 격분한 스페인의 필립 2세는 엘리자베스 1세를 왕위에서 축출하기 위해 그들의 자랑이었던 세계 최강의 무적함대Armada에게 잉글랜드를 공격하도록 명령을 내렸다.

당시 스페인의 무적함대는 11킬로미터에 걸쳐 늘어선 130여 척에 약 3,000문의 대포, 123,000개의 포탄, 30,000명의 병력이 머스킷 총을 비롯한 각종 무기를 장착하여 가히 천하무적의 위용을 자랑하였다. 스페인 왕국은 일방적인 승리를 예상했다. 이것이 하나님의 계시이고 또 하나님의 영광을 드높이는 것이라고 생각했다. 또한 잉글랜드를 무너뜨리면 유럽의 모든 신교도 국가들이 차례로 무너져 내릴 것으로 예상했다.

그러나 스페인의 예상은 완전히 빗나가 버렸다. 1588년 스페인 필립 2세의 무적함대가 잉글랜드를 향하고 있을 때 엘리자베스 1세는 말을 타고 템즈 강 어귀에 있는 틸버리Tilbury 항으로 나갔다. 자신도 말 위에 올라 잉글랜드의 미래를 결정지을 병사들 앞에서 자긍심과 자신감을 고취시키는 연설로 그들의 사기를 한껏 높여 주었다.

My loving people, we have been persuaded by some, that are careful of our safety, to take heed how we commit our self to armed multitudes for fear of treachery: but I assure you, I do not desire to live to distrust my faithful, and loving people. Let Tyrants fear, I have always so behaved my self, that under God I have placed my chiefest strength, and safeguard in the loyal hearts and good will of my subjects. And therefore I am come amongst you as you see, at this time, not for my recreation, and disport, but being resolved, in the midst, and heat of the battaile to live, or die amongst you all, to lay down for my God, and for my kingdom, and for my people, my Honour, and my blood even in th dust. I know I have the bodie, but of a weak and feeble woman, but I have the heart and Stomach of a King, and a King of England too…… We shall shortly have a famous victorie over those enemies of my God, of my Kingdomes, and of my People(1654년 기록).

나의 사랑하는 국민들이여, 우리는 무장한 세력들에게 반역이 되는 두려움 때문에 우리 스스로 어떻게 할 지를 생각해 보도록 우리의 안전을 우려하는 일부 사람들로부터 강요받고 있습니다. 그러나 여러분에게 확신하건대 나는 내가 신뢰하고 사랑하는 백성들을 믿지 않으면서 살고 싶지 않습니다. 폭군에게 두려움을 선사합시다. 나는 항상 조심스럽게 처신해 왔고 가장 중요한 용기와 충성스러운 마음에 대한 보호와 백성들의 선한 뜻을 하느님께 바쳐 왔습니다. 따라서 나는 보시다시피 여러분과 같은 한 사람으로 여러분에게 왔습니다. 이번에는 나의 기분전환이나 즐거움을 위해서가 아니라 여러분 모두와 죽느냐 사느냐를 결정짓는 전쟁의 열기 한가운데에서 나의 하느님을 위하여 나의 왕국을 위하여 나의 백성을 위하여 나의 명예를 위하여 조상을 위하여 죽을 결심을 하고 여기에 왔습니다. 나는 약하고 가냘픈 여성의 몸을 가지고 있다는 것을 알고 있습니다. 그러나 나는 왕의 심장과 왕의 자부심을 가지고 있으며 또한 잉글랜드의 왕이라는…… 우리는 머지않아 나의 하느님의 적에 대항해서, 나의 왕국의 적에 대항해서, 나의 백성들의 적에 대항해서 승리를 거두게 될 것입니다.

막상 전투가 시작되자 그 결과는 아무도 예상하지 못한 방향으로 흘러가고 있었다. 해적에서 일약 잉글랜드 함대의 사령관이 된 드레이크는 잉글랜드 함대를 효과적으로 지휘하였다. 움직임이 빠른데다가 높이가

16세기 후반 스페인의 무적함대를 격파하고 해상권을 장악하면서 부와 절대왕권을 누렸던 엘리자베스 1세의 모습. 엘리자베스 1세의 치적을 바탕으로 영국은 유럽의 중심 국가로 부상하게 된다.

낮은 잉글랜드의 함선들은 스페인 함대를 요리조리 치고 빠지면서 스페인 함대에 타격을 가하는 반면에 높은 갑판에 장착된 스페인 함대의 함포 사격은 잉글랜드 함선 위로 그냥 지나치는 경우가 많았다. 원래 스페인 함대의 대부분은 전투함이 아니라 수송선인데다가 병사를 지나치게 많이 태워 움직임이 둔해 잉글랜드 함선들의 손쉬운 공격 목표물이 되었다. 또 전투 장소가 잉글랜드의 근해였기 때문에 잉글랜드 군대는 이 해역의 조수와 해류의 흐름을 잘 알고 있었고 이것을 전투에 적절히 이용할 수 있었다. 그러나 무엇보다도 잉글랜드가 승리할 수 있었던 결정적 요인은 그들이 보유하고 있었던 무쇠 대포였다. 당시 유럽의 다른 나라는 청동 대포를 갖고 있었는데 잉글랜드는 자신들의 발명품인 무쇠 대포를 보유하고 있었다. 무쇠 대포는 포탄의 정확도와 날아가는 거리에 있어서 청동 대포와는 비교가 되지 않을 정도로 뛰어났고, 게다가 청동 대포는 두세 차례 포탄을 발사한 후에는 쇠가 무르기 때문에 포신을 식혀야 했다. 이 때문에 스페인의 전략은 함선을 잉글랜드의 함선에 붙이고 일대일 백병전을 통하여 적함을 제압하는 것이었다.

어쨌든 전투는 예상을 깨고 3주일 만에 잉글랜드의 대승으로 끝이 났다. 어이없이 허물어진 스페인 무적함대는 혼란에 빠져 패주하면서 영국의 동해안을 거슬러 올라간 후 스코틀랜드를 돌아서 아일랜드 해로 들어갔다가 돌풍을 만나 20척의 배를 더 잃었다. 전쟁 기간 중 조수에 밀려서 해안으로 밀려오는 스페인 병사의 시체는 부지기수였고 구사일생으로 살아서 해변으로 기어 올라오는 병사들도 그들이 지닌 물건을 노리는 사람들에게 살해되었다. 기록에 의하면 살아서 돌아간 스페인 병사는 3만 명 중 1만 3천여 명에 불과했다고 한다.

잉글랜드의 무적함대 격파는 유럽 역사의 흐름을 바꾸어 놓았다. 예상 밖의 승리는 잉글랜드 국민들의 자부심을 고취시켰고 셰익스피어는

스페인 무적함대와의 교전 모습. 예상을 뒤엎은 승리로 영국은 대서양의 해상권을 장악하고 이를 계기로 엄청난 부를 축적하여 일약 유럽 세계의 중심에 서게 된다.

평범한 선원이었던 프란시스 드레이크. 스페인 상선 약탈, 무적함대 격퇴, 세계일주 등 전 방위적인 활약과 국가에 대한 공로로 엘리자베스 1세로부터 작위를 받았다.

1600년의 런던 모습. 무적함대 격파에 이은 대서양의 해상권 장악으로 런던은 세계 무역의 중심지가 되었다.

이 전쟁을 자신의 역사극 소재로 활용하였다. 또 이 승리로 잉글랜드도 바다를 지배할 수 있고, 나아가 세계적인 제국을 건설할 수 있다는 자신감을 갖게 되었다. 그 자신감은 얼마 후 북아메리카 대륙에서 실제로 실현되기 시작했다. 만일 세간의 예상대로 스페인이 승리했더라면 대영제국의 초석을 다진 엘리자베스 시대는 없었을 것이고 또한 셰익스피어의 업적과 명성도 오늘날에 미치지는 못했을 것으로 생각된다.

스페인의 무적함대를 패퇴시킨 엘리자베스 1세는 재위기간(1558~1603) 내내 강력한 절대군주로서 리더십을 발휘하며 국민을 단합시키고 잉글랜드 국민으로서의 자부심을 고양시켜 나갔는데 그 과정에 영어가 큰 역할을 담당하였다. 비록 라틴어가 오랜 기간 동안 유럽의 국제어이며 학술어였지만, 로마 교황청과 유럽의 다른 국가와의 대립 관계로 인하여 잉글랜드 국민들은 라틴어에 대하여 부정적인 감정을 가지고 있었다. 잉글랜드의 언어로서 영어에 대한 자부심은 스펜서 Edmund Spenser, 시드니Philip Sidney(1554~1586) 같은 시인과 말로Christopher

Marlowe(1564~1593), 존슨Ben Jonson(1572~1637), 셰익스피어William Shakespeare와 같은 극작가의 작품에 잘 나타나 있다. 특히 셰익스피어는 시와 희곡에서 어느 작가보다도 많은 어휘를 구사하였고 더구나 약 2,000개의 새로운 어구를 사용하였는데 그가 이룬 업적 그 자체가 바로 영어의 발전 모습이라고 할 수 있다.

르네상스와 영어

16, 7세기는 암울했던 중세를 지나면서 문예 부흥의 기운이 왕성했던 르네상스Renaissance 시대이다. 찬란했던 그리스와 로마의 고전 문화를 복고하려는 인문주의자들의 노력[8]과 시대적 흐름에 따라 과학, 의학, 철학 등 새로운 학문이 소개되었고 앞서 언급한 대로 라틴어 서적을 영어로 번역하게 되면서 그리스어나 라틴어 차용어가 영어에 많이 유입되었다. 이 시기에 약 3만 개의 어휘가 유입되었는데 주로 새로운 문물과 사상에 관한 것이었다. 이때 들어온 어휘의 절반은 오늘날에도 사용되고 있다.

단수형 어미 -a, -um, -us와 복수형 어미 -ae, -a, -i로 끝난 어휘가 바로 그것이다. 예를 들면, area지역, formula식, 공식, insomnia불면증, inertia관성, 무력증, fulcrum지레 받침, 지주, pendulum진자, momentum운동량, maximum최대, minimum최소, nucleus핵, fungus버섯, focus초점, genius천재, genus종류, 속, ignoramus무식한 사람, radius반지름 등이다. 영어에서 사용되는 라틴어 어휘의 약 10%는 노르만 불어Norman French를 경유한 것이라

기보다는 라틴어로부터 직접 유입된 것이다.

expend소비하다 / celebrate경축하다 / extol칭찬하다 / clemency온화, 온순 / relinquish 포기하다 / contemplate숙고하다 / dexterity솜씨 좋음 / refine정제하다 / savage야만적인 / education교육 / dedicate바치다 / obscurity어두컴컴함 / intimate친밀한 / insinuate은근히 심어주다 / explicate해설하다 / inclination기울기 / politician정치가 / idiom관용어구 / function 기능 / asterisk별표 / asteroid소행성 / disaster재난

때로는 이미 영어에 들어와 있는 어휘를 학자들이 노르만 불어Norman French를 통해서 다시 들여오는 경우가 있었는데 benison/benediction, chair/chaise, frail/fragile, poor/pauper 등의 예가 이 경우에 해당되며 더구나 두 가지 형태의 어휘가 오늘날에도 사용되고 있다.

르네상스는 영어에 엄청난 어휘의 유입을 초래하여 결과적으로 풍부한 동의어를 보유하게 만들었고 이 가운데 meet/encounter, heartfelt/cordial, lonely/solitary, friendship/amity, motherly/maternal, freedom/liberty, holiness/sanctity, depth/profundity, happiness/felicity 등의 예는 앵글로색슨어와 불어 차용어의 쌍으로서 오늘날까지 나란히 존속되고 있다. 굳이 의미의 차이를 비교해 보면 불어 어휘에 비해 영어 어휘는 일반적으로 남성적이고, 구체적인 뉘앙스를 갖고 있다.

그러나 새롭게 유입된 어휘의 사용을 반대하는 사람들도 있었다. 이들의 주장은 영어만 가지고도 충분히 표현할 수 있음에도 불구하고 단지 라틴어 사대주의에서 비롯된 과시의 목적으로 라틴 차용어를 사용

한다는 것이다. 이러한 견해를 밝힌 대표적인 사람이 바로 존 체크 경Sir John Cheke(1514~1557)이다. 그러나 라틴어로부터 어휘의 유입은 계속되었고 사용에 익숙해지면서 그대로 영어 속에 잔존하게 되었다.

어휘의 모습에서도 라틴어를 숭배했던 흔적을 찾아볼 수 있는데 두 글자가 하나의 소리를 내는 이중자digraph가 바로 그것이다. 예를 들면, sign, sane, please, crime, profane 등에서 실제 음가를 갖고 있는 철자는 하나인데 소리가 없는 철자를 그대로 표기하는 것은 가급적 라틴어 어휘 표기를 그대로 따르려는 의도 때문이다.

때로는 라틴어와 똑같이 만들기 위해 학자들이 영어 어휘의 철자를 수정하기도 했다. 초오서의 작품 중의 'parfit gentil knyght'에서 보듯이, parfit는 수 세기 동안 그 형태로 사용되었는데(참고로 아이스크림 파르페icecream parfait) 라틴어의 형용사 perfectus를 본떠서 학자들이 모음을 바꾸고 철자 c를 삽입하여 perfect를 만들었다. April도 예전에는 avrille였는데 라틴어 aprilis와 일치시킨 것이다. adventure도 그런 이유로 d를 삽입시켰다. 또한 라틴어 februarius, debitum, dubitatum과 똑같이 만들려고 학자들이 b를 일부러 삽입시켜 February, debt, doubt 등으로 고쳐 씀으로써 철자와 발음을 괴리시켰다. 이렇게 라틴어에 맞추어 부자연스럽게 철자를 바꾸는 것도 라틴어를 숭배하는 사회적 풍조에 기인한 것이다.

또, 라틴어 작품을 영어로 번역하면서 이상적인 모델이라고 생각한 라틴어 문법을 영어에 그대로 적용하려 하였다. 이를테면, 'They need to carefully pick up that broken glass'와 같은 분리 부정사를 쓰지 못하게 하고 또 'What on earth are you up to?', 'Who did you borrow the money from?'처럼 목적어가 뒤따르지 않는 전치사를 문장 끝에 쓰지 못하게 하려는 것은 분명 라틴어 문법을 모방하려는 것이었는데 이와 같은 인위적인 시도는 무리가 있는 것이었다.

이 시기에 어휘 수를 늘리는 새로운 방법이 있었다. 기존의 어휘를 가지고 새로운 시도를 하였는데, 즉 동사로 쓰이는 어휘를 형태 변화 없이 그대로 명사로 사용한다든지(예를 들면 laugh웃음, invite초빙 등), 명사 어휘를 그대로 동사로 쓴다든지(예, paper종이를 붙이다), 기존의 두 어휘를 붙여 복합어를 만든다든지(예, chairman) 아니면 어휘에 새롭게 접사를 붙여서 새로운 어휘를 만들어 어휘 수를 늘렸다(예, un-+comfortable).

르네상스를 중세와 근대 영어의 분기점으로 삼고 있는데, 이것은 무엇보다도 이 시기를 기점으로 이전과 이후 시기의 모음 발음이 너무나 달라졌기 때문이다. 대모음변이Great Vowel Shift라고 일컫는 이 모음 변화 현상은 동일 어휘에 대한 중세 시기의 발음과 근대 시기의 발음이 확연히 달라진 결과를 초래했다. 이러한 음운 현상의 원인은 아직도 정확히 규명되지 않고 있다. 다만 당시 널리 사용되고 있던 단음절의 짧은 모음 발음이 장모음과 너무 유사하게 들려 이것을 차별화하기 위한 시도에서 비롯되었거나 아니면 노르만 불어가 쓰이지 않게 되자 상류층이 자신들을 하층민과 차별화하기 위한 방편으로 기존의 모음을 조금씩 다르게 발음하다가 고착되면서 이러한 결과를 초래했을 것으로 추정할 뿐이다.

아무튼 근대 들어 영어 사용자들이 모음을 발음할 때 원래의 조음 위치로부터 입 앞쪽으로 조음점을 옮겨서 발음하기 시작했고, 또 원래 입 앞쪽에서 나던 음들을 이중 모음으로 바꾸어 발음하기 시작하였는데 이러한 모음 발음의 변화 현상을 가리켜 대모음변이라고 한다. 이 변화는 대략 1400년에서 1600년, 그러니까 초오서Chaucer의 탄생 시점(1340년)과 셰익스피어가 죽은 시점(1616년)에 걸쳐 일어났다. 그 결과 초오서 영어의 lyf(leef)는 life(이→아이), 또 hus(hoos)는 house(우→아우)가 되었다. 이것은 입 앞쪽에서 발음되던 음들이 이중 모음으로 바뀐 것을 보여 준다. 또 초오서 영어의 ded는 deed(에→이), 또 mon은 moon(오→우)으로 발음이 바뀌었는데 이는 조음되는 혀의 위치가 한 단계씩 높아져 발음되었다는 것을 뜻한다.

그 밖에 일부 어휘의 첫소리 /k/(예, knee)와 /w/(예, write)가 소실되었다. 그리고 어휘의 가운데서 나는 /t/(예, castle)와 /l/(예, would) 소리도 묵음이 되었다.

또한 어법에서 달라진 점은 다음과 같다. 먼저, do가 주동사와 함께 쓰이기 시작했다. 예를 들면 'I know not'이나 'I do not know' 또는 'know you?'나 'do you know?'가 같이 쓰였고 17세기에 들면서 'I do not know'와 'do you know?'가 더 많이 사용되었다.

둘째, 1700년경 3인칭 단수 현재 시제 어미, 예를 들면 loveth의 –th는 자취를 감추게 되고 그 대신 –s를 사용하게 되었다.

셋째, 1500년경에는 대명사 ye와 you가 둘 다 사용되었으나 1700년경에 ye는 사라졌다. thou와 thee는 둘 다 사용되다가 1800년대에 사라졌다. 또, 이 무렵에 무생물의 소유격으로 기존에 사용하던 his 대신

its를 사용하게 되었다.

이와 같은 변화와 함께 영어는 점차 오늘날의 모습에 다가서고 있었다.

윌리엄 셰익스피어

영국의 르네상스 시대를 살았던 윌리엄 셰익스피어William Shakespeare(1564~1616), 그가 자신의 작품 속에서 구사했던 화려하고 우아하며 생명력 넘치는 문체는 엘리자베스 시대의 자유분방한 시대정신을 그대로 반영한 것이라고 할 수 있다. 그의 작품 속에서 셰익스피어는 특유의 현란한 문체로 심오한 인간 본성을 절묘하게 표현함으로써 대중들의 이해와 절대적 지지를 이끌어 냈다. 아울러 그는 라틴어에 비해 멸시받던 영어의 위상을 드높이고 동시에 영어에 영원한 생명력을 불어넣은 위대한 작가로 인정받았다.

그러나 그와 같은 화려한 유명세에도 불구하고 그에 관하여 정확하게 기록된 사실은 별로 많지 않다. 그는 잘 알려져 있으면서 동시에 잘 알려져 있지 않은 아이러니한 인물이다. 셰익스피어에 대하여 지금까지 알려져 있는 사실은 몇 가지에 불과한데, 즉 그가 스트랫퍼드 어폰 에이번Strafort-upon-Avon에서 태어났고 그곳에서 결혼하여 가정을 꾸렸으며 런던으로 가서 배우 겸 극작가가 되었고 다시 고향으로 돌아와 유언을 남기고 죽었다는 사실이다. 그 외에는 셰익스피어 영웅 만들기에 나선 후대의 사람들의 추측성 서술인 셈이다. 그도 그럴 것이 셰익스피어가 왕

셰익스피어가 성장하여 가정을 꾸리고 살았던 스트랫퍼드-어폰-에이번에 있는 셰익스피어의 생가. 그러나 그의 본격적인 연극 활동은 런던에서 이루어졌고 말년에 이곳으로 돌아오게 된다.

유태인 같은 모습에 호감을 주지 못하는 인상을 담은 셰익스피어의 초상화. 그들의 우상이었던 셰익스피어의 이미지를 깎아 먹는 초상화이어서 오랫동안 영국인들은 초상화의 주인공이 셰익스피어임을 인정하지 않으려 했다.

도 아니었고 생존 당시 영국을 구한 영웅적인 인물도 아니었으니 어쩌면 그에 관한 기록이 남아 있는 것이 오히려 이상한 일일 것이다. 그에 관한 기록이 별로 없다는 사실은 오랜 세월 많은 사람들이 그의 모습으로 알고 있는 55×45㎝ 크기의 초상화조차도 그것을 소장해 오던 챈도스 귀족 가문의 한 사람을 그린 초상화로 알고 있다가 정정된 것만 봐도 충분히 짐작이 간다. 파산한 챈도스 가문으로부터 넘겨받아 이 초상화를 소장해 온 엘스미어 백작은 1856년 런던 국립초상화 미술관에 기증했는데 그림의 진위를 둘러싼 논쟁에 휘말렸다. 당시 비평가들은 얼굴의 피부가 너무 검고, 이탈리아인 또는 유태인 같이 생긴데다가 오만 방자한 표정, 그리고 여자를 밝힐 것 같은 입술 등 부정적인 요소를 많이 가진 초상화를 그들이 그토록 추앙하는 위대한 시인, 셰익스피어로 인정하기 싫었을 것이다.

사실 셰익스피어와 관련된 것 중 중요한 것은 그가 남긴 희곡 작품이다. 그의 많은 작품 가운데 한두 편을 제외하고는 모두 전해지고 있는데 이것은 그의 동료였던 헨리 콘델Henry Condell과 존 헤밍John Heming 덕분이다. 셰익스피어가 죽은 후 이들은 『맥베스Macbeth』, 『폭풍우The Tempest』, 『줄리어스 시저Julius Caesar』, 『베로나의 두 신사The Two Gentlemen of Verona』, 『자에는 자로Measure for Measure』, 『실수연발The Comedy of Errors』, 『뜻대로 하셔요As You Like It』, 『말괄량이 길들이기The Taming of the Shrew』, 『존 왕King John』, 『끝이 좋으면 다 좋아All's Well That Ends Well』, 『십이야Twelfth Night』, 『겨울 이야기The Winter's Tale』, 『헨리 6세 제1부Henry VI』, 『헨리 8세Henry VIII』, 『코리올라누스Coriolanus』, 『심벨린Cymbeline』, 『아테네의 타이먼Timon of Athens』, 『안토니와 클레오파트라Antony and Cleopatra』 등 그의 작품을 모아서 출판했는데 이것이 바로 퍼스트 폴리오First Folio 판이다. 폴리오는 '잎 또는 장'이라는 뜻의 라틴어 'folium'에서 온 말이며, 폴리오 판이라고 하면 원래 크기의 종이인 전지를 가운데 한 번 접어서 만든 가장 큰 판형의 책으로 가로 17인치, 세로 22인치 크기를 말한다.

셰익스피어의 퍼스트 폴리오 판은 대략 1,000권 또는 그보다도 적게 인쇄되었을 것으로 추측하는데 현재 내용의 일부 또는 전부가 들어 있는 채로 300여 권이 전해지고 있으니 상당히 많이 현존하는 셈이다. 오늘날까지 전해지는 셰익스피어 시대의 희곡은 총 230여 편인데 그 가운데 15%에 해당하는 38편이 셰익스피어의 작품이다. 다른 사람들의 작품에 비하면 그의 작품이 상당히 많이 현존하는데 이것은 앞서 말한 것처럼 헨리 콘델과 존 헤밍의 공로이다. 왜냐하면 셰익스피어가 죽은 후 청교도 혁명의 주도 세력들은 극장을 퇴폐의 온상으로 생각하여 극장을 폐쇄하였고 연극 공연이 금지됨에 따라 희곡 작품들이 무용지물로 여겨지면서 대다수의 희곡들이 유실되었기 때문이다. 일설에 따르면 1642년 당시 런던을 중심으로 약 3천여 편의 희곡이 공연되었다고 하는데 이 가운데 80%에 해당하는 희곡은 제목만 전해지고 있다.

셰익스피어에 관한 직접적인 자료는 없고 그가 남긴 작품만 있다 보니 후대의 사람들은 그의 작품에다 자신들의 호기심과 관심을 집중시켜 그에 관한 사실들을 캐내고 또 유추하면서 논문, 저서, 그리고 연극과 영화를 통하여 그것을 대중들에게 알리고 있다. 셰익스피어에 관한 권위서인 『셰익스피어 쿼터리Shakespeare Quarterly』에 따르면 매년 약 4천 권의 저서들이 나오고 있다고 한다. 매년 이렇게 방대한 연구가 이루어지면서 그에 관한 사소한 것에 이르기까지 드러나고 있다. 이를테면 '셰익스피어는 작품을 통틀어 138,198개의 쉼표와 15,785개의 물음표를 썼다', '그의 작품 전체에서 귀ear라는 단어는 401번, 똥더미dunghill는 10번 나왔고 등장인물들이 사랑이라는 말을 2,259번, 증오는 183번, 빌어먹을damned이라는 말은 105번 했다', '작품을 통틀어 884,647개의 단어, 31,959개의 대사dialogue를 사용했다'는 식의 통계 자료까지 나와 있는 실정이다.

이미 알려져 있다시피 그가 쓴 비극과 희극 작품은 공연만을 위한 것이 아니라 읽히는 것을 목적으로 쓰인 것이다. 그가 작품에서 구사한 어휘와 문장의 기교는 영어 발전에 실로 엄청난 기여를 한 셈이다. 『옥스퍼드 영어 사전Oxford English Dictionary』에만 1만 4천 개 이상의 셰익스피어 인용문을 싣고 있다. 그야말로 그의 천재성은 언어의 힘을 제대로 알고 구사한다는 데 있다. 그의 작품에 나타난 셰익스피어식 영어의 특징을 살펴본다.

먼저, 셰익스피어는 새로운 어구를 만드는 데 있어서 천재적인 재능을 갖고 있었다. 출처가 불분명한 수백 개의 표현을 만들어 이것을 자유자재로 구사하면서 그것을 통하여 자신이 통찰한 인간 내면의 모습을 자연스럽게 표현하였다. 그가 사용한 표현 중 일부만 소개하면 다음과 같다.

it's early days 시기상조 / tongue-tied 말문이 막힌 / the long and the short of it 요컨대, 결국 / in the mind's eye 마음속에서 / a killing frost 식물을 고사시키는 서리 / parting is such sweet sorrow 이별은 너무나 지독한 슬픔 / hoist by his own petard 자승자박 되어 / white as driven snow 눈처럼 흰 / a pound of flesh 가혹한 요구 / the green eyed monster 녹색 눈의 괴물, 질투 / a fool's paradise 어리석은 자의 천국, 헛된 기대 / too much of a good thing 너무 하다, 훌륭하다 / into thin air 자취도 없이 / seen better days 전성시대 / the more fool you 너도 바보군 / a tower of strength 크게 의지되는 사람 / more in sorrow than in anger 노엽기보다는 슬퍼서 / give the devil his due 공평하게 대우하다, 인정할 것은 인정하다 / truth will out 진실은 드러나게 마련이다

둘째, 그가 활동한 16세기는 언어의 자유로움을 만끽하기에 좋은 시기였다. 르네상스의 열풍으로 이국적인 요소가 물밀듯이 밀려들었고 영어도 예외는 아니어서 이 시기에 약 1만 2천여 개의 어휘가 영어에 유입되었다. 새로이 차용된 어휘로 인하여 영어의 어휘는 상당히 풍부해졌다. 게다가 기존의 어휘를 새롭게 활용하려는 시도가 있었는데, 이를테면 원래 명사로 쓰던 어휘를 형태 변화 없이 동사로 사용하는 식으로 어

휘가 갖고 있던 기존의 품사 외에 다른 품사로 자유롭게 전성시켜 사용하는 것이었다. 이 자유분방한 어휘 사용의 최대 수혜자가 바로 셰익스피어였다.

셋째, 셰익스피어는 자신이 2,035개의 신조어를 만들어 사용했다. 그의 작품 활동이 가장 활발했던 시기에 나온 『맥베스』, 『햄릿』, 『리어왕』 등에는 신조어가 두 줄에 하나꼴로 등장한다. 셰익스피어는 신조어를 통하여 영어에 신선하고 역동적인 활기를 불어넣었다. 그가 만든 신조어 가운데 약 1,700여 개가 현존한다. 예를 들면 다음과 같다.

barefaced맨얼굴의, 뻔뻔스런 / critical캐묻기 좋아하는 / castigate혹평하다 / countless무수한 / dislocate뒤죽박죽으로 만들다 / dwindle줄다, 못쓰게 되다 / excellent우수한 / frugal검소한 / gust돌풍, 격정 / hint낌새, 조언 / hurry서두름, 조급 / leapfrog목마 넘기 / lonely외로운, 호젓한 / majestic위엄 있는 / monumental기념의, 대단히 큰 / obscene추잡한, 꺼림칙한 / premeditated미리 짜 놓은 / submerged침수의 / summit정점, 극치

그러나 뭐니 뭐니 해도 셰익스피어의 위대성은 아무도 흉내 낼 수 없는 현란한 문체로써 인간 본성을 깊이 있게 통찰했으며 또한 그가 작품을 통하여 그려낸 인간형이 대중들의 절대적인 공감을 얻고 있다는 점이다. 그가 창조한 인간형은 후에 러시아의 소설가 이반 투르게네프Ivan S. Turgenev(1818~1883)에 의해 더욱 유명해졌다. 투르게네프는 『햄릿과 돈키호테』라는 에세이에서 인간의 유형을 햄릿형과 돈키호테형으로 크게 나누었다. 햄릿형은 셰익스피어가 그려낸 왕자 햄릿이 그러했듯이 사색과 회의에 빠지는 우유부단한 인물의 전형이다. 이와는 반대로 돈키

호테형은 사색보다는 행동을 앞세워 돌진하는 부류의 인물이다. 돈키호테가 현실 속에서 좌충우돌하는 타인 위주의 인간형이라면 햄릿형은 생각에 잠겨 이리저리 재면서 자아 위주의 개인주의 성향의 인간형이다. 이러한 인간형의 분류는 오늘날에도 공감을 얻고 있는데 셰익스피어는 벌써 4백여 년 전 인간의 본성을 정확히 꿰뚫고 있었다는 것이다. 뿐만 아니라 그는 자신의 재주와 능력에 대한 자신감을 갖고 있었고 자신의 작품을 통해 그것을 은연중에 과시하기도 했다. 다음 그의 시에서 그 사실을 확인해 보기로 한다.

Shall I compare thee to a summer's day?

William Shakespeare

Thou art more lively and more temperate.
Rough winds do shake the darling buds of May,
And summer's lease hath all too short a date.
Sometime too hot the eye of heaven shines,
And often is his gold complexion dimmed;
And every fair from fair sometime declines,
By chance or nature's changing course untrimmed;
But thy eternal summer shall not fade,
Nor lose possession of that fair thou ow'st;
Nor shall Death brag thou wand' rest in his shade,
When in eternal lines to time thou grow'st.
So long as men can breathe or eyes can see,
So long lives this, and this gives life to thee.
-Sonnet 18-

그대 여름날에 비교해 볼까요?

월리엄 셰익스피어

그대 그보다 더 생기 있고 온화하리.
세찬 바람에 5월 꽃나무 귀여운 꽃망울 흔들리고
잠깐 머무는 여름 너무 짧기만 하여라.
때로는 천상의 눈은 너무 뜨겁게 빛나고
또 그 황금빛 얼굴 자주 흐려지는구나
모든 아름다움 언젠가 기울어지기 미련인데,
우연이든 원래 변하는 자연의 행로이든
그러나 그대 영원한 여름 사라지지 않으리.
그대 지닌 아름다움도 결코 잃지 않으리라
죽음은 결코 자랑하지 못하리라, 그 그늘 속에 그대가 거니노라고,
영원한 시간 속에서 그대 자랄 뿐.
사람이 숨을 쉬는 한, 그의 눈이 볼 수 있는 한
이 시가 살아 있는 한, 이 시는 그대에게 생명을 주리라.

셰익스피어는 이 시에서 '불멸의 시eternal lines'라는 말을 썼다. 그리고 숨 쉬거나 눈으로 볼 수 있는 사람은 누구든 자신이 쓴 시를 읽을 수 있다는 구절로써 자신의 작품이 영원한 생명력을 가질 것이라는 자신감을 피력하고 있다.

그러나 그때까지만 해도 라틴어의 위력은 여전해서 공식적인 문서와 비중 있는 문학 및 학술 서적은 여전히 라틴어로 기록되고 있었다. 이를테면 토마스 모어Thomas More(1477~1535)의 『유토피아Utopia』, 프랜시스 베이컨Francis Bacon(1561~1626)의 『노붐 오르가눔Novum Organum』, 아이작 뉴

턴Isaac Newton(1643~1727)의 『자연철학의 수학적 원리Philosophiae Naturalis Principia Mathematica』가 모두 라틴어로 쓰인 저서들이다. 1605년 당시 옥스퍼드 보들리 도서관Bodleian Library은 약 6,000권의 장서를 소장하고 있었는데 이 중 영어로 쓰인 책은 36권밖에 되지 않았다고 하니 학술어로서 라틴어의 영향력을 짐작할 만하다.

그러나 이같이 절대적 열세에도 불구하고 엘리자베스 시대에 들어 르네상스의 새로운 기운과 셰익스피어를 비롯한 문인들에 의하여 영어는 일대 전환기를 맞이하게 되었다.

08

미래의 세계어로서 기틀을 가다듬다

1649년 1월 30일 런던 화이트홀 궁전 앞 광장.

영국 역사상 전무후무한 국왕의 처형식
그를 지켜보는 시민들의 마음은 편치 않았다.

국왕 찰스 1세는 동행한 주교와 기도를 올리자
사형집행관은 신속하게 그를 참수했다.
군중 속에서 나지막한 탄식이 흘러나왔다.

하지만 영국민은 곧 자신들의 과오를 뉘우쳤다.
이 역사적 사건이 찰스 1세가 귀족과
신민의 권리를 무시한 결과라고 하더라도
자신들도 책임이 있음을 깨달았다.

이후 영국민은 갈등과 분쟁 속에서도
극단적인 선택을 피하고 타협하려 했다.

이 역사적 교훈으로
그들은 의회 민주주의를 꽃피웠고
마침내 대영 제국의 초석을 놓기 시작했다.

갈등과 격랑, 그리고 질서

1603년 후계가 없던 엘리자베스 1세의 뒤를 이어 제임스 1세가 왕위를 계승함으로써 스튜어트Stuart 왕조 시대가 시작되었다. 그러나 제임스 1세에 이어 왕위에 오른 찰스 1세Charles the First는 의회와 끊임없이 마찰을 빚었다. 시간이 가면서 이들의 대립은 격화되었고 마침내 이들은 왕당파와 청교도들 간의 내란(1642~1648)을 촉발시켰다. 진홍색 옷, 깃털달린 투구, 곱슬머리 가발이 상징적이었던 왕당파는 국왕과 국교도, 그리고 귀족의 기득권을 수호하려고 했었고 반면에 수수하고 소박한 청교도들은 의회와 개신교 그리고 평민들의 권익을 위하여 싸웠다.

반다이크가 그린 찰스 1세 초상화. 귀족과 새롭게 부를 축적한 시민 계급의 부상을 인정하지 않고 왕권신수설을 신봉하던 찰스 1세는 이들과 잦은 갈등을 빚다가 크롬웰이 이끄는 청교도 혁명군에 의해 처형당했다.

1649년 찰스 1세의 처형 장면. 찰스 1세는 잦은 전쟁과 사치 등으로 파탄 난 국고를 충당하기 위해 무거운 세금을 부과하였고 이에 대하여 귀족과 시민 계급은 격렬하게 반발하였다. 이는 곧 6년간의 내란으로 이어졌는데 찰스 1세는 패퇴하여 처형당했다. 하지만 처형당하는 순간에도 그는 국왕으로서의 기품을 잃지 않고 의연한 죽음을 맞았다고 전해진다.

6년간의 내전 끝에 크롬웰Oliver Cromwell(1599~1658)이 주도한 청교도 혁명군에 의해 1649년 찰스 1세는 처형당했다. 그 후 영국에서는 유사 이래 처음으로 왕이 없는 공화정Commonwealth이 10여 년간 지속되었다. 그 와중에 크롬웰이 병으로 죽자 1660년 찰스 2세Charles the Second에 의한 왕정복고가 이루어지고 그 뒤를 이은 제임스 2세James the Second의 실정으로 1688년 메리Mary 여왕과 그의 남편 오렌지공 윌리엄William of Orange이 시민들의 지지로 평화로운 왕권 교체에 성공한 명예혁명을 이끌어 내면서 영국은 정치와 사회 불안의 종지부를 찍고 안정을 되찾으며 이후 의회 민주주의의 꽃을 피웠다.

그러나 6년간의 내란, 1665년 흑사병과 그 다음 해에 일어난 런던 대화재, 찰스 1세의 처형, 명예혁명 등 일련의 사건으로 국왕과 귀족의 권력 기반은 한없이 약화되었고 상업과 무역으로 부를 축척하면서 그 공백을 메우게 된 신흥 중산층이 새로운 계층으로 급부상하였다.

17세기 중후반에 걸쳐 정치적, 사회적 혼란을 경험한 영국인들은 18세기에 들면서 안정과 질서 속에 평온한 삶을 영위하려고 했다. 이를 위해 규범을 정하고 그 규범에 따른 합리적 생활 방식을 존중했다. 균형, 형식, 정확성, 상식 등을 미덕으로 여기며 상대방을 존중하며 예의를 갖춰 대하려고 노력했는데 이것은 곧 차와 커피를 마시며 담소를 나누는 사교 생활로 발전되어 유행하게 되었다. 또한 산업 발달로 근대화가 이루어지면서 새롭게 부를 축척한 신흥 중산층이 급부상하게 됨에 따라 기존의 귀족들도 이들을 인정하게 되었고 그들이 서로 교류하게 되면서 이전과는 달라진 상류 사회 풍속도를 연출하였다.

정확성에 대한 욕망, 영어 사전

앞서 언급한 대로 17세기 중후반에 걸친 정치적, 사회적 격랑 속에서 불안감을 느낀 영국인들은 사회적 안정을 갈망하면서 생활 속에서도 질서와 규칙을 중시하게 되었고 일부 사람들은 언어에서조차 그러한 규칙을 적용하려고 하였다. 이 시기에 대략 1만 2천여 개의 어휘가 그리스어와 라틴어에서 차용되었는데 이 무차별적인 어휘 차용에 대하여 영어의 미래를 걱정하는 사람들은 영어의 순수성을 지키려는 잉크병 용어inkhorn term(현학적 외래어, 즉 라틴어 차용어를 말하는데 이것은 오늘날 지식인을 먹물이라고 지칭하는 것과 일맥상통하다) 논쟁을 불러일으켰다. 또 그와는 반대로 외국어로부터의 차용어가 영어의 어휘를 풍부하게 해 줄 것이라는 옹호론을 펴는 사람들도 있었다. 그러나 라틴어는 어법상 옳고 그름의 기준을 갖고 있는 데 반해 영어는 그렇지 못하다는 점을 지적하면서 영어가 점점 타락하고 있다는 주장이 강하게 제기되었다. 더구나 대모음변이(7장 참조) 같은 음 변화로 인하여 초오서의 시 작품들은 그 시가 발표될 당시에 갖고 있었던 운율을 더 이상 그대로 감상할 수 없게 되면서 작가들은 자신들의 작품도 언젠가는 그렇게 되지 않을까 두려워했다. 그래서 작가들은 스스로 영어의 타락을 미리 막을 어떤 특단의 조치를 취해야만 한다고 생각했다. 이러한 상황에 대하여 에드먼드 월러Edmund Waller는 1645년 그의 저서 『영시에 대하여Of English Verse』에서 다음과 같이 밝혔다.

But who can hope his lines should long
Last in a daily changing tongue?
....
Poets that lasting marble seek
Must carve in Latin or in Greek:
We write in sand, our language grows
And like the tide, our work o'erflows.

누가 바랄 수 있을까? 매일매일 변하는 언어 속에서
자신의 시가 오래 지속되기를
......
오래가는 대리석을 추구하는 시인들은
라틴어나 그리스어로 조각해야 한다.
우리는 모래에 글을 쓰고 있고, 우리의 언어는 점점 자라나고
그런데 조수가 그러하듯이 우리 작품들은 휩쓸리어 가고 있다.

작가로서 이와 똑같은 걱정을 하고 있었던 사람이 바로 『걸리버 여행기Gulliver's Travels』의 저자 조나단 스위프트Jonathan Swift(1667~1745)이다. 당대의 평균 수명을 고려할 때 꽤 오래 살았던 스위프트는 당시 작가라기보다는 정치적 논객으로 더 알려져 있었다. 영국 국교회 목사로서 양대 정당인 휘그당Whig과 토리당Tory 사이를 오가며 선동가로서 이름을 떨쳤다. 어찌 보면 『걸리버 여행기』조차도 정치적인 목적을 띤 소설이라 할 수 있다. 이 소설의 3부 『하늘을 나는 섬나라』에서 스위프트는 당시 자신과 적대 관계에 있던 물리학자 뉴턴Isaac Newton(1642~1727)을 지목하며 지나치게 사색에 몰두하는 학자들을 비판하였다. 또 4부 『말나라』

목사이면서 정계에도 글로써 영향력을 행사했던 조나단 스위프트. 그는 영어가 타락하여 변하게 되면 후대 사람들이 자신의 글을 읽지 못하게 되는 상황이 벌어지는 것을 걱정하여 영어의 변화를 인위적으로 막을 수 있는 수단과 방법을 강구했었다.

조나단 스위프트가 쓴 『걸리버 여행기』의 내용을 묘사한 그림. 작품 속에서 그는 자신이 혐오하는 당대의 인물과 상황들을 신랄하게 풍자하고 있다.

에서는 야후yahoo라는 동물이 등장하는데 이 동물은 인간의 모습을 한 더럽고 잔인하고 비열한 부류로 묘사된다. 스위프트는 야후에 빗대어 인간에 대한 자신의 환멸과 혐오감을 적나라하게 표현한 것이다.

어쨌든 스위프트 역시 영어가 그대로 다음 세대로 전승되어 후대에도 자신의 작품이 많이 읽히기를 원했다. 그래서 스위프트는 영어의 타락을 막기 위한 적극적인 주장을 펼쳤는데 그 가운데에는 어법상 사용을 금지시켜야 할 것이 있다고 하였다. 즉 telephone, omnibus, advertisement, reputation, extraordinary 등의 생략어, 또 drudg'd단조롭고 힘든 일을 시키다, disturb'd방해하다, rebuk'd비난하다, fledg'd깃털이 나서 날 수 있게 되다 등에서 'e'를 빼는 것, 또 sham사기꾼, banter조롱, mob군중, bully

불량배 등의 비속어, 그리고 had better, had rather, different than, different to, between you and me, he is older than her, It's me 등의 어구가 그것이다. 그러나 그러한 것들의 사용을 금지하자는 주장이 무위로 끝나자 1712년 프랑스 한림원French Academy과 같은 언어 정화 기관을 설립하려고 하였다. 그의 친구이며 당시 『스펙테이터Spectator』라는 유력 일간지를 공동 발행했던 수필가 애디슨Joseph Addison(1672~1719)도 다음과 같이 말하며 스위프트의 입장을 지지했다.

I have often wished that as in our Constitution there are several Persons whose Business it is to watch over our Laws, our Liberties and Commerce, certain Men might be set apart, as Superintendents of our Language to hinder any Words of a Foreign Coin from passing among us; and in particular to prohibit any French Phrases from becoming Current in this Kingdom when those of our own stamp are altogether as valuable.

나는 바라건대 법에 규정된 몇몇 사람들이 법과 자유와 상거래를 감시하는 것처럼 언어를 감독하는 사람이 있어서 외래 단어들이 남용되는 것을 막았으면 한다. 특히 우리의 좋은 표현들이 여전히 사용되고 있음에도 불구하고 프랑스어 표현들이 사용되는 것을 막았으면 한다.

그러나 이러한 주장에도 불구하고 언어가 변화하는 것은 불가피한 것이며 또 그것을 인위적으로 막을 수 없다고 생각했던 사람들에 의해 언어 정화 기관의 설립은 무산되었다. 우스꽝스럽게도 외래어의 남용을 금지하자는 주장을 편 애디슨 자신도 liberties, commerce, language, current, valuable 같은 불어 차용어를 사용했던 것이다.

그러나 철자와 문법에 대한 기준과 또 새로 유입된 어휘에 대한 설명이 필요하다는 인식에서 스펠링 교본, 사전, 문법서가 출현하게 되었다. 인쇄물과 서적이 배포됨으로써 거기에 사용된 용례를 통하여 철자는 어느 정도 통일성을 갖게 되었지만 그래도 16세기에는 여전히 동일 어휘가 여럿 형태로 쓰이고 있었다. 예를 들면, 셰익스피어의 이름만도 Willm Shaksp, William Shakespe, Wm Shakspe, William Shakspere, Willm Shakspere, William Shakspeare 등 여섯 가지 형태가 있었다. 이것은 사람마다 쓰는 철자법과 발음이 각기 달랐다는 것을 의미했다. 게다가 라틴어도 변이 형태가 생기는 데 한몫 거들었는데 예를 들면, 라틴어 어휘 populus, dubitare, cisorium 등을 의식하여 people, doubt, scissors같이 발음되지도 않는 철자를 표기했던 것이다. 언어를 사용하면서 겪는 이와 같은 혼란을 극복하기 위하여 여러 가지 방법이 강구되었는데 그중 하나가 사전 편찬이다. 18세기 들어서는 사전을 기준으로 삼아 언어 사용의 옳고 그름을 판정하였기 때문에 사전의 용례와 다르게 사용하면 교육받지 못한 무식한 사람으로 취급되었다. 또 낯설고 어려운 그리스어와 라틴어 어휘에 대한 설명이 필요했고 이를 충족시키기 위한 방법으로 사전을 만들게 되었다. 최초의 영-영 사전은 1604년 코드리Robert Cawdrey라는 교사가 편찬한 사전『A Table Alphabeticall』인데 약 2,500여 개의 어휘에 대하여 그 의미와 출처를 표기한 것이다. 그러나 이 사전은 어려운 어휘만을 풀이해 놓은 것이었고 오늘날 사전처럼 쉬운 어휘까지도 담아 놓은 최초의 사전은 1721년 베일리Nathaniel Bailey의 사전 『Universal Etymological English Dictionary』이었다.

1746년 새뮤얼 존슨Samuel Johnson(1709~1784)은 출판업자 로버트 도즈리Robert Dodsley로부터 영어 사전을 만들자는 제안을 받았다. 원래 존슨은 박식한 지식을 바탕으로 날카롭고 유머러스한 영국 산문의 전형을 만들어 산문의 시대에 한 획을 그은 사람이다. 옥스퍼드를 중퇴했지만 나중에 그의 폭넓은 지식과 사전 편찬의 업적을 인정받아 옥스퍼드에서 명예박사학위를 받았다. 책 속에 들어갈 정도로 책을 가까이 들여다보고 있는 진지한 자세와 특히 한쪽 시력이 나빴던 모습을 잘 묘사해 놓은 존슨 초상화를 보면, 전기 작가인 제임스 보즈웰James Boswell(1740~1795)이 "존슨은 몹시 못생긴 외모를 가졌고…… 옷맵시도 없었으며 아주 듣기 거북한 목소리를 갖고 있었다"라고 한 말이 쉽게

영어 사전을 편찬했던 존슨 박사의 초상화. 한쪽 눈의 시력이 매우 나빠 책에 거의 빠져 들어갈 듯한 모습이 인상적이다. 뿐만 아니라 그는 목소리조차 끽끽거리는 모습으로 상대에게 거부감을 주었지만 박식하고 친절하고 유머러스하여 지인들에게 환영받는 인물이었다.

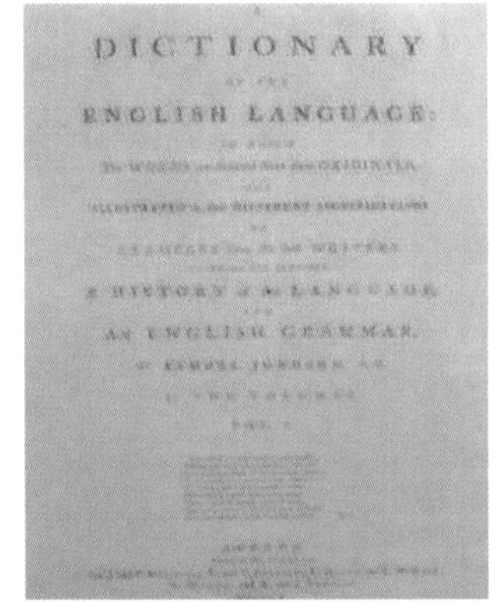

DICTIONARY
ENGLISH LANGUAGE:
AN ENGLISH GRAMMAR.

9년간 작업 끝에 1755년 존슨 박사가 편찬한 사전의 표지. 표제어의 정의와 문학 작품에서 예문을 인용한 최초의 사전다운 사전으로 인정받고 있다.

수긍이 간다. 그러나 외모에서 풍기는 부정적인 이미지와는 달리 그는 친절하고 재치가 넘쳤으며 유머 있고 박식하여 주변 사람들로부터 호감을 얻는 인물이었다.

존슨은 여섯 명의 도우미와 함께 9년 동안 사전 편찬 작업에 몰두하였다. 3년 동안은 수백 명 작가들의 작품을 훑어보면서 약 4만 3천 개의 낱말에 대한 정의를 이끌어 내었고 또 11만 4천 개의 인용문을 발췌하여 낱말의 의미를 설명하였다. 마침내 1755년 영어 사전 『A Dictionary of the English Language』가 출간되었다. 애초에 존슨은 스위프트 또는 애디슨과 마찬가지로 영어의 발음을 고정시키고, 영어를 좀 더 효율적으로 습득하며, 영어의 순수성을 보존하고, 어법을 확인할 수 있고 그래서 영어가 오래도록 그대로 통용될 수 있도록 하기 위해 사전을 만든다는 생각이었다. 그러나 사전 편찬을 끝냈을 즈음 존슨의 생각은 바뀌었다. 그는 자신의 심경 변화를 다음과 같이 피력했다.

Those who have been persuaded to think well of my design, will require that it should fix our language, and put a stop to those alterations which time and chance have hitherto been suffered to make in it without opposition. With this consequence I will confess that I flattered myself for a while; but now begin to fear that I have indulged expectation which neither reason nor experennce can justify.

내 계획을 잘 알고 있던 사람들은 이 사전이 언어를 고정시키고 그리고 아무런 장애 없이 세월에 따라 그리고 뜻밖에 겪게 되는 그런 변화들이 더 이상 일어나지 않도록 해 주기를 요구할 것이다. 내가 작업 결과에 대해 잠시 우쭐했음을 시인한다. 하지만 이제는 어떤 이성이나 어떤 경험도 정당화할 수 없는 내 나름의 기대를 갖고 있었다는 사실에 두려워진다.

그의 생각에서 읽혀지듯이 존슨 박사는 언어 사용에 대하여 규제하려던 당시 사회적 분위기와는 달리 어느 정도 객관성을 갖고 영어 용법을 기술하려고 노력했다. 다음의 서문을 보면 그의 생각을 잘 알 수 있다.

When we see men grow old and die at a certain time one after another, from century to century, we laugh at the elixir that promises to prolong life to a thousand years; and with equal justice may the lexicographer be derided, who being able to produce no example of a nation that has preserved their words and phrases from mutability, shall imagine that his dictionary can embalm his language, and secure it from corruption and decay, that it is in his power to change sublunary nature, or clear the world at once from folly, vanity, and affectation.

사람들이 나이를 먹으며 세상을 뜨고 그러면서 한 세기에서 다음 세기로 넘어가는 것을 볼 때, 인간의 수명을 천 년까지 연장시켜 준다는 불로장생의 약을 비웃게 된다. 마찬가지로, 자신들의 어휘나 어구들을 변함없이 보존할 수 있는 그런 나라를 만들어 내지 못하면서 사전이 언어를 방부 처리하여 타락과 부패로부터 안전하게 보호할 수 있기를 바란다든지 혹은 세속적인 성격을 바꾸거나 우둔함, 허영, 가식으로부터 단번에 세상을 정화시킬 수 있다고 기대한다면 사전편찬자들은 비웃음을 받게 될 것이다.

존슨의 사전은 현재의 관점에서 보면 어원이 부정확하다든지 또는 개인적인 편견이 개재되어 완성도가 떨어지기는 하지만 오히려 그것을 통하여 당시의 시대상을 볼 수 있는 의외의 소득도 있다. 그의 사전에서 그의 편견이 들어간 재미있는 예 몇 가지만 살펴보기로 한다. 먼저 프랑스와 스코틀랜드에 대한 그의 반감을 드러낸 예이다.

Ruse: cunning; artifice; little stratagem; trick; wile; fraud; deceit. A French word neither elegant nor necessary(책략: 교활함, 술책, 작은 모략, 속임수, 농간, 사기, 기만. 우아하지도 필요하지도 않은 불어 단어).
Oats: a grain, which in England is generally given to horses, but in Scotland supports the people(오트밀: 잉글랜드에서는 말에게 주지만 스코틀랜드에서는 사람을 부양하는 곡물).

또 지나친 사견을 개입시킨 예도 있다.

Excise: a hateful tax levied upon commodities, and adjudged not by the common judges of property but wretches hired by those to whom excise is paid(간접세: 상품에 부과되는 가증스런 세금, 그리고 재산에 대한 일반적인 판단에 의해서가 아니라 세금을 내는 사람들에 의해 고용된 비열한 놈들에 의해 결정되는 세금).
Patron: one who countenances, supports or protects. Commonly a wretch who supports with insolence, and is repaid with flattery(후원자: 누군가의 뒤를 밀어주거나 후원하고 보호해 주는 사람. 일반적으로 오만하게 후원을 하는 비열한 사람인데 아첨으로 보답받는다).

위의 간접세에 대한 정의 때문에 세무국 직원들은 화가 나서 존슨에 대하여 소송을 준비하기도 했었고 후원자의 정의는 자신의 후원자인 체스터필드 경Lord Chesterfield에 대한 불만을 표출해 놓은 것 같다. 또 자신의 모습을 은근히 드러낸 정의도 있다.

Lexicographer: a writer of dictionaries; a harmless drudge that busies himself in tracing the original, and detailing the significance of words(사전편찬자: 사전을 편찬하는 작가, 원본을 찾아서 단어의 중요성을 자세하게 파악하는 일로 자신을 바쁘게 만드는, 순진하지만 단순하고 지겨운 일을 하는 사람).
Grub Street: originally the name of a street in Moorfields in London, much inhabited by writers of small histories, dictionaries and temporary poems(그럽: 원래는 런던의 무어필드 지역에 있는 거리의 이름이지만 사소한 역사, 사전 그리고 시류에 편승하는 시를 쓰는 작가들이 사는 거리의 이름).
Dull: not exhilarating, not delightful; as, to make dictionaries is dull work(지루한: 유쾌하지 않은, 기쁘지 않은. 예를 들어 사전을 만드는 일은 아주 지루한 일이다).
Whig: the name of a faction(휘그당: 파벌 당파의 이름).
Tory: one who adheres to the ancient constitution of the state, and the apostolical hierarchy of the Church of England(토리당: 나라의 오래된 헌법과 영국 국교회 사제 위계를 충실히 따르는 사람들).

존슨 박사의 사전에 실린 예문은 대부분 1560년대에서 1660년대 사이의 문학 작품에서 발췌하였는데 그로 인해 어떤 예문은 어휘 자체보다 설명이 더 어려운 것이 있으며, 또 그나마 수록된 어휘에 대한 예문이

없는 것도 있다. 그러나 이러한 결점에도 불구하고 그의 사전은 당대로부터 시작하여 그 후 100여 년간 영국에서 가장 영향력 있는 사전이 되었다.

존슨 박사의 사전에서 좀 벗어난 것이긴 하지만 존슨 박사처럼 사전 편찬을 하면서 개인적인 사견을 넣고 싶은 것은 어제오늘의 일이 아닌 것 같다. 미국의 괴기 소설로 꽤 이름을 얻고 있는 앰브로스 비어스 Ambrose G. Bierce(1842~1914)도 존슨 박사와 같은 오히려 정도가 훨씬 더 심한 예를 남겨 놓았다. 그것이 바로 그가 1906년에 펴낸 『악마의 사전 The Devil's Dictionary』이다. 그가 내린 낱말의 정의 가운데 흥미로운 것 몇 개만 예를 들어 본다.

행복: 다른 사람의 불행을 곱씹어 볼 때 드는 유쾌한 감정
증오: 타인이 나보다 잘난 경우에 생기는 감정
축하: 질투의 사회적 표현
편애: 환멸의 예비 과정
충고: 친구를 잃는 수많은 방법 가운데 바보가 특히 선호하는 것
애국자: 부분에 대한 관심이 전체에 대한 관심을 능가하는 사람
기자: 추측을 통해 진실을 찾아가며 말의 홍수로 그 진실을 흐리는 작가
변호사: 법을 우회하는 기술을 지닌 사람
반감: 친구의 친구가 불러일으키는 감정
고뇌: 친구의 성공을 목격했을 때 걸리는 질병
능가하다: 적을 만들다
대담: 안전한 상태에 있는 남성의 가장 두드러진 특성
사랑: 일시적인 광기인데 결혼에 의해 치료될 수 있음

출생: 모든 재앙의 출발이자 가장 고통스런 재앙
사전: 하나의 언어가 자유롭게 성장해 가는 것을 방해하여 탄력 없이
고정시키고자 악의에 찬 문인들이 생각해 낸 것

비어스가 내린 낱말의 정의는 책 제목처럼 악마적인 풍자이다. 하지만 악마적 해석이라 해도 전적으로 부정하지 못하고 그 속에 배어 있는 가냘픈 진실에 동의할 수밖에 없음이 씁쓸할 뿐이다.

아무튼 존슨 박사의 사전이 출간된 시기를 전후하여 그 시대의 지식인들은 생각하기를 철자는 사전을 통하여 바로잡고 어법에 관한 오류는 문법서를 근거로 정정해야 한다는 것이었다. 이를 기화로 문법서는 16세기부터 17세기에 걸쳐 몇 권이 출간되기 시작하더니 18세기에 들어서는 여러 권이 줄지어 나왔다. 대개 문학 작품에 사용된 예문을 제시하고 그것처럼 그대로 사용하도록 예시하는 방식이었다. 이와 같은 문법서는 자신들의 지식을 부각시켜 하층민과 차별화를 이루려는 상류층의 의도와 맞물리면서 폭넓게 애용되었고 그것이 다시 문법서의 저술에 기폭제 역할을 하기도 했다.

당대 가장 널리 사용되었던 문법서는 1762년에 출간된 로우드Robert Lowth의 문법서 『Short Introduction to English Grammar』와 1795년에 나온 머레이Lindley Murray의 문법서 『English Grammar』이다. 이 문법서들은 19세기부터 그 이후에 걸쳐서 영어 어법에 커다란 영향을 주었다. 문법에 대한 견해는 대체로 두 가지였다. 먼저, 문법은 정해 놓은 규범이며 그래서 그것으로부터 어긋나면 틀린 것이기 때문에 부끄럽게 생각

해야 한다는 것이다. 반면에 다른 하나는 전달자의 표현이 피전달자에게 이해되어 전달되었다면 그 어법은 옳은 것이며, 또한 문법은 시간이 흘러감에 따라 변할 수 있다고 생각하였다. 현대로 오면서 전자의 규범 문법prescriptive grammar보다는 후자의 기술 문법descriptive grammar의 견해가 점점 더 지지를 받게 됨에 따라 오늘날에는 '어떻게 말하고 써야 한다'가 아니라 '어떻게 사용되고 있다'라는 것을 보여 주는 문법서가 많이 나오고 있다.

또한 18세기에는 지역에 따라 서로 상이한 발음을 갖는 방언들이 분포되어 사용되고 있었는데 이들 가운데 어떤 것이 틀렸다거나 잘못된 것으로 여겨지지는 않았지만 당대 지식인들과 상류층은 올바로 쓰고 또 올바로 말하고 싶은 욕망은 갖고 있었다. 이에 부응하여 셰리단Thomas Sheridan(1719~1788)은 1756년 존슨 박사의 사전을 참고하여 책을 출판하였는데 아일랜드 출신답게 그 책 이름을 '영어English'가 아닌 『브리튼 교육British Education』으로 지었다. 셰리단은 그 책을 교재로 하여 1760년대에 걸쳐 사회 유력인사들에게 올바른 발음을 지도하였는데 이 여파로 철자와 문법뿐만 아니라 올바른 발음도 교육받은 상류층을 나타내는 징표가 되었다. 셰리단 이후 존 워커John Walker도 런던의 교육받은 사람들의 발음을 근거하여 1791년에 발음 사전 『A Critical Pronouncing Dictionary and Expositor of the English Language』을 출간하였는데 이것은 19세기에 영국과 미국 양쪽에서 똑같이 호평을 받으며 널리 사용되었다.

영어 연금술사와 그 솜씨

17세기 청교도 시대

1625년에서 1700년에 이르는 시기는 국왕, 영국 국교회, 귀족이 한 그룹을 이룬 왕당파와 의회, 개신교, 평민들의 청교도 그룹이 대립되어 내란을 치르면서 이후 엎치락뒤치락하는 혼란이 이어지다가 결국 명예혁명으로 수습되어 안정을 되찾게 되는 시기였다. 이 기간에 있었던 두 파벌 간의 분열 양상 때문에 문인들도 양쪽으로 나뉘어져 각자가 속한 그룹을 대변하게 되었다. 존 밀턴John Milton(1608~1674)과 존 버니언John Bunyan(1628~1688)은 청교도 편에 서서 그들의 입장을 대변하면서 리처드 러블리스Richard Lovelace(1618~1658)와 존 서클링John Suckling(1609~1642) 같은 궁정 시인들을 준엄하게 꾸짖었다. 하지만 뒤이은 왕정복고로 인하여 청교도 혁명을 지지하던 밀턴과 버니언은 고난과 시련을 겪으며 생의 비애를 맛보게 되지만 그것을 승화시켜 불후의 명작을 내놓았다.

존 밀턴

밀턴John Milton(1608~1674)은 현재 런던의 금융가로 알려져 있는 시티the City of London, 칩사이드Cheapside에 있는 브레드 가Bread Street에서 금융업, 그러니까 오늘날의 사채업자라고 할 수 있는 아버지를 둔 유복한 가정에서 태어났다. 성가 몇 편을 쓰기도 했었던 밀턴의 아버지는 아들의 영특함을 보고 자신의 아들이 목사가 되기를 희망했고 밀턴 자신도 그러한 꿈을 꾸기도 했었다. 그 당시 아이들의 최고 바람은 목사나 신부가 되는 것이었다. 12살 무렵 밀턴은 세인트폴St. Paul에 입학했고 17살이던 1625년 캠브리지의 크라이스트 칼리지Christ's College에 들어가 학업을 계속하여 1632년 석사학위를 받았다. 대학 재학 시절 밀턴은 '크라이스트 대학의 레이디The Lady of the Christ'라고 할 정도로 너무나 내성적이었다. 학업을 마치고 잠시 집에 돌아와 있던 밀턴은 1638년 5월부터 1639년 7월까지 아버지의 도움을 받아 유럽 대륙으로 소위 '그랜드 투어Grand Tour'를 하게 된다. 그랜드 투어는 당시 영국의 귀족 가문에서 자녀를 교육하던 전통적인 방식인데 오늘날의 소위 해외문화 탐방, 어학연수 같은 것이다.

수줍고 내성적인 성격이어서 '크라이스트 대학의 레이디'라고 불렸던 대학 시절의 밀턴의 모습.

그랜드 투어를 마치고 귀국한 후, 1641년부터 밀턴은 교회의 타락, 교육 제도에 대한 불만, 이혼의 자유, 정치제도의 오용, 게다가 청교도 혁명 과정에서 의회파에게 명분을 제공하는 논설문을 연달아 발표했다. 마침내 1649년 청교도 혁명 정부에 의해 외교 문서 담당 장관Secretary for the Foreign Tongues으로 임명된다. 그의 임무는 유럽 각국에 대하여 당시 국제어였던 라틴어로 영국의 청교도 혁명 정부를 이론적으로 방어하고 정

청교도 혁명을 주도한 올리버 크롬웰. 찰스 1세를 처형하고 약 10년간 공화정을 주도하다가 병사했다.

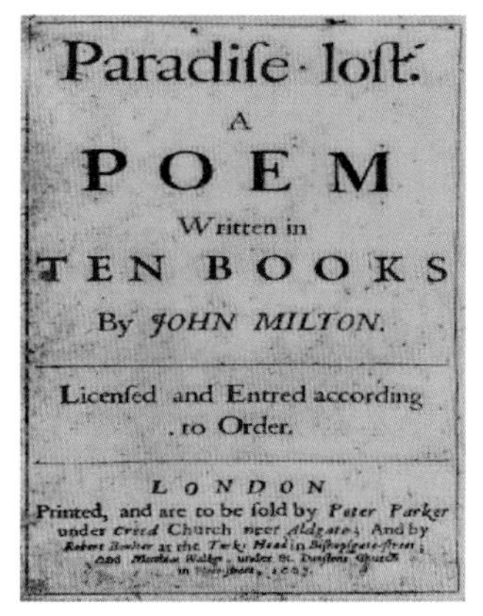

Paradiſe loſt.

A

POEM

Written in

TEN BOOKS

By JOHN MILTON.

Licenſed and Entred according to Order.

LONDON

Printed, and are to be ſold by Peter Parker under Creed Church neer Aldgate; And by Robert Boulter at the Turks Head in Biſhopſgate-ſtreet; And Matthias Walker, under St. Dunſtons Church in Fleet-ſtreet, 1667.

『실낙원』의 표지 모습

당화하는 것이었다. 그러나 1659년 프랑스에 망명했던 찰스 2세에 의해 왕정복고가 이루어지자 밀턴은 체포되고 사형까지 거론되었지만 지인들의 노력으로 사형을 면하고 벌금형을 받고 풀려나게 된다.

밀턴의 영어 운문 쓰기는 1628년쯤 시작되어 1671년에 출판된 『복락원Paradise Regained』이 마지막이다. 그의 대표작 『실낙원Paradise Lost』은 1640년 초에도 부분적으로 저술되었지만 그가 장님이 된 1651년 이후에 본격적으로 이루어져 1667년 완성된 것이다.

밀턴은 영어뿐만 아니라 라틴어와 이태리어를 구사하는 지적인 작가였다. 『실낙원』은 그의 지적 수준과 유장한 문체를 잘 보여 주는 대표작인데 때로는 기존 어법을 벗어나는 점으로 인해 비난의 대상이 되기도 했다. 실제로 밀턴은 라틴어 어법에 영향을 많이 받았는데 이를테면 절

밀턴의 저술 모습을 그린 그림. 노년에 들어 그는 완전히 시력을 잃어서 그의 대표작 『실락원』은 딸들이 그의 구술을 받아 적은 것이다.

대 탈격[9]과 같은 라틴어 구문 구조와 또 당시 영어 사용자들에게 익숙하지 않은 라틴어 형태와 의미를 많이 구사했다. 그러나 밀턴이 문장 속에 또 문장을 포함시키는 장문을 사용하였고 또 기존 어법에 벗어난 어휘의 형태와 의미를 사용하기는 했지만 엘리자베스 시대 작가들의 자유분방함에 비하면 결코 그 정도가 심하다 할 수 없다. 그리고 당시에는 익숙지 못한 어휘일 수는 있지만 대부분의 어휘는 대체로 16세기에 이미 사용되었던 것들이다.

다음은 『실낙원』 Book Ⅸ의 시작 부분이다. 인쇄 상태는 조잡하고 12행의 still에 느낌표를 대신 쓴 것을 보면 교정도 치밀하게 보지 않았음을 알 수 있다. 그 행 또한 어색하게 끊겨 있다. 활자는 캑스턴 시대보다는 많아 발전했지만 겹글자 ct, st와 긴 s자 사용은 초기에 쓰던 관행

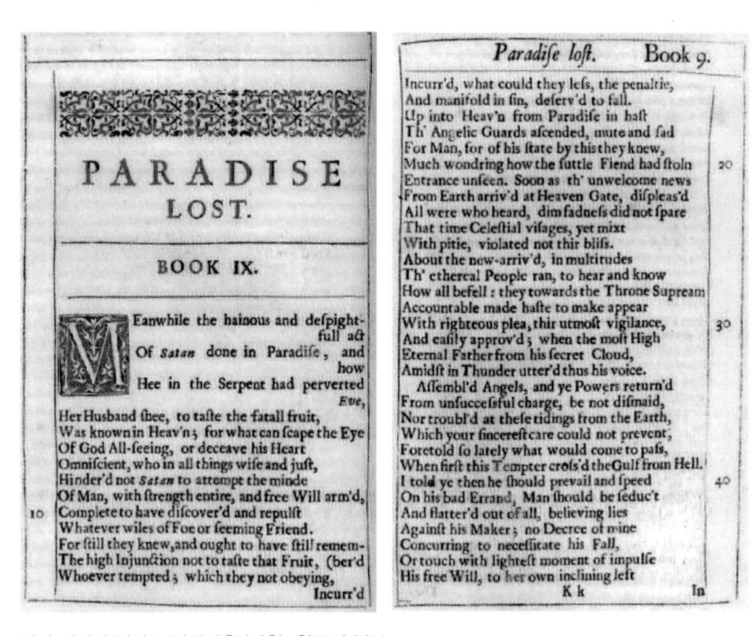
PARADISE
LOST.

BOOK IX.

MEanwhile the hainous and deſpightfull act
Of *Satan* done in Paradiſe, and how
Hee in the Serpent had perverted *Eve*,
Her Husband ſhee, to taſte the fatall fruit,
Was known in Heav'n; for what can ſcape the Eye
Of God All-ſeeing, or deceave his Heart
Omniſcient, who in all things wiſe and juſt,
Hinder'd not *Satan* to attempt the minde
Of Man, with ſtrength entire, and free Will arm'd,
10 Complete to have diſcover'd and repulſt
Whatever wiles of Foe or ſeeming Friend.
For ſtill they knew, and ought to have ſtill remem-
The high Injunction not to taſte that Fruit, (ber'd
Whoever tempted; which they not obeying,
Incurr'd

Paradiſe loſt. Book 9.
Incurr'd, what could they leſs, the penaltie,
And manifold in ſin, deſerv'd to fall.
Up into Heav'n from Paradiſe in haſt
Th' Angelic Guards aſcended, mute and ſad
For Man, for of his ſtate by this they knew,
Much wondring how the ſuttle Fiend had ſtoln 20
Entrance unſeen. Soon as th' unwelcome news
From Earth arriv'd at Heaven Gate, diſpleas'd
All were who heard, dim ſadneſs did not ſpare
That time Celeſtial viſages, yet mixt
With pitie, violated not thir bliſs.
About the new-arriv'd, in multitudes
Th' ethereal People ran, to hear and know
How all befell: they towards the Throne Supream
Accountable made haſte to make appear
With righteous plea, thir utmoſt vigilance, 30
And eaſily approv'd; when the moſt High
Eternal Father from his ſecret Cloud,
Amidſt in Thunder utter'd thus his voice.
Aſſembl'd Angels, and ye Powers return'd
From unſucceſsful charge, be not diſmaid,
Nor troubl'd at theſe tidings from the Earth,
Which your ſincereſt care could not prevent,
Foretold ſo lately what would come to paſs,
When firſt this Tempter croſs'd the Gulf from Hell.
I told ye then he ſhould prevail and ſpeed 40
On his bad Errand, Man ſhould be ſeduc't
And flatter'd out of all, believing lies
Againſt his Maker; no Decree of mine
Concurring to neceſſitate his Fall,
Or touch with lighteſt moment of impulſe
His free Will, to her own inclining left
Kk In

밀턴 시대의 영어로 인쇄된 『실낙원』 원문의 일부

이 지속되고 있음을 보여 준다. 인명은 이탤릭체로 나타냈고 또 모음 생략이나 대명사의 강세를 위해 생략부호(')를 사용하는 것은 밀턴 자신의 철자법이었다.

『실낙원』은 단테Dante(1265~1321)의 『신곡La Divina Commedia』과 함께 불후의 종교적 서사시로 평가되는 작품이다. 『실낙원』은 원래 10부로 되어 있었으나 1674년에 12부로 재구성되었다. 지옥과 천국, 지상을 무대로 아담과 이브가 사탄의 유혹에 빠져 금단의 열매를 먹고 그 일로 낙원에서 추방되는 내용을 그리면서 인간의 원죄, 신의 사랑과 구원, 그리고 그 구원의 가능성 등을 이야기하고 있다. 이 시는 하늘나라 시의 신Muse

에게 다음과 같이 기도하는 것으로 시작된다.

Of man's first disobedience, and the fruit
Of that forbidden tree whose mortal taste
Brought death into the world, and all our woe.
With loss of Eden, till one greater man
Restore us, and regain the blissful seat.
Sing, heavenly Muse……
I may assert Eternal Providence,
And justify the ways of God to men.

인간의 최초의 불복종과 그 치명적 맛이
세상에 죽음을 가져오고, 에덴동산의 상실과 더불어
우리의 온갖 고통을 가져와 결국 한 거룩한 인간이
우리를 구속하여 주고, 축복의 자리를
되찾게 한 저 금단의 열매에 대하여
노래하라. 천상의 시 신이여……
내가 영원의 섭리를 주창하고,
하나님의 길을 인간에게 정당화할 수 있도록.

존 버니언

존 버니언은 뛰어난 언변으로 설교 요청을 많이 받았던 목사이기도 했다.

존 버니언John Bunyan(1628~1688)은 엘스토우Elstow에서 태어나 그곳 마을학교에서 글을 배웠고 성장하여 아버지가 하던 땜장이 직업을 물려받았다. 1655년 버니언은 베드포드Bedfordshire로 이주하게 되는데 이후 이곳이 바로 그의 주요 활동 무대가 되었다. 그는 1640년대 벌어진 내란에 의회군으로 참가한 적이 있었고 1653년 베드포드에서 비국교도(영국에서 성공회 신자를 제외한 기독교도를 가리키는 말) 교회에 다니면서 설교를 하기도 했다. 하지만 찰스 1세의 왕정복고 이후 종교에 대한 유화정책이 바뀌어 검열이 강화되면서 그의 설교는 당국과 마찰을 빚기 시작했다. 결국 그는 허가 없이 설교했다는 죄목으로 1660년 체포되어 감옥에서 12년을 보내게 된다. 물론 당시 감옥의 모습이 오늘날과는 좀 다르다. 투옥 중에도 자유롭게 독서를 하거나 사색에 잠길 수도 있어서 그 덕에 버니언은 오히려 감옥에서 복역 기간 중에 9권의 책을 썼다. 그는 1672년 감옥에서 풀려났다가 1676년 다시 투옥되는데 6개월의 수감 기간 동안 그의 대표작 『천로역정The Pilgrims Progress』의 1부를 완성하였다.

『천로역정』은 알레고리allegory 문학으로 이를테면 이상적인 관념을 의인화를 통하여 등장인물로 구성하였다. 기독교 성향의 많은 작품들이 그러하듯이 『천로역정』도 다가올 저 세상을 향해 나아가는 '크리스천의 길'을 꿈의 형식으로 표현하고 있다. "내가 이 세상의 황야를 걷다가 어떤 곳에 불을 비추어 보니 그곳은 동굴이었다. 나는 거기에 누웠다가 잠이 들었다. 잠을 자다가 꿈을 꾸었는데 꿈속에서 나는 누더기를 걸친 사람을 보았다. 그는 등에 무거운 짐을 지고 손에는 책을 갖고 있었다." 바로 이 사람이 '크리스천'이라는 이름의 주인공인데 그는 죄의 짐을 지고 여행길에 올라 멸망의 도시, 낙담의 수렁, 멋진 궁전, 사망의 계곡, 허영의 시장, 의심의 성전, 쾌락의 산맥을 지나 하늘에 있는 천상의 도시에 다다르게 된다. 도중에 그는 여러 사람을 만나게 되는데 그 인물들의 이름이 알레고리라서 흥미롭다. 이를테면 세상사를 잘 아는 월드리 와이즈맨 씨Mr. Worldly Wiseman, 사악한 악마인 아폴리온Appolyon, 구두쇠인 세이브 올 씨Mr. Save-all, 기회주의자인 페이싱 보스 웨이 씨Facing-both-ways, 늘 불평불만이 가득한 노굿 씨Mr. No-good, 바람둥이 러브 러스트 씨Mr. Love-lust, 돈을 밝히는 머니 러브 씨Mr. Money-love, 기품 있는 교양인 하이마인드 씨Mr. High Mind, 거짓말쟁이 라이어 씨Mr. Lyar, 무지막지한 임플라커블 씨Mr. Implacable, 앞뒤 안 맞는 모순투성이 목사인

The Pilgrims Progress. 183

The Pilgrims now, to gratify the Flesh,
Will seek its Ease; but oh how they afresh
Do thereby plunge themselves new Grief into!
Who seeks to please the Flesh, themselves undo.

1683년 제9판의 삽화. 순례자는 지금 '육체'를 만족시키려고 안락을 구하지만, 아아 그것에 의해서 더 새로운 탄식에 빠진다. '육체'의 뜻을 맞추는 자는 멸망한다는 글귀가 보인다.

Neither could they, with all the skill they had, get again to the Stile that night. Wherefore, at laſt, lighting under a little ſhelter, they ſat down there till the day brake; but being weary, they fell aſleep. Now there was not far from the place where they lay, a *Caſtle*, called *Doubting Caſtle*, the owner whereof was *Giant Deſpair*, and it was in his grounds they now were ſleeping; wherefore he getting up in the morning early, and walking up and down in his Fields, caught *Chriſtian* and *Hopeful* aſleep in his grounds. Then with a *grim* and *ſurly* voice he bid them awake, and asked them whence they were? and what they did in his grounds? They told him, they were Pilgrims, and that they had loſt their way. Then ſaid the *Giant*, You have this night treſpaſſed on me, by trampling in, and lying on my grounds, and therefore you muſt go along with me. So they were forced to go, becauſe he was ſtronger then they. They alſo had but little to ſay, for they knew themſelves in a fault. The *Giant* therefore drove them before him, and put them into his Caſtle, into a very dark Dungeon, naſty and ſtinking to the ſpirit of theſe two men: Here then they lay, from *Wedneſday* morning till *Saturday* night, without one bit of bread, or drop of drink, or any light, or any to ask how they did. They were therefore here in evil caſe, and were far from friends and acquaintance. Now in this place, *Chriſtian* had double ſorrow, becauſe 'twas through his unadviſed haſte that they were brought into this diſtreſs.

They ſleep in the grounds of Giant Deſpair.

He finds them in his ground, and carries them to Doubting *Caſtle.*

The Grievouſneſs of their Impriſonment

Pſ. 88. 18.

Well, on *Saturday* about midnight they began to *pray*, and continued in Prayer till almoſt break of day.

Now a little before it was day, good *Chriſtian*, as one half amazed, brake out in this paſſionate Speech, *What a fool, quoth he, am I thus to lie in a ſtinking Dungeon, when I may as well walk at liberty?* I have a *Key* in my boſom, called *Promiſe*, that will, I am perſuaded, open any Lock in *Doubting Caſtle*. Then ſaid *Hopeful*, That's good News; good Brother pluck it out of thy boſom and try: Then *Chriſtian* pulled it out of his boſom, and began to try at the Dungion door, whoſe bolt (as he turned the Key) gave back, and the door flew open with eaſe, and *Chriſtian* and *Hopeful* both came out. Then he went to the outward door that leads into the *Caſtle yard*, and with his *Key* opened the door alſo. After he went to the *Iron* Gate, for that muſt be opened too, but that Lock went *damnable* hard, yet the Key did open it; then they thruſt open the Gate to make their eſcape with ſpeed, but that Gate, as it opened, made ſuch a creaking, that it waked *Giant Deſpair*, who haſtily riſing to purſue his Priſoners, felt his Limbs to fail, ſo that he could by no means go after them. Then they went on, and came to the Kings high way again, and ſo were ſafe, becauſe they were out of his Juriſdiction.

A Key in Chriſtian's *boſom called Promiſe, opens any Lock in* Doubting *Caſtle.*

존 버니언 시대 영어로 되어 있는 『천로역정』 원문의 일부

투 텅 씨Mr. Two-tongue 등이다.

당시 출간된 버니언의 작품을 살펴보면 철자는 이미 표준화되어 있어서 대체로 오늘날의 철자와 그다지 다르지 않다. 다만 긴 모양의 s, 몇몇 명사와 형용사를 대문자로 쓴 것, 그리고 특정 어휘를 강조하기 위하여 대문자를 쓴 것이 오늘날의 철자법과 다르다. 또한 작품 제목에 소유격 부호가 빠져 있다는 것이다. 예시된 원문에서도 그와 같은 사항을 확인할 수 있다. 여기서 이 부분을 현대 영어로 옮기고 우리말 해석을 붙여

보기로 한다.

Neither could they, with all the skill they had, get again to the stile that night. Wherefore at last, lighting under a little shelter, they sat down there till the day brake; but being weary, they fell asleep. Now there was not far from the place where they lay, a castle, called Doubting-Castle, the owner whereof was Giant Despair, and it was in his grounds they now were sleeping; wherefore he getting up in the morning early and walking up and down in his fields, caught Christian and Hopeful asleep in his grounds. Then with a grim and surly voice he bid them awake, and asked them whence they were and what they did in his grounds. They told him they were pilgrims, and that they had lost their way. Then said the Giant. 'You have this night trespassed on me, by trampling in, and lying on my grounds, and therefore you must go along with me' So they were forced to go, because he was stronger than they. They also had but little to say, for they knew themselves in a fault. The Giant therefore drove them before him and put them into his castle, into a very dark dungeon, nasty and stinking to the spirit of these two men. Here then they lay from Wednesday morning till Saturday night, without one bit of bread or drop of drink, or any light, or any to ask how they did. They were therefore here in evil case, and were far from friends and acquaintance. Now in this place, Christian had double sorrow, because twas through his unadvised haste that they were brought into this distress.

Well, on Saturday about midnight they began to pray, and continued in prayer till almost break of day.

Now a little before it was day, good Christian, as one half amazed, brake out in this passionate speech, 'What a fool', quoth he, 'am I, thus to lie in a stinking dungeon, when I may as well walk at liberty. I have a key in my bosom, called promise, that will(I am persuaded) open any lock in Doubting-Castle.' Then said Hopeful, 'That's good news; good brother, pluck it out of thy bosom, and try.' Then Christian pulled it out of his bosom, and began to try at the dungeon door, whose bolt(as he turned the key) gave back, and the door flew open with ease, and Christian and Hopeful both came out. Then he went to the outward door that leads into the castle-yard, and with his key opened the door also. After he went to the iron gate, for that must be opened too, but that lock went damnable hard, yet the key did open it; then they thrust open the gate to make their escape with speed; but that gate, as it opened, made such a creaking that it waked Giant Despair, who hastily rising to pursue his prisoners felt his limbs to fail, for his fits took him again, so that he could by no means go after them. Then they went on, and came to the King's highway again, and so were safe, because they were out of his jurisdiction.

그들이 온갖 재주를 다 동원해도 그날 밤 안으로 층계까지 다시 도달하기가 어려웠다. 그리하여 마침내 조그만 안식처를 발견한 그들은 그곳에 앉아서 날이 새기를 기다리기로 했다. 그러나 몹시 지쳐 있었으므로 그들은 잠이 들었다. 그들이 누워 있는 곳으로부터 그리 멀지 않는 곳에 '의혹의 성'이라고 하는 성이 하나 있었는데, 그 성의 주인은 거인 절망이었다. 그들이 지금 자고 있는 곳도 그의 땅이었던 것이다. 아침 일찍 일어나 자기의 영토를 왔다갔다 살피던 성주는 그의 땅에서 자고 있는 크리스천과 희망을 발견했다. 그러자 사납고도 거친 목소리로 그들을 깨운 성주는 그들이 어디서 왔으며 자기의 영토에서 무슨 짓을 했는지 물었다. 그들이 말하기를 자기들은 순례자인데 길을 잃었다고 했다. 그러자 거인은 말했다. "어젯밤 너희들은 내 영토에 침입하여 땅을 짓밟고 누워 잠까지 잤으니 나를 따라가야겠다." 그리하여 그들은 거인의 힘이 훨씬 셌기 때문에 강제로 끌려갔다. 그들은 자신들의 잘못을 알고 있었으므로 할 말도 거의 없었다. 그리하여 거인은 그들을 끌고 가 성 안에 가두었는데 어두운 지하실 안에서 나는 불쾌하고 고약한 냄새가 그 두 사람에겐 고역이었다. 여기서 그들은 수요일 아침부터 토요일 밤까지 빵 한 조각 물 한 모금 먹지 못하고 빛도 없는 곳에서 안부를 묻는 사람도 없이 지내게 되었다. 이런 악독한 곤경에 처하게 된 그들은 친구들이나 친척들로부터 멀리 격리되어 있게 된 것이다. 이렇게 되자 크리스천은 더한 슬픔에 잠기게 되었다. 그들이 이런 비참에 처하게 된 것이 자신의 경솔한 소견 때문이어서였다.

한편 토요일 자정께부터 기도를 시작한 그들은 거의 날이 샐 때까지 계속했다.

날이 새기 조금 전에 착한 크리스천은 마치 반미치광이라도 된 듯 열띤 독백을 시작했다. "난 정말 어리석었어요" 하고 그는 말하였다. "지금 자유로이 걸어 다닐 수도 있었을 텐데, 이런 냄새나는 지하실에서 누워 있다니. 내 품에 의혹의 성안의 어떤 자물쇠라도 열 수 있는 '언약'이라는 열쇠를 지니고 있으면서 말이오." 그러자 희망이 말했다. "그것 참 반가운 소식이로군요. 형님, 어서 그 열쇠를 품에서 꺼내 열어 봅시다." 그러자 크리스천은 품에서 열쇠를 끄집어내서 지하실 문을 열어 보기 시작했다. 그가 열쇠를 돌리자 걸쇠가 물러나며 문이 쉽게 열렸다. 그리하여 크리스천과 희망은 모두 밖으로 나오게 되었다. 그러고 나서 그는 성 마당으로 통하는 문에 가서 역시 그 열쇠로 문을 열었다. 마지막으로 철문도 열어야겠기에 가서 열어 보려고 했으나 너무 뻑뻑해서 열기가 어려웠는데도 그 문을 열 수가 있었다. 그들이 빨리 달아나기 위해 문을 팍 미는 바람에 문이 열리면서 삐꺽거리는 소리가 나서 거인의 잠을 깨우고 말았다. 거인은 포로들을 추격하려고 잽싸게 일어났으나 또 발작이 일어나게 되어 손발을 움직일 수가 없었다. 그리하여 그는 더 이상 쫓아가지 못했다. 그러자 그들은 밖으로 나와 왕의 대로에 다시 오게 되었다. 거인의 영토를 벗어났으니 이젠 안전하게 되었다.

버니언은 『천로역정』을 쓰면서 1611년 출간된 제임스 성경으로부터 많은 표현들을 가져왔으며 거기에다 그 당시 일상생활에서 사용되던 표현들을 첨가하였다. 그러나 무엇보다도 『천로역정』에는 17세기의 독특한 특징을 담고 있는 어휘와 관용구들이 많이 들어 있는데 그것도 지식인이나 학자들의 언어가 아닌 시골 지역의 수리공과 상인 등 평민들이 사용하던 일상 영어를 접할 수 있다는 점에서 더욱 의의가 크다고 할 수 있다.

18세기 신고전주의 시대

17세기 격동의 시기를 빠져나온 18세기 영국인들은 질서와 법칙, 이성과 감정의 조화, 형식, 그리고 상식 등에 높은 가치를 부여했다. 열정적이고 격정적인 것은 무엇이든 배제하였으며 산문이나 운문조차도 그리스와 로마 시대 고전 작품을 모방하여 그대로 따르는 정확한 형식미를 존중했기 때문에 1700년에서 1789년에 이르는 이 시기의 문예사조를 신고전주의Neoclassicism라고 한다. 귀족과 중산 계층이 차를 마시며 정치와 경제, 종교, 문학을 논하며 고상한 사교 생활을 즐긴 무대, 소위 '커피하우스Coffee House'가 18세기 초에 거의 500개가 넘었다. 역사상 최초의 문화적 시기로 간주되던 이 시기의 작가들은 분명한 의미 전달을 위해 사물을 명쾌하고 과장 없이 균형감 있게 표현하려고 노력했다.

다니엘 디포

다니엘 디포Daniel Defoe(1660~1731)는 영국의 사실주의 문학을 대표하는 소설가이자 저널리스트로 알려져 있다. 그의 부친은 그가 성직자가 되기를 원했지만 그는 그 뜻을 따르지 않았다. 현란한 글 솜씨를 지녔던 디포는 명예혁명(1688)을 주도한 윌리엄 3세William III(1650~1702)의 열렬한 지지자였다. 윌리엄 3세는 영국인의 자유권을 보장하는 권리의 장전Bill of Right(1689)에 서명했고 이러한 관용적인 조치로 언론의 자유가 확대되었다. 그 결과 자유 언론이 발전하게 되었고 디포는 이를 계기로 새로운 권력인 여론을 이용하여 자신의 뜻을 펼쳐보려고 했다. 우선 그는 『더 리뷰The Review』를 발행하면서 정계에 영향력을 행사하였다. 디포는 집권 세력과 반대 세력을 절묘하게 오가는 정치 활동, 그리고 기업 경영 등 다채로운 경력을 거치면서 이러한 경험을 바탕으로 역사물과 전기물, 여행기, 교육서와 소설 등 다양한 분야에 걸친 상당한 분량의 글들을 쏟아냈다.

정치 활동, 기업 경영, 문필가 등 여러 분야에서 활동하면서 다양한 삶의 경험을 사실적인 이야기로 구성하는 데 특별한 재능을 보였던 다니엘 디포의 초상화. 그의 대표작 『로빈슨 크루소』도 한 선원의 경험담에 사실감을 덧붙여 생생한 이야기로 재구성한 것이다.

디포는 사물을 자세히 관찰하고 정확하게 기억하는 재능과 또 상상한 것을 사실처럼 구성하는 능력이 뛰어났다. 이러한 능력을 십분 발휘하여 디포는 어떤 소설적인 상황을 만들고 그 속에서 등장인물들이 사실적으로 움직이는 이야기를 꾸며냈는데 워낙 뛰어난 그의 재주 때문에 그 당시 그의 소설이 꾸며진 가상의 이야기라고 생각하는 사람은 거의 없었다. 이와 같이 디포는 천부적인 구성 능력과 짧고 생동감 넘치는 일상적인 문체로써 사실적인 이야기를 펼쳐내어 대중적인 인기를 누렸다.

그를 유명하게 만들어 준 『로빈슨 크루소Robinson Crusoe』는 그가 거의 60세가 다 된 1719년에 쓴 작품이다. 스코틀랜드 선원이었던 알렉산더 셀커크Alexander Selkirk의 실제 경험담을 가지고 가공하여 소설을 만들어 냈다. 폭풍우에 난파되어 무인도에 상륙한 후, 혼자 생존을 위한 투쟁을 벌이는 이야기는 생생한 사실감과 상식적이고 실천적인 것을 좋아하는 영국인들의 입맛에 딱 들어맞아서 많은 공감을 얻어냈다. 또한 이 작품은 유럽 각국의 언어로 번역되어 인기를 끌었다. 디포는 이것 이외에도 상당히 많은 작품을 썼는데 그 가운데 널리 알려져 있는 것으로는 『몰 플랜더스Moll Flanders』(1722), 『역병 유행기A Journal of Plague Year』(1722) 등이 있다. 『역병 유행기』는 그의 뛰어난 상상력으로 지어낸 작품이다. 물론 많은 부분이 디포의 유년 시절 보았던 흑사병에 대한 기억과 그 이후 자신이 직접 조사했던 기록에 의존한 것은 틀림없다. 『역병 유행기』가 발표되고 난 후, 당시 그것을 읽은 사람들은 전염병이 다시 유행하는 것은 아닐까라는 걱정을 할 정도로 큰 반향을 불러일으켰다. 이 작품 속에 묘사되고 있는 질병의 만연, 사람들의 공포감, 당국의 방역 대책, 시신의 처리 문제 등이 사실이든 허구든 진짜 같은 사실감을 보여 주었기 때문이다. 『역병 유행기』로 현대 영어와 약간 다른 디포 시대 영어의 모습을 살펴보기로 한다.

Encouraged by this good usage, their carpenter in a few days built them a large shed or house with rafters, and a roof in form, and an upper floor, in which they lodged warm, for the weather began to be damp and cold in the beginning of September. But this house, being very well thatched, and the sides and roof made very thick, kept out the cold well enough. He made, also, an earthen wall at one end with a chimney in it, and another of the company, with a vast deal of trouble and pains, made a funnel to the chimney to carry out the smoak.

이러한 흡족한 접대로 기운이 나서 목수들은 며칠 내에 서까래와 틀을 갖춘 가옥을 지었고 눅눅하고 추워지는 9월 초의 날씨를 대비하여 이 층에서 따뜻하게 기거하게 되었다. 이 집은 처마가 잘 엮어지고 벽과 지붕이 두터워 추위를 잘 막아주었다. 그는 벽 한쪽을 흙벽으로 만들어 굴뚝을 붙였고 그룹의 다른 한 명이 연기가 빠져나갈 통로를 공들여 만들고 있었다.

먼저, 'smoak(=smoke)'는 오늘날의 철자와 다르다. 또 'their carpenter in a few days built them a large shed or house with rafters'에서 보면, 'in a few days' 같은 어구가 당시에는 문장의 가운데 위치하였는데 이것은 문장 처음이나 끝에 위치하는 오늘날의 어순과 다른 점이다. 또 어휘의 의미가 오늘날과 차이를 보이는 것이 몇 개 있다. 먼저 'usage'는 당시에 '대접 또는 대우'의 의미로도 쓰였는데 오늘날에는 이런 의미는 사라지고 '관습, 용법' 등으로만 사용되므로 의미가 축소된 셈이다. 또 발췌문 속의 'roof in form'은 오늘날 영어라면 'framework'를 썼을 것이다. 또 예문 속의 단독으로 쓰인 'another'

의 용법과는 달리 오늘날의 영어에서는 'another person'과 같이 사용한다. 그리고 'company'는 여기서 '무리 또는 그룹'의 의미도 가지고 있는데 이것 역시 현대 영어로 오면서 의미의 축소가 일어난 어휘이다. 'a vast deal'이란 표현은 오늘날의 'a great deal'이나 'a good deal'에 해당된다. 또 발췌문에서 'funnel'은 연기가 빠져나가는 통로의 의미로 사용되었는데 오늘날 'funnel'에는 그런 의미가 없다. 현대 영어로 쓴다면 'flue' 정도로 바꿔 써야 할 것이다. 이상과 같은 차이점으로 보면, 디포의 시대까지도 오늘날의 영어와는 꽤 다른 모습의 영어가 사용되고 있음을 알 수 있다.

알렉산더 포우프

영국의 18세기는 포우프의 시대the age of Pope라고 할 정도로 알렉산더 포우프Alexander Pope(1688~1744)는 영국의 신고전주의를 대표하는 인물이다. 포우프는 유년 시절 병을 앓고 몸이 기형적으로 변하면서 정상적인 생활을 할 수 없게 된다. 불구의 몸으로 인한 불편함과 더불어 남들로부터 당하는 조롱도 포우프에게는 잊을 수 없는 고통이었다.

선천성 질병으로 불구의 몸이 된 알렉산더 포우프. 어린 나이에 독학으로 그리스어와 라틴어를 숙달하고 문인들의 주목을 받았다. 그는 영어에서 사용되는 경구를 셰익스피어 다음으로 많이 만들어 낸 사람이다.

게다가 포우프의 집안사람들은 가톨릭 신자들이었다. 당시에는 가톨릭이 배척되는 시기였기 때문에 포우프는 정규 교육을 받을 수 없었다. 때문에 그는 거의 집에서 독학을 했다. 유일한 취미인 독서를 통해서 그리스어와 라틴어를 습득하고 열두 살 때 유명한 그의 시 「고독Solitude」을 썼다. 그 일부를 소개하면 다음과 같다.

Happy the man, whose wish and care
A few paternal acres bound,
Content to breathe his native air
In his own ground.

행복하네, 그 소원과 일이
몇 에이커의 부친의 전답에 한정되고,
제 집 마당에서 고향 공기 마시며 사는 것을
만족해하는 이는.

포우프는 그의 해박한 지식으로 인해 열일곱 나이에 벌써 애디슨Joseph Addison(1672~1719)을 비롯한 당대 문인들의 주목을 받기 시작했다. 그리고 스무 살이 되면서 벌써 영국에서 가장 뛰어난 운문 작가로 인정받았다. 그의 '운문은 교훈적이며 풍자적이고 재치 있고 기술적인 면에서 탁월한didactic, satiric, witty, technically superb' 것으로 평가되고 있다. 그의 시는 18세기 시의 세 가지 원칙을 아주 세련된 모습으로 담고 있다. 당시 시의 세 가지 원칙은 먼저, 자연에 근거하여 모든 이에게 공통적인 것을 써야 하고, 또 고대 그리스와 로마의 시를 모방해야 하는데 특히 호머Homer, 버질Virgil, 호러스Horace의 시를 주로 모방했다. 그리고 마지막으로 절제와 세련미를 가지고 삶의 진리를 담아내야 한다는 것이었다.

포우프는 두 줄씩 운을 밟아 대구를 이루는 소위 영웅이구체heroic couplet 시 형식을 완성한 것으로 유명하다. 포우프의 모든 시는 다음과 같이 시작되는 『비평론An Essay on Criticism』에 사용된 시의 규칙에 따라서 이해할 수 있다.

Tis hard to say, if greater want of skill
Appear in writing or in judging ill;
But, of the two, less dangerous is th' offense
To tire our patience than mislead our sense.
Some few in that, but numbers err in this,
Ten censure wrong for one who writes amiss.
A fool might once himself alone expose;
Now one in verse makes many more in prose.

기술의 부족이 더 잘 나타나는 것은,
서투른 저작에서인지, 나쁜 비평에서인지 말하기 힘들다.
그러나 이 두 가지 중에서 더 위험한 것은
인내력을 피곤케 하는 것보다 판단을 오도하는 죄이다.
전자를 범하는 사람은 몇 안 되지만, 후자는 많다.
잘못 쓰는 한 사람에 대하여 열 사람이 그릇된 평을 한다.
전에는 우자가 자기만을 폭로했었으나
지금은, 시에서의 한 우자가, 산문에서 더 많은 우자를 낳게 한다.

그의 풍자시의 대표작은 「머리카락 훔치기The Rape of the Lock」인데 이것은 남녀 간의 갈등 같은 하찮은 소재를 다루면서 상류사회의 약점을 꼬집은 작품이다. 「던시어드Dunciad」 역시 어리석은 사람들을 풍자한 내용인데 과거에 포우프와 언쟁했던 사람들을 빗대어 조롱한 것이다. 17, 18세기는 풍자 문학이 유행했던 시기이다. 이 시기는 영국의 내란으로 인하여 공화정과 왕정이 엎치락뒤치락 하면서 극심한 혼란이 빚어졌던 때이다. 사람들은 내란을 겪으면서 기존의 전통적 가치관에 대한 회의와 불신을 갖게 되었고 이에 전통문화를 재평가하려는 움직임에 따라 문학에서도 풍자를 하나의 수단으로 들고 나왔다.

포우프는 영어에서 빈번하게 인용되는 시구를 셰익스피어 다음으로 많이 지어낸 사람이다. 예를 들면 'To err is human, to forgive divine실수는 인간의 일이며 용서는 하느님의 일', 'A little learning is a dangerous thing배움이 적으면 위험한 것', 'Order is heaven's first law질서는 하늘의 제일 법칙', 'Whatever is, is right존재하는 것은 모두 옳다', 'The proper study of mankind is man인류를 제대로 아는 것은 인간이다', 'Hope springs eternal in the human breast희망이란 인간의 가슴속에서 영원히 솟아나는 것', 'Fools rush in where angels fear to tread바보는 천사가 가기를 두려워하는 곳으로 돌진해 간다' 등이다. 포우프가 자신의 생각과 느낌을 완전무결하게 농축하여 담아낸 이 시구들은 오늘날 속담이나 격언이 되었고 이러한 시구들을 통해서 포우프는 자신의 예술적 천재성을 드러낸 셈이다. 아무튼 후대인들로부터 포우프는 고전시학에 바탕을 둔 정확성, 번뜩이는 기지와 상상력, 대화체로 극적 요소를 창출하는 언어 구사력을 갖추고 고전시의 완벽함을 추구했던 위대한 시인으로 추앙받고 있다.

낭만주의 운동

1800년 12월 31일 밤 12시, 다가오는 19세기를 기다리며 독일의 바이마르Weimar 궁정에서는 괴테Johann Wolfgang von Goethe(1749~1832)와 실러Johann Friedrich von Schiller(1759~1805)를 비롯한 문단의 거장들이 모여 축배를 들고 있었다. 그들의 건배 소리와 함께 신고전주의는 막을 내리고 있었다. 그 무렵 미국의 독립전쟁(1775~1783)과 프랑스의 혁명(1789~1799)으로 기존의 질서는 무너지고 신흥 중산층에 기반을 둔 사회가 급부상하기 시작하면서 사람들은 기성 사회의 낡고 타성에 젖은 관습과 사고방식을 버리고 새로운 이상을 추구하기 시작했다. 지난 18세기를 풍미해 온 이성과 감정의 조화, 형식과 내용의 일치 같은 구속에서 벗어나 개인의 자유, 평등, 행복을 찾아 나섰다. 이러한 움직임은 예술가들을 통해 낭만주의Romanticism라는 문예 운동으로 퍼져 나갔다.

로버트 번즈

지식인으로서 한 시대를 풍미한 존슨 박사는 영어가 표준화되는 과정을 거치면서 영어의 지역 방언은 더욱 지역적이고 시골스러운 것이 될 것이라고 단언했다. 그러나 그의 말이 옳지 않음을 입증한 사람이 있었다. 스코틀랜드의 한 시인이 투박한 스코틀랜드의 생활 언어로 농민들의 거친 일상생활을 다루면서 시의 진수를 보여 주었다. 그의 작품들은 당시 잉글랜드 일변도의 성향을 벗어나 스코틀랜드 농민의 질박한 감수성을 수준 높은 예술성으로 승화시키며 존슨 박사의 주장이 허황된 단언에 불과한 것임을 입증했다. 이 시인이 바로 스코틀랜드를 잉글랜드와 대등한 문화 주체로 인정받게 만든 로버트 번즈Robert Burns(1759~1796)다. 그의 시는 영어가 아닌 스코틀랜드어로 쓰였기 때문에 오랫동안 비평가들에 의해 저평가되어 그 이름이 생소할 수도 있지만 그의 시 가운데 이미 널리 알려져 있는 것도 있다.

Should auld acquaintance be forgot
And never brought to mind?
Should auld acquaintance be forgot
And days o' lang syne?
For auld lang syne, my jo,
For auld lang syne.
We'll tak a cup o' kindness yet,
For auld lang syne

오랫동안 사귀었던 정든 내 친구여,
작별이란 웬 말인가, 가야만 하는가.
어디 간들 잊으리오, 두터운 우리 정.
다시 만날 그날까지 축배를 올리자.

이 노래는 연말이면 듣게 되는 세계적인 송년노래이다. 이 노랫말이 된 시 「올드 랭 사인auld lang syne」은 오늘날의 영어로 옮기면 「old long since」인데 이것을 지은 사람이 바로 로버트 번즈다. 번즈는 29세 때인 1788년에 16세기부터 전해 내려오던 작자 미상의 발라드를 다듬어 노랫

투박한 스코틀랜드 영어를 사용하여 예술성 높은 시를 썼던 농민 시인 로버트 번즈의 초상화와 동상. 그는 스코틀랜드 문화에 대한 사람들의 선입견을 없애고 잉글랜드와 대등한 수준의 문화로 인정받게 만든 공로자이다.

말을 만들었다.

로버트 번즈는 스코틀랜드 알로웨이 커크Alloway Kirk의 빈농 집안에서 7형제의 장남으로 태어났다. 어린 시절 번즈는 고향에서 아버지와 함께 농장일을 했다. 그러다가 아버지가 돌아가시자 가장으로서 농사일을 물려받아 동생들과 함께 가계를 꾸려 나가려고 했지만 뜻대로 잘 되지 않았다. 계속되는 실패로 가난을 면치 못하자 가난의 고리를 끊기 위해 27살 때 그는 자메이카 이주를 결심한다. 이주 경비를 마련하기 위하여 그의 초기 시들을 모아 1786년 발간했는데 이것이 그 지역 이름을 붙인 킬마노크Kilmarnock 판이다. 이 시집의 대한 독자들의 반응은 번즈 자신과 출판업자도 놀랄 정도였다. 이 시집의 출판이 기대 이상의 성공을 거두자 번즈는 자메이카 대신 에딘버러Edinburgh로 가서 또 다른 시집의 발간을 기획한다. 그가 에딘버러에 왔을 때 그의 인기는 하늘을 찌를 듯했다. 두 번째 시 모음집을 출판하고 나자 번즈는 '하늘이 가르쳐 준 농부'라는 칭호와 함께 일약 에딘버러 사교계의 명사가 된다. 그러나 그는 지나치게 여자를 좋아하여 11명의 사생아를 얻었고 계속되는 방탕한 생활로 결국 파멸을 맞는다. 어쩔 수 없이 그는 다시 자신의 고향으로 돌아와 1788년 진 아머Jean Armour와 결혼하고 엘리스랜드Ellisland에서 다시 농장일을 하지만 경제적으로 여의치 못해 지방의 세무 관리직을 맡아 근근이 생계를 유지한다. 번즈는 자신이 30세가 되었을 무렵 발발한 프랑스 혁명에 심취되기도 했었다. 그 결과 그의 시에는 민족주의 경향이 짙어졌고 그로 인해 당국의 감시를 받기도 했다. 생활고에 대한 깊은 근심 때문에 지병인 심장병이 악화되어 1796년 마침내 번즈는 덤프리즈Dumfries에서 37세의 젊은 나이에 생을 마감한다.

첫 번째 작품집인 『스코틀랜드 방언 시집Poems Chiefly in the Scottish Dialect』은 여러 비평가들의 찬사를 받았다. 이 시집에 수록된 시들은 당대 주류를 이루었던 신고전주의의 형식에서 벗어나 낭만주의의 시작을 알리는 서곡과도 같았다. 정해진 형식에 맞추어 절제된 모습을 보이는 고전주의 시와는 달리 번즈는 일상생활에서 발견되는 사소한 소재를 자연스러운 운율에 담아 노래했다. 연인에 대한 사랑도 좋은 소재가 되었는데 그의 대표작 중 하나인 「하일랜드의 메어리Highland Mary」가 그 예이다.

Ye banks and braes and streams around
The castle o' Montgomery,
Green be your woods, and fair your flowers,
Your waters never drumlie!
There simmer first unfauld her robes,
And there the langest tarry;
For there I took the last fareweel

O' my sweet Highland Mary.

How sweetly bloomed the gay green birk,
How rich the hawthorn's blossom,
As underneath their fragrant shade
I clasped her to my bosom!
The golden hours on angel wings
Flew o'er me and my dearie;
For dear to me as light and life
Was my sweet Highland Mary.

Wi' monie a vow and locked embrace
Our parting was fu' tender;
And, pledging aft to meet again,
We tore ourselves asunder;
But oh! fell Death's untimely frost,
That nipped my flower sae early!
Now green's the sod, and cauld's the clay,
That wraps my Highland Mary!

O pale, pale now, those rosy lips
I aft hae kissed sae fondly!
And closed for aye the sparkling glance
That dwelt on me sae kindly!
And mold'ring now in silent dust,
That heart that lo'ed me dearly!
But still within my bosom's core
Shall live my Highland Mary.

몽고메리 성 주위의
둑과 언덕과 시냇물들아,
푸르러라 숲이여, 아름다워라 꽃들아,
물도 결코 탁해지지 않으리!
거기서 여름은 처음으로 옷을 벗고,
가장 오래 머문다.
왜냐면 거기서 사랑스런 하일랜드의 메어리와
마지막 작별을 했기에.
얼마나 아름다웠던가 푸르른 자작나무가,
얼마나 활짝 피었던가 산사나무 꽃이,
향긋한 그늘 아래서
그녀를 가슴에 껴안을 적에!
황금 시간이 천사의 날개로
날아갔다 나와 나의 님 위로
왜냐면 빛과 생명처럼 내겐 소중했기에
나의 사랑스런 하일랜드의 메어리가.

많은 맹세와 꼭 껴안은 포옹으로
우리들의 헤어짐은 애정으로 넘쳤다
그리고 다시 만날 날을 기약하며
우리는 애틋하게 헤어졌다
그런데 오! 잔인한 죽음의 때 아닌 서리가
나의 꽃을 너무나도 일찍 꺾어 버렸구나!
이제 하일랜드의 메어리를 덮은 잔디와 흙은
푸르고 차구나!

오 창백하고, 창백하다 지금, 내가
자주 다정하게 키스했던 저 장밋빛 입술은!

그리고 무척이나 상냥하게 나를 바라보던
반짝이는 눈길도 영원히 감겨져 버렸다!
나를 극진히 사랑했던 마음
이제 조용한 흙 속에서 썩고 있구나!
하지만 언제나 내 마음 한가운데 살고 있으리
내 하일랜드의 메어리는.

번즈의 시가 스코틀랜드어로 되어 있지만 그의 작품이 이해하기 힘든 편은 아니다. 간혹 그는 영어 독자들을 배려해 영어 단어를 쓰기도 하는데 특히 같은 뜻의 두 단어를 함께 묶어 표현한다. 예를 들면, 'kiaugh and care돌봄', 'furms and benches긴 의자', 'decent, honest, fawsont순수하고 정직한' 등이다.

더눈Dunoon에 있는 하이랜드 메어리 조각상. 번즈의 오랜 연인이자 그의 시 『하이랜드 메어리』의 주인공이다.

번즈의 작품이 스코틀랜드어로 대부분 쓰였기 때문에 오랫동안 그의 작품은 영국 문학의 주류로 인정받지 못했다. 그러나 무식하고 촌스럽다고 경멸받던 스코틀랜드인과 스코틀랜드 언어는 번즈의 빼어난 작품을 통해 과거의 화려했던 스코틀랜드의 영광을 재현했을 뿐만 아니라 스코틀랜드인들의 자부심을 되찾아 주었다.

윌리엄 워즈워드

프랑스 혁명의 여파는 유럽 각지로 번져 나갔으며 그 파장은 비단 정치 분야에만 국한된 것이 아니었다. 문학에도 혁명의 파장이 밀려왔다. 평범한 시민들이 사회를 개혁해 나간다는 프랑스 혁명의 요체를 문학에 적용시키면 사소해 보이는 일반 시민들의 일상사가 문학의 소재가 되어야 하며 그것도 시민들의 일상적인 언어로 표현해야 한다. 그런데 기존의 문학은 국왕이나 귀족들의 행태를 정해진 형식에 맞추어 고상한 시적 언어로 표현해 왔었고 이것은 프랑스 혁명의 이념과는 이율배반적인 것이었다. 따라서 새로운 문학 소재로 찾아낸 것이 다름 아닌 바로 자연 속에 존재하는 평범한 사물이었다. 게다가 때마침 불고 있었던 루소의 자연주의 운동도 새로운 분위기에 힘을 실어 주었다. 이와 같이 19세기 초엽 영국에서 일어난 새로운 문예 운동의 흐름을 낭만주의라 하며 그 운동의 대표가 바로 윌리엄 워즈워드William Wordsworth(1770~1850)다. 워즈워드 시인을 생각하면 우선 무지개를 떠올리기 쉬운데 그것은 그의 시 「My Heart Leaps Up」 때문이다.

My heart leaps up when I behold
A rainbow in the sky:
So was it when my life began;
So is it now I am a man:
So be it when I shall grow old, Or let me die!
The Child is father of the Man;

And I could wish my days to be
Bound each to each by natural piety.

하늘의 무지개를 바라보면
내 가슴 뛰노나니
나 어렸을 때 그러하였고
어른 된 지금도 그러하거늘
늙어서도 그러하리.
만일 그렇지 아니할진대
차라리 나를 죽게 하소서!
어린이는 어른의 아버지,
원컨대 나의 하루하루를
타고난 경건함으로 이어가게 하소서.

윌리엄 워즈워드는 로버트 번즈가 살았던 곳에서 남서쪽으로 수 마일 떨어진 호수 지방Lake District에서 태어났으며 그의 많은 작품들은 이 지역의 풍광에서 영감을 얻은 것이었다. 호수 지방은 훗날 워즈워드 때문에 전 세계에 널리 알려져 명소가 되었다.

그는 1790년에서 1791년 사이에 프랑스를 다녀오면서 프랑스 대혁

그래스미어 근처 호수지방의 정경. 예로부터 풍광이 빼어난 곳이기는 했지만 널리 알려져 있지 않던 곳이었는데, 워즈워드로 인하여 널리 알려져 세계 도처에서 관광객들이 찾아오는 명소가 되었다.

명의 열렬한 지지자가 된다. 그러나 지나치게 과격한 혁명과 뒤이은 나폴레옹의 등장으로 혁명의 이상이 변질되자 이에 환멸을 느끼게 되었고 이것 때문에 그는 보수 성향의 인물로 변한다. 1795년에서 1799년까지 그는 섬머셋Somerset에 머물게 되는데 거기서 콜리지Samuel Taylor Coleridge(1772~1834)와 함께 영국 낭만주의 역사에 기념비가 된 『서정시집Lyrical Ballads』(1798)을 발간했다. 여기에 「틴턴 사원Tintern Abbey」을 비롯한 23편의 시가 수록되어 있는데 그중 4편만이 콜리지의 시이다. 『서정시집』의 서문에는 낭만주의 문학관을 언급할 때 늘 인용되는 어구, 즉 'the spontaneous overflow of powerful feelings강렬한 느낌이 자연스럽게 넘쳐흐르는 것'이라든지 'emotion recollected in tranquility고요한 가운데 우러나는 감정' 등이 실려 있다. 또한 그는 '사람들이 실제로 사용하는 언어'로 시를 써야 하며 또 시는 특별한 시적 언어나 현란한 어휘 또는 자신의 깊은 감정들을 표현하기 위한 '세련된 옷'들을 요구하지 않는다는 점을 강조했다. 이것은 시어에 대한 전통적인 입장을 뒤집는 파격적인 주장이었다.

워즈워드와 함께 『서정시집』을 펴낸 새뮤얼 테일러 콜리지. 워즈워드에 비하면 가진 재능에 비해 그리 큰 명성을 얻지 못했던 그는 말년에 들면서 시보다는 평론으로 문학계에 영향을 미쳤다.

그의 대표작 중 하나로 꼽히는 「틴턴 사원」은 원제목이 「틴턴 사원 몇 마일 위에서 쓴 시Lines Composed a Few Miles above Tintern Abbey」이다. 워즈워드는 1793년과 1798년, 그러니까 5년이라는 세월의 간격을 두고 두 차례나 웨일즈 지방의 와이Wye 계곡에 있는 틴턴 사원을 찾아간다. 틴턴 사원은 12세기에 건립된 돌 건축물 사원인데 지금은 거의 폐허 상태로 남아 있다. 인적이 드문 와이 계곡 한가운데에 폐허가 된 사원의 스산한 분위기를 워즈워드는 이렇게 옮겨 놓았다.

Five years have passed; five summers, with the length
Of five long winters! and again I hear
These waters, rolling from their mountain-springs
With a soft inland murmur. Once again
Do I behold these steep and lofty cliffs,
That on a wild secluded scene impress
Thoughts of more deep seclusion; and connect
The landscape with the quiet of the sky.

다섯 해가 지나갔다. 다섯 번의 긴 겨울과
다섯 번의 여름이! 그리고 다시 듣는구나
이 물 소리를, 산 속 연못에서
부드럽게 속삭이며 떨어지는구나.
다시 한 번 이 가파르고 웅장한 계곡을 바라보노니
황량하고 한적한 풍경에
더 깊은 고적함이 묻어난다
그 풍경과 하늘의 적막이 닿아 있구나.

1799년 호수 지방으로 돌아온 그는 이후 계속해서 동생 도로시Dorothy

1770년에서 1850년까지 80년을 살면서 세간의 명성을 누렸던 워즈워드. 하지만 인생 후반부에 계관시인을 수락하는 등 현실과의 타협 등으로 젊은 시인들의 경멸의 대상이 되기도 했다.

워즈워드가 빌려서 거주했던 호수 지방의 도브코티지. 원래는 '도브 앤드 올리브'라는 이름의 숙박업소였다. 워즈워드와 콜리지는 1799년 이곳을 여행하다 이 흰색의 작은 오두막집을 발견하였고 그해 겨울 워즈워드는 이곳으로 이사했다.

와 아내와 함께 그래스미어Grasmere에 거주하였다. 호수 지방의 자연 속에 머물며 끊임없이 시의 주제를 소박하고 시골적인 일상생활에서 찾으려고 하였다. 시골의 자연 속에 칩거하는 이유에 대하여 인위적이지 않은 자연환경 속에서 성숙된 열정과 단순한 감정으로 깊이 숙고할 수 있고 이로 인하여 좀 더 단순명료한 언어로 표현할 수 있기 때문이라고 그는 설명하였다. 워즈워드는 감정의 무게와 깊이를 효과적으로 전하기 위하여 평범한 일상 언어를 전달 수단으로 선택하였고 그 목적을 이루려는 문학적 실험을 자신의 생을 통하여 끊임없이 시도했다.

존 키츠

존 키츠John Keats(1795~1821)는 함께 거명되는 바이런George Gordon

평소 병약했던 존 키츠의 초상화. 그의 화가 친구 조셉 세븐Joseph Severn이 그린 것이다. 늘 사회적으로 문제를 일으켰던 바이런, 셸리와는 달리 조용히 시 쓰기에만 전념하였으나 살아생전에 그는 세상으로부터 자신의 천재성을 인정받지 못했다.

런던 외곽 햄스테드Hampstead 지역에 있는 키츠 하우스 모습. 친구의 도움으로 키츠는 이 집에서 거주하게 되었고 정원의 나무 아래에서 「나이팅게일에게 부치는 송가Ode to a Nightingale」를 쓴 것으로 알려져 있다. 또한 약혼녀 패니 브라운Fanny Brawne과의 사랑도 이 집에서 시작되었다.

Byron(1788~1824), 셸리Percy Bysshe Shelley(1792~1822) 등과 함께 영국의 대표적인 낭만파 시인이다. 이들은 앞서 언급한 워즈워드, 콜리지와는 좀 다른 성격을 띠고 있어 키츠, 바이런, 셸리를 후기 낭만파 시인이라고도 한다. 키츠와 바이런, 셸리 이들은 워즈워드보다 20년 이상 늦어 태어났고 또 호수 지방의 전원생활에서 시적 영감을 얻었던 워즈워드와는 달리 런던을 중심으로 활동하다 다 같이 젊은 나이에 요절한 시인들이다.

그러나 귀족 가문에서 태어나 부유한 환경에서 지냈던 바이런, 셸리와는 달리 키츠는 평민 가정에서 태어났고 게다가 부모님을 일찍 여의는 바람에 순탄치 못한 어린 시절을 보냈다. 그 성장 배경이 어느 정도 영향을 미쳤는지는 알 수 없지만 여자 문제로 늘 시끄러웠던 바이런, 그리고 기성 사회에 대한 반항과 기이한 행동으로 비난받았던 셸리와는 달

키츠와 함께 후기 낭만파 시인으로 손꼽히는 바이런(왼쪽)과 셸리(오른쪽). 당시 바이런은 여자 문제 그리고 셸리는 기성 사회의 반항과 기이한 행동으로 유명했다.

리 키츠는 비교적 조용히 시 쓰기에만 전념하다 셋 중 가장 먼저 26세로 세상을 떠나게 된다. 그러나 그의 짧은 생애 동안 쓴 작품들은 영국 시 문학의 정수로 손꼽히며 또한 훗날 일찍 요절한 프랑스의 천재시인 랭보Jean Nicolas Arthur Rimbaud(1854~1891)의 경우와 마찬가지로 예술적 성취도는 연륜과 무관하다는 것을 입증하는 사례로 후대 사람들에 의해 빈번히 회자되고 있다.

젊은 시절 그는 의사가 될 생각에 외과 의사의 조수로 일하는 등 의학 공부를 하여 의사 면허증을 얻었으나 개업을 하지는 않았다. 그 시기에 키츠는 시 세계에 매료되어 모든 관심사는 문학으로 쏠리게 되었

대영 박물관에 전시 중인 엘긴 마블 중 하나. 엘긴 경이 그리스 주재 영국 공사 시절, 파르테논 신전의 조각상을 비롯해 신전 일부의 대리석을 반입하였는데 그것을 일컬어 엘긴 마블이라 한다. 현재 대영 박물관에 전시되어 있다.

기 때문이다. 고대 문헌에서 고전적인 우화와 전설을 찾아내고 파르테논 신전에 있던 엘긴 마블Elgin Marble[10]과 기타 대영 박물관의 유물로부터, 또 화가 친구의 그림으로부터 영감을 얻게 된다. 「엔디미언Endymion」, 「하이피리언Hyperion」, 「호머에게 드리는 소네트Sonnet to Homer」, 「아폴로에게 드리는 송가Hymn to Apollo」, 「엘긴의 대리석을 보고On Seeing the Elgin Marbles」, 「그리스 도자기에 부치는 노래Ode on a Grecian Urn」 등 그의 시 제목을 보면 그의 관심사가 무엇인지 자명하다.

그는 고대 그리스 유물과 교감을 통하여 강렬하고 아름다운 경험, 즉 영원의 세계를 탐색하는 상상력을 발휘하였다. 키츠가 말하는 영원성은 시간을 초월하는 고정불변의 관념적 성격이 아니라 현실 속에서 이루어지는 순간적이며 감각적인 속성이다. 「그리스 도자기에 부치는 노래」의 마지막 시구가 그것을 잘 보여 준다.

Thou shalt remain, in midst of other woe
Than ours, a friend to man, to whom thou say'st,
"Beauty is truth, truth beauty",-that is all
Ye know on earth, and all ye need to know.

그대는 우리와는 다른 고통 속에서,
인간에게 친구로 남아 말하리,
아름다움은 진리, 진리가 아름다움이라고,
세상에서 알고 있는 전부이고 알아야 할 것은 오직 이것뿐.

그의 시가 타고난 천재성에서 저절로 나온 것도 있겠지만 부모형제의 죽음, 자신의 투병 생활, 연인이었던 패니 브라운Fanny Brawne과의 절절한 사랑 등 극한의 개인적 고난에서 비롯된 바가 크다. 키츠는 강렬한 현실 세계의 경험을 통하여 얻게 된 원숙한 자기성찰을 시로 옮겨 놓았는데 이와 같은 그의 시 세계는 「엔디미온Endymion」의 첫 시행에서 엿볼 수 있다. 이 시는 열여덟에 요절한 천재 시인 토마스 채터톤Thomas Chatterton을 기리는 시이다.

A thing of beauty is a joy forever;
Its loveliness increases; it will never
pass into nothingness; but still will keep
A bower quiet for us; and a sleep
Full of sweet dreams, and health, and quiet breathing.

아름다운 것은 영원한 기쁨
그 즐거움은 커져간다, 그것은 결코
사라지지 않는다, 그렇지 않고 언제나
우리를 위해 고요한 쉼터가 되어 주리라, 또한 아름다운
꿈들이 가득한 숙면과 건강이, 그리고 조용한 숨결이

또한 세인들의 많은 사랑을 받고 있는 「가을에 부치는 노래To Autumn」도 키츠의 천재성을 보여 주는 시이다. 20대의 청년이었던 키츠가 마치 노년을 살아본 것처럼 계절의 변화와 인생을 속속들이 간파하고 있음에 놀라지 않을 수 없다. 애송되는 첫 연과 마지막 연을 소개한다.

Season of mists and mellow fruitfulness,
Close bosom-friend of the maturing sun;
Conspiring with him how to load and bless
With fruit the vines that round the thatch-eaves run;
To bend with apples the mossed cottage-trees,
And fill all fruit with ripeness to the core;
To swell the gourd, and plump the hazel shells
With a sweet kernel; to set budding more,
And still more, later flowers for the bee,
Until they think warm days will never cease,
For Summer has o'er-brimmed their clammy cells.

안개와 무르익은 결실의 계절,
태양이 성숙시킨 절친한 친구여
태양과 함께하며 초가집 처마를 감은 포도나무를
열매로 얹어 축복하고
이끼 낀 오두막집 나무들을 사과로 휘어지게 하고
온갖 열매를 속속들이 익게 하고
박을 부풀게 하고, 개암 껍질을
달콤한 속으로 굵게 하고 늦게 피는 꽃들을
꿀벌을 위해 더욱더 피게 하는,
따뜻한 날이 계속될 것으로 생각할 때까지,
여름이 끈끈한 벌집 구멍을 넘쳐나게 하였기에.

Where are the songs of Spring? Aye, where are they?
Think not of them, thou hast thy music too,
While barred clouds bloom the soft-dying day,
And touch the stubble-plains with rosy hue;

Then in a wailful choir the small gnats mourn
Among the river sallows, borne aloft
Or sinking as the light wind lives or dies;
And full-grown lambs loud bleat from hilly bourn;
Hedge crickets sing; and now with treble soft
The redbreast whistles from a garden croft;
And gathering swallows twitter in the skies.

어디에 있는가 봄의 노래는? 아, 어디에 있는가?
봄의 노래를 생각하지 말라, 너는 네 노래를 갖고 있으니,
줄무늬 구름들이 조용히 죽어 가는 낮을 석양으로 물들이고
추수가 끝난 들판을 장미색으로 적시는 동안
그때 애조 띤 합창으로 작은 벌레들이 슬픈 노래 부른다
강가 버드나무 사이로, 가벼운 바람이
높고 낮게 일었다가 잦아들고
그리고 다 큰 양들이 언덕 언저리에서 요란하게 울어대고
귀뚜라미들이 노래한다. 그리고 또 부드러운 고음으로
방울새가 채소밭에서 휘파람 불고 있고,
하늘엔 제비들이 모여서 짹짹거린다.

이와 같이 순수한 청년 키츠도 급진적인 저널리스트 리 헌트Leigh Hunt와 가깝게 지낸다는 이유로 키츠의 시를 '런던내기들의 시Cockney School of poetry'로 폄하하면서 당대의 온갖 문화계 인사들이 나서서 키츠를 몰아세웠다. 토마스 후드Thomas Hood는 키츠가 런던 동부의 빈민지역에서 사용되는 사투리식 영어인 코크니식 각운을 사용한다고 비난했다. 코크니 방언에서는 'lord군주, 주인'를 'laud찬미'로 현재의 발음처럼 두 어휘를 같

게 발음하여 각운을 이루는 것으로 사용될 수 있었다. 따라서 키츠는 코크니식으로 각운을 사용했지만 당시 지식인들은 'r'을 발음해야 하므로 각운으로 사용할 수 없다는 주장이었다. 키츠는 이외에도 'fauns목신'과 'thorns가시들', 'thoughts생각들'과 'sorts종류들'을 각운으로 사용하여 비난을 받았다. 또 1818년 존 로카트John Lockart(1794~1854)는 키츠를 "교육을 받지 못한 천박한 아마추어이며, 어떤 개념을 생각하기에 충분한 논리도 없고 창조적인 이미지를 만드는 데 충분한 상상력도 없다. 그리고 영국인의 문체와 코크니 방언을 구별할 만한 학식도 없는 사람이다"라고 비난하였다. 제라드 맨리 홉킨스Gerard Manley Hopkins도 "없어진 'r'음 때문에 키츠의 각운은 가장 거슬리는 것이 되었는데 그것도 귀에서가 아니라 마음에서 그렇게 느껴진다"라고 비아냥거렸다. 이와 같이 키츠는 당대의 유력인사들로부터 인정받기는커녕 인신공격성 비난을 받았는데 이것은 그가 귀족 가문 출신이 아니라는 것이 커다란 이유였을 것이다.

이와 같이 자신에게 쏟아지는 온갖 비난과 병약한 건강을 무릅쓰고 외로운 창작 작업을 계속하고 있던 키츠는 1820년 2월, 추운 날씨 속에 런던에 외출하였다가 돌아오던 길에 비를 맞고 폐렴에 걸리게 된다. 증세가 심해져 요양차 이탈리아로 떠났지만 그것이 그의 생에 마지막 외출이 되었다. 살아생전 가난과 천대를 받으며 25년이라는 짧은 생을 살았지만 그는 영국 문학사에 가장 아름답고 주옥같은 영시를 남겼다. 키츠의 사망 소식을 접하고 셸리는 슬픔에 잠겨 아름다운 청년 시인의 죽음을 애도하는 시 「아도니스Adonais」를 지었다.

제인 오스틴

제인 오스틴Jane Austen(1775~1817)과 함께 영국에는 시의 시대가 가고 본격적으로 소설의 시대가 도래한다. 물론 산업화, 대중교육, 기계화 등의 사회적인 요인도 그 변화에 한몫했다고 할 수 있다. 당시 대중들의 소설 읽기는 비싼 책들을 적은 돈만 받고 대중들에게 빌려 주는 도서관과 함께 시작되었다. 19세기에 들어 점차 교육이 확대되어 글을 읽을 수 있는 사람들의 수가 늘어났고 기계화로 인하여 책값이 더욱 저렴해지면서 소설은 더욱더 많은 대중들에게 다가설 수 있었다. 더구나 기존에 인기를 누리던 시나 희곡 못지않게 소설도 흥미와 감동을 주는 장르라는 인식의 전환이 일어나기 시작했다. 이러한 배경 속에 특별한 재능을 가진 제인 오스틴이 등장한다.

제인 오스틴은 영국 BBC 주최로 '지난 천 년간 최고의 문학가'를 선정하는 조사에서 셰익스피어에 이어 2위를 차지할 정도로 영국민으로부터 사랑받는 작가이다. 제인 오스틴이 왕성한 창작 활동을 벌이던 시기에 영국은 근대화가 한창 진행되던 때였다. 대외적으로는 미국의 독립전쟁과 프랑스 대혁명 등으로 절대 왕정이 흔들리고 있었고, 대내적으로 산업 혁명으로 인하여 시장 경제가 활성화되면서 상공업과 교육에 기반을 둔 신흥 시민 계급이 급부상하고 있었다. 이와 같은 시대적 상황의 결과로서 기존 질서로 유지되던 사회는 급속도로 해체되면서 새로운 체제로 재편되었고 또한 이것은 개개인 삶의 변화로 이어지게 되었다.

그러나 제인 오스틴은 자신이 전환기에 삶을 살았음에도 불구하고 그녀의 작품 속에서는 시대의 변화 또는 변혁기의 시대상을 전혀 찾아볼 수 없다. 그녀는 조용한 시골 마을에서 평생을 독신으로 살면서 시류에 휘말리지 않고 사소한 신변잡기들을 담담한 필치로 그려냈다. 단지 사실적 심리 묘사나 주변과 현실에 대한 세밀한 묘사를 했을 뿐이지 그 시대를 특징짓는 커다란 사건들은 다루지 않았다. 그녀는 자신이 태어나고 자란 시골의 한 교구를 소설의 무대로 제한하고 거기에 등장하는 등장인물들을 오스틴 특유의 예리한 관찰력으로 섬세하게 묘사했다. 특별한 사건도 없는 평화로운 배경 속에 인물에 대한 치밀한 묘사와 재치 있는 유머, 탄탄한 구성과 잔잔한 진행은 오스틴 문학 세계의 특징이 되었다. 이 오스틴식 소설 속에 그녀가 즐겨 다룬 소재는 사랑과 결혼이다. 그녀의 대표작 『오만과 편견Pride and Prejudice』(1813)의 시작 부분에다 자신의 평소 생각을 잘 드러내고 있다.

It is a truth universally acknowledged, that a single man in possession of a good fortune, must be in want of a wife.

상당한 재산을 가진 독신 남성이라면 틀림없이 아내감을 찾고 있을 것이라는 것은 보편적인 진리이다.

『센스 앤드 센스빌리티Sense and Sensibility』(1811), 『오만과 편견Pride and Prejudice』(1813), 『맨스필드 공원Mansfield Park』(1814), 『엠마Emma』(1815), 『노생거 수도원Northanger Abbey』(1818), 『설득Persuasion』(1818) 등 그녀의 주요 작품에서는 대체로 젊고 재능 있는 여성이 결혼 상대자를 찾아 결

제인 오스틴의 초상화. 평생을 같이 보낸 언니 카산드라가 1810년경에 그린 것이다.

런던 남쪽 햄프셔 주 초튼Chawton에 있는 제인 오스틴 하우스. 제인 오스틴은 윈체스터로 요양을 떠나기 전까지 이 집에서 온 가족들의 후원과 배려를 받으며 소설을 썼다.

혼하는 과정을 세밀화처럼 섬세하게 그려내고 있다. 월터 스코트Walter Scott(1771~1832)의 말대로 오스틴은 '아주 평범하고 일상적인 사건과 인물들을 재미있고 비범하게' 만드는 데 특별한 재능을 갖고 있었다.

오스틴은 1775년 햄프셔Hampshire 주에 있는 스티븐턴Steventon의 부유한 목사 집안에서 6남 2녀 중 일곱 번째 딸로 태어났다. 그녀가 살았던 당시 여성이 받을 수 있는 교육은 고작 부모로부터의 가정 교육이 전부였기 때문에 그녀 역시 부모와 함께 가사를 돌보며 지냈다. 그녀의 가족은 1801년 바스Bath로 이사했고 그로부터 4년 뒤에 아버지가 사망하자 사우샘프턴Southampton으로 돌아왔다. 오스틴은 어릴 때부터 영국을 비롯해 프랑스와 이탈리아의 문학작품을 즐겨 읽었다. 그러다가 열다섯 살 때 단편 소설을 쓰기 시작했고 스물하나가 되던 해 비로소 장편 소설 창작에 발을 들여놓으면서 1811년 『센스 앤드 센스빌리티』를 시작으로 연이어 많은 작품들을 세상에 내놓았다. 『노생거 수도원』과 『설득』은 그녀가 죽은 뒤인 1818년에 출판되었다.

오스틴이 1811년 『센스 앤드 센스빌리티』를 출판할 때만 해도 성직자의 딸이 소설을 쓴다는 것이 사회 관습에 거슬린다고 생각했는지 그녀의 이름을 밝히지 못하고 저자는 '어떤 부인'이라고 발표했다. 1813년 『오만과 편견』을 발표할 때도 작가는 '센스 앤드 센스빌리티'의 작가라고 했다. 그러나 당시의 세태와는 달리 오스틴 가족들은 그녀가 소설 쓰는 것을 적극적으로 후원해 주었고 출판 계약 관계는 오스틴의 아버지와 오빠가 대신해 주었다. 이러다가 그녀가 발표한 소설들이 인기를 끌게 되자 우쭐해진 오빠가 실수로 그 진실을 말하게 되어 오스틴의 정체가 세상에 드러나게 되었다.

다음 발췌문은 『엠마』의 일부인데 이 작품은 왕실 목사의 요청으로 황태자에게 헌정한 작품이다. 『엠마』는 1815년에 발표한 작품이므로 이를 통하여 19세기 영어의 모습을 엿볼 수 있다.

Emma Woodhouse, handsome, clever, and rich, with a comfortable home and happy disposition, seemed to unite some of the best blessings of existence; and had lived nearly twenty-one years in the world with very little to distress or vex her.
She was the youngest of the two daughters of a most affectionate, indulgent father; and had, in consequence of her sister's marriage, been mistress of his house from a very early period. Her mother had died too long ago for her to have more than an indistinct remembrance of her caresses; and her place had been supplied by an excellent woman as governess, who had fallen little short of a mother in affection.......

아름답고 영리하고 부유한 데다 안락한 집이 있는 낙천적인 성격의 엠마 우드하우스는 삶이 내어 줄 수 있는 최고의 축복 가운데 몇 가지를 함께 지니고 있는 것처럼 보였다. 엠마는 별다른 걱정이나 고민 없이 행복하게 스물한 해를 살아왔다.
그녀는 대단히 자애롭고 너그러운 아버지의 두 딸 가운데 동생이었는데, 언니가 시집가는 바람에 아주 일찍부터 이 집의 여주인 역할을 하게 되었다. 어머니가 돌아가신 지는 너무 오래되어서 엠마의 뇌리에는 어머니가 자신을 껴안아 주던 기억만이 흐릿하게 남아 있을 뿐이었다. 어머니의 자리는 가정 교사가 대신했다. 여러모로 훌륭한 여성인 그 가정 교사는 애정에 있어서도 어머니에 크게 뒤지지 않았다.

인용된 예에서 보듯『엠마』의 첫 부분을 읽는 데 별 어려움이 없다는 것은 그만큼 19세기 영어가 현대 영어에 많이 근접해 있다는 사실을 입증해 주는 것이다. 물론 몇몇 어휘의 의미가 오늘날 사용되는 의미와 약간 다르며 또 어법도 다른 것이 있기는 하지만 그렇다고 그것 때문에 읽기가 불가능한 것은 아니다. 예를 들면 위의 인용 부분에서 'handsome'은 오늘날에는 주로 남성을 서술하는 어휘인데 당시는 여성에 대해서도 사용되었다. 또 오늘날과는 달리 두 명에 대해서도 최상급 'youngest'을 썼다는 것도 오늘날의 영어 어법과는 다른 점이다. 그렇다고 19세기 초기 영어가 오늘날의 영어와 거의 일치해서 쉽게 읽힌다는 말은 결코 아니다. 종종 미묘하게 그 의미가 다른 예가 많이 있다.

"Oh!" said he, directly, "there is nothing in the way of fruit half so good, and these are the finest-looking home-baked apples I ever saw in my life" That, you know, was so very-And I am sure, by his manner, it was no compliment.......

"오! 이 세상에 과일 만큼 좋은 것은 없어요. 그리고 이것은 제가 살면서 본 것 중에 제일 좋아 보이는 집에서 만든 구운 사과인 것 같네요" 라고 바로 얘기하는 거예요. 아시죠? 아주 친절한 그의 태도로 보아 전혀 그냥 한 말이 아닌 듯했어요.

여기서 'compliment'는 지금은 사라졌지만 오스틴이 살던 당시에는 '의례적인 말'이라는 의미가 있었을 것이다. 이와 같이 오스틴의 소설 속에 사용된 어휘 가운데 오늘날 영어와 비교해서 미세한 의미의 차이가 있는 예는 다음과 같다.

the supposed *inmate* of Mansfield Parsonage:
'감옥의 수감자' 나 '같은 방을 쓰는 사람' 이라는 뜻이 아직 없음
[she] had neither beauty, *genius*, accomplishment, nor manner:
'천재성' 이라는 의미가 아직 없음
her *regard* had all the warmth of first attachment:
오늘날의 '고려, 관심, 존중' 이 아닌 '강렬한 애정' 의 의미가 있음
She was now in an *irritation* as violent from delight as……:
오늘날의 '초조, 안달' 이 아닌 긍정적 요인에서 유발되는 '흥분' 의 의미가 있음
three or four Officers were *lounging* together:
오늘날의 '쉬다, 눕다' 가 아닌 '걷다' 의 의미임

또한 관용구의 모습도 오늘날과 다른 것이 발견된다. 다음은 오스틴 시대에 사용되던 관용구인데 오늘날에는 괄호 속에 주어진 어휘로 대체되어 사용된다.

whatever the *event*(outcome) of: '결과가 무엇이든'
caught in the *face*(act): '현장에서 잡히다'
made her first *essay*(attempt): '첫 시도를 하다'
she saw her *in idea*(in her mind's eye): '심미안으로'
Emma well knew *by character*(by repute): '평판으로'
the prospect...... was highly *grateful*(gratifying) to her: '좋은, 만족스런'
Suppose you *speak for*(order) tea: '주문하다'

또 문법적인 면에서의 차이는 다음과 같다.

• I am so glad we *are got* acquainted.
So, you *are come* at last!(시제)
• What *say you* to the day?
she *doubted not*……(조동사)
• Fanny *shrunk* back……
and much was *ate*……(불규칙 동사)
• It is *a nothing* of a part……
to be taken into *the account*……(관사)
• *Will not it* be a good plant?
It would quite shock you…… *would not it*?(축약형)
• he told me *in* our journey……

제인 오스틴이 1817년 요양차 머물렀다가 숨을 거둔 윈체스터 콜리지 스트리트 8번가의 집. 이 층 벽에 제인 오스틴의 기념판이 붙어 있다.

윈체스터 대성당에 있는 제인 오스틴의 묘비. 주변 사람들의 존경과 사랑을 받으며 조화롭게 살다간 제인 오스틴의 삶을 요약해 놓았다.

She was small *of* her age(전치사).

• I stood for a minute, feeling *dreadfully*.

It is really very *well* for a novel(부사).

• the *properest* manner……

the *richest* of the two……(비교급)

『오만과 편견』에 등장하는 주인공 자매 제인Jane Bennet과 엘리자베스 베넷Elizabeth Bennet은 실제 오스틴 자신과 그녀의 언니인 카산드라Cassandra라는 주장이 설득력을 얻고 있다. 실제로 두 자매는 평생 사이좋게 지냈으며 언니 카산드라는 직접 오스틴을 그린 초상화까지 남겨 후대에까지 동생을 알리는 데 커다란 도움을 주었다. 또 카산드라는 그 후 제인 오스틴의 병간호를 도맡아 했으며 1817년 윈체스터에서 제인 오스틴이 마지막 숨을 거두는 순간까지 함께했다. 제인 오스틴의 묘비에는 다음과 같은 말이 새겨져 있다.

The benevolence of her heart, the sweetness of her temper, and the extraordinary endowment of her mind obtained the regard of all who knew her, and the warmest love of her intimate connections.

선량한 마음, 다정한 성격, 남달리 뛰어난 재능은 모든 지인들의 존경을 받았고 가족의 따뜻한 사랑을 받았다.

제인 오스틴의 작품은 오늘날까지도 소설과 영화로 엄청난 인기를 끌고 있다. 당대에 엄청난 인기를 누렸던 월터 스코트의 낭만적이고 화려한 소설과는 달리 잔잔하게 사람들의 심금을 울리는 오스틴 특유의 문체는 영어가 가진 또 다른 문학적 잠재력을 보여 주었다는 데 의의가 있다.

잔잔하고 섬세한 오스틴식 문장과 함께 18세기를 지나 19세기에 진입하면서 영어는 현대 영어의 모습으로 탈바꿈한다.

09

대영 제국을 따라 세계의 언어가 되다

1837년 6월 20일, 웨스트민스터 대성당에서는
영국 국왕의 대관식이 거행되고 있었다.
그 주인공은 바로 18세의 앳된 소녀,
82세까지 무려 63년간 탁월한 통치력으로
제국의 전성기 '빅토리아 시대'를 열었던
빅토리아 여왕Queen Victoria(1819~1901)이었다.

여왕의 영토는 세계 각지로 확장되었고
그중 어디라도 한 곳은 해가 떠 있었다.
때문에 제국은 해가 지지 않는 나라가 되었다.
국민들은 번영과 풍요를 구가했고
스푸너리즘spoonerism[11]의 여유도 있었다.

그러나 제국의 영화는 그녀와 함께 서서히 쇠락해 갔다.
산업 혁명 이후 세상은 너무나 빠르게 변했고
공룡 같은 거대 제국은 세상의 변화를 따라잡지 못했다.

제국의 확장과 세계어 탄생

1800년 이후 영어의 역사는 영국의 영토 팽창에 따른 무한 확장의 역사이다. 아메리카, 인도, 오스트레일리아, 캐나다, 뉴질랜드, 아프리카에서의 식민지 건설로 영어 사용 지역이 확대되어 영어 사용자 수는 급증하였고 특히나 모국어로서 사용하는 사람과 함께 부차적 언어로서 사용하는 사용자의 수가 폭발적으로 증가하여 영어는 로마 시대 라틴어를 능가하는 세계어lingua franca가 되었다. 영어는 더 이상 게르만어족의 한 언어가 아니었으며 불어나 라틴어에 비해 평가 절하되던 언어가 아니었다. 그것은 결단코 상대적 우위에 있던 언어에 대하여 열등감을 애써 감추려는 국수주의의 발로가 아니었다.

인도의 캘커타Calcutta의 모습. 1670년 영국 상인들이 전진 기지로 건설하기 시작하였고 영국이 동인도 회사를 통해서 인도를 식민지 통치하는 동안 수도였었다. 1995년 콜카타Kolkata로 이름을 바꾸었다.

영어의 확산은 16세기 말 영국인들의 아메리카 대륙 정착과 인도와의 교역으로 촉발된 영국의 영토 확장에 따른 것이다. 세계 각지에 건설된 영국의 식민지에서 사용되던 현지 영어는 시간이 감에 따라 영국 본토 영어와 조금씩 달라지고 있었는데 19세기에 들면서 세계 각처의 식민지 영어는 거꾸로 영국 영어에 상당한 영향을 주게 된다.

19세기에 들어 영국 영어는 더욱더 표준화된다. 그것은 여러 요인에서 비롯된 것이지만 무엇보다도 올바로 읽고 쓰는 것을 가르치는 초등 교육이 빠르게 확산된 것에 힘입은 바 크다. 1818년 약 200만 명의 아이들 가운데 60만 명이 학교에 다닌 것으로 기록되어 있다. 초창기 교육 기관들은 종교 단체로부터 지원을 받았지만 1830년부터는 정부가 나서서 학교 설립을 지원하였고 1870년 초등교육법이 제정되어 지방자치단체가 학교를 세울 수 있게 되었다. 또 기술 교육 학교가 1823년에 설립되기 시작하였고 뒤이어 1870년과 1880년 북부 지역의 공업 도시에 많은 대학들이 설립되었다. 이와 같이 많은 학교 설립으로 교육이 확대됨으로써 대중들은 올바른 영어 사용에 대한 자각이 싹트게 되었다.

또한 산업 혁명으로 리즈Leeds, 셰필드Sheffield, 버밍햄Birmingham, 맨체스터Manchester, 글래스고우Glasgow 등 신흥 공업 도시가 생겨났는데 이곳에 유입된 이주민들이 서로 섞이면서 일부 도시만의 지역 방언이 일시적으로 생겨나기도 했지만 유동 인구가 많아짐으로써 지역과 계층 간 폐쇄성이 허물어져 배타적 동류의식으로 사용하던 방언은 점점 사라지고 그 자리를 표준 영어가 대신하게 되었다. 인구 이동은 1840년대 철도망이 확충되면서 더욱 활발해졌다. 더구나 20세기에 들어와 도로와 항공 교통 그리고 무엇보다도 무선 통신에 의한 활발한 교류로 방언의 격차는 더욱 좁혀지면서 표준 영어의 위상은 더욱 확고해졌다.

표준 영어와 옥스퍼드 사전

1920년대 영국의 BBC방송사British Broadcasting Corporation는 라디오 방송에 사용할 어투를 선정했다. 즉 관공서, 대학, 군대, 교회에 종사하는 교육받은 사람들의 어투였다. 그것을 '알피RP, 즉 Received Pronunciation' 또는 '킹즈 잉글리시the King's English'라고 하였는데 교육받은 상류 지도층이 사용하는 것으로 여겨지는 일종의 영국 표준어로 방송에서는 이 어투를 사용하기로 한 것이다. 따라서 TV나 라디오에서는 물론 교육 기관과 관공서에서 지역 방언을 사용하는 것은 허용되지 않았다. 그러나 1960년대에 접어들면서 영국에서는 계층 간 차별이 옅어지면서 지역 방언에 대한 편견과 거부감도 많이 줄어들었다. 또 라디오나 TV 방송에서 지역 방언이 전파를 타고 방송되는 경우가 많아지면서 알피RP의 위상은 이전처럼 절대적인 것이 아니었다.

1800년 이후 들어 영어의 변화는 미미하다. 이전처럼 어미의 탈락이나 대모음변이와 같은 큰 변화가 아니라 어휘 의미나 구문이 조금씩 변하는 정도에 그치고 있다. 이를테면 18세기 말에 들어 /w/와 /ʍ/의 구별이 없어졌다. 'white'의 발음을 우리말로 대략 표기해서 '화이트' 또는 '와이트' 둘 중 어느 것으로 발음해도 상관없게 되었다는 뜻이다. -ing의 발음 [ɪŋ잉]은 1801년에 저속한 것으로 여기면서 대신에 [ɪn인]을 쓰게 되면서 1810년대에는 [ɪn]으로 발음하는 것이 대세였다. 그러나 1820년대 이후 다시 [ɪŋ] 발음이 급속히 확산되어 오늘날에 이르렀다.

또 19세기 초부터 명사의 반복을 피하기 위하여 'this book is the one I want', 'which ones are they?' 등과 같이 'one'을 사용하기 시작했다. 또 고대 영어에서 유래된 수동태, 즉 'the house is building'와 같은 구조가 18세기 말에 이르러 오늘날의 형태, 즉 'the house is being built'로 변화되기 시작했고 이것은 20세기에 들어 'the house has been being built', 즉 완료 진행 수동태로까지 발전했다. 근대 초기 영어에서는 자동사의 완료형을 만들 때 오늘날 영어와 달리 'be' 동사가 사용되었는데 19세기에 들어와서 'have' 동사로 일반화되었다. 또 'get'을 'be' 동사 대신 사용하는 'she got promoted' 같은 구문이 19세기 말부터 널리 쓰였다.

19세기 이후부터는 눈부신 발전을 거듭한 과학 기술에 힘입어 새로운 문명의 이기들이 쏟아져 나오고 이것들을 지칭하는 신조어가 필요하게 되었다. 이러한 요구를 충족시키고자 일부 어휘는 외국어에서 그대로 차용했고, 또 일부는 새롭게 만들어 사용하게 되었다. 1800년대 이후에 생겨난 대표적인 신조어의 예를 보면 다음과 같다.

- 과학 관련 어휘: bronchitis(1814), antibiotics(1944), genes(1911), DNA(1944), pesticides(1934), nuclear energy(1945)
- 통신 관련 어휘: fingerprint(1859), airport(1919), street-wise(1965)
- 컴퓨터 관련 어휘: online(1950), user-friendly(1977), download(1980)
- 라틴어/그리스어 차용: photograph(1839), helicopter(1872), aeroplane

(1874), video(1958)
· 기존어휘에 새로운 의미부여: pilot(1907), cassette(1960)
· 외국어에서 차용: disco(불어, 1964), pizza(이태리어, 1935)
· 상품명 관련 어휘: google(‹GoogleTM, 1999), podcast(‹iPod® and broadcast, 2004)
· 접사 파생어: disinformation(1955), touchy-feely(1972), unputdownable (1947)
· 축약: photo(←photograph, 1860), plane(←aeroplane, 1908), TV(←television, 1948)
· 혼성어: motel(←moter+hotel, 1925)

이와 같은 어휘의 확장은 19세기와 20세기에 걸쳐 완성된 옥스퍼드 영어 사전Oxford English Dictionary(OED)에서 확인될 수 있다. 이 사전은 1150년 이후부터 사멸된 어휘까지도 포함하여 처음 사용된 시기와 의미 변화의 추이를 기록하였다. 이 사전은 원래 제작 기간을 10년으로 잡고 1879년 스코틀랜드인인 제임스 머레이James Murray를 책임자로 하여 편찬 작업이 시작되었다. 머레이는 먼저 수백 명의 자료 수집자들의 도움으로 어휘가 사용된 용례를 수집하였다. 5년쯤 지났을 때 초반부인 A부터 ANT까지 끝낼 수 있었다. 결국 머레이는 사전을 완성하지 못하고 1915년 78세의 나이로 사망하였는데 그때 당시 사전 편찬 상황은 U자로 시작하는 어휘를 작업하던 중이었다. 머레이 사망 이후에도 사전 편찬 작업은 계속 진행되어 1928년 마침내 OED 첫 번째 판이 완성되었다. 그것은 무려 414,800개 어휘의 의미와 역사를 밝히고 게다가 문학 작품과 기타 예문을 곁들여 기록한 것으로서 실로 엄청난 가치를 지닌 것이었다. 옥스퍼드 영어 사전의 편찬 작업은 여기서 끝나지 않고 이어 1989년에는 615,100개 어휘의 의미를 수록한 두 번째 판이 나왔다. 두 번째 판 OED는 일부 빠진 것도 있기는 하지만 과학 용어와 북아메리카, 호주, 뉴질랜드, 남아프리카, 카리브 해 제도, 인도, 파키스탄 등지에서 사용되고 있는 어휘를 추가하면서 250만 개의 예문도 함께 수록하고 있다. 2000년에 들어 OED는 온라인 사전이 되었다. 매 3개월마다 새로운 어휘가 추가로 등재되면서 OED의 세 번째 판이 준비되고 있는데 2018년쯤 완성될 예정이다. 이 편찬 작업도 이전과 마찬가지로 어휘의 현재 의미와 이전의 의미 변화 추이를 기록하는 것이며 여기에다 영국 영어, 미국 영어 그리고 세계 각 지역의 변종 영어의 발음이 추가로 기록되고 있다.

1879년 옥스퍼드 사전의 편찬 책임자로 임명된 제임스 머레이의 작업 모습. 비둘기 집이라고 불리는 칸에 자료를 분류하는 장면이다. 하지만 그는 사전의 완성을 보지 못하고 1915년 U자로 시작하는 어휘의 작업을 하는 도중 78세로 사망했다. 그 후 1928년에 가서야 옥스퍼드 사전은 완성된다.

제임스 머레이가 일생을 바쳤고 그 이후 끊임없이 개정 증보되고 있는 옥스퍼드 영어 사전은 어휘의 의미와 어법뿐만 아니라 어휘의 역사를 보여 주는 영어의 역사로서 오늘날 영어가 갖고 있는 힘과 세계어로서의 위상을 뒷받침해 주는 귀중한 보물이다.

영어 연금술사와 그 솜씨

빅토리아 시대

앞서 엘리자베스 1세의 치세 기간 동안의 국력 신장을 대변하는 '엘리자베스 시대Elizabethan'라는 용어가 생겨났음을 언급하였다. 그런데 영국은 이러한 경험을 다시 한 번 하게 된다. 즉 빅토리아 여왕의 집권 기간에 영국은 전성기를 구가하며 '빅토리아 왕조, 빅토리아 풍, 빅토리아 시기, 빅토리아 사람Victorian'을 지칭하는 용어까지 만들어 냈다.

빅토리아 여왕이 즉위하면서 영국의 사회상은 변하기 시작했다. 이전까지 만연되었던 낭만주의 운동은 수그러들기 시작했고 영국민의 관심은 산업 혁명의 결과물로 쏠리기 시작했다. 자신과 주변의 변모하는 모습, 즉 증기선과 증기기관차의 발명, 우후죽순처럼 생겨나는 공장도시 등 새로운 모습에 놀라워했다. 또한 제조업과 무역으로 엄청나게 부자가 된 사업가들이 속출했다. 그들은 넘쳐나는 부를 가지고 골동품으로 장식한 화려한 대저택을 소유하였고 귀부인들은 몸에 끼는 푸른 치마를 입고 파티에 참석하였다. 결코 해가 지지 않는 나라, 드넓은 식민지와 막강한 부를 가

빅토리아 여왕의 대관식 모습. 재위 기간 동안 영국은 '해가 지지 않는 나라'로 수식되는 전성기를 맞는다.

산업 혁명으로 세계의 공장이 된 19세기의 영국. 리버풀Liverpool 항구의 하늘이 공장의 연기로 덮여 있다.

진 대영 제국의 국민이라는 자부심, 그에 걸맞은 체면치레, 난롯가에서 디킨즈의 소설을 읽을 수 있는 교양과 여유 그것이 바로 빅토리아 시대의 전형이었다. 또한 제인 오스틴 시대를 넘어선 빅토리아 시대의 영어는 현대 영어에 한 발 더 다가와 있음을 보여 준다.

찰스 디킨즈

찰스 디킨즈Charles Dickens(1812~1870)는 타고난 성실함, 일에 대한 열정, 그리고 자기 확신을 가지고 자신의 소설 속에 빅토리아 시대의 전형적인 인물상을 정립해 놓은 소설가이다. 그는 교양, 도덕성, 체면치레를 중시하며 세계 제일이라는 자부심으로 의기양양했던 당대 빅토리아인들의 생활상, 특히 런던 지역 사회의 모습을 사실적으로 그려냈고 또한 그의 작품은 나오는 대로 속속 성공을 거두어 엄청난 부와 명성을 그에게 안겨 주었다. 일례로 1843년 크리스마스 직전에 출판된 『크리스마스 캐

찰스 디킨즈의 모습. 그는 19세기 런던의 생활상을 사실적으로 풀어내면서 당대 빅토리아기의 영국민들을 열광하게 만든 소설가이기도 했지만 그 이전에 그 자신 역시 성실과 근면, 도덕성과 체면치레 등을 중시하는 전형적인 빅토리아 시대 사람이었다.

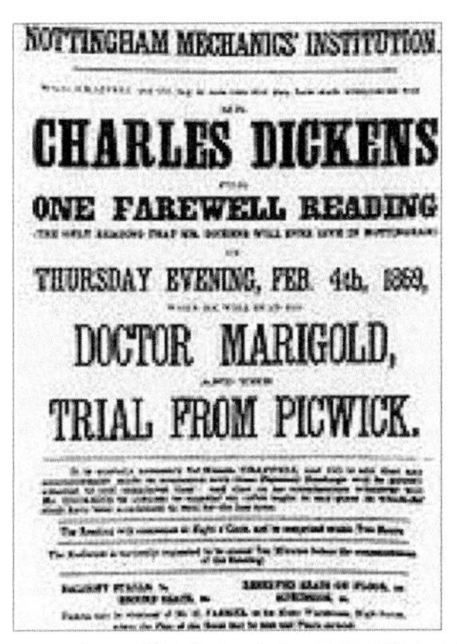

1869년 노팅험에서 디킨즈 낭독회를 알리는 광고 포스터. 당시 찰스 디킨즈의 인기는 하늘을 찌를 듯 대단했는데 일례로 신문에 연재되는 그의 소설을 읽기 위해 사람들은 신문이 발행되는 시간에 맞춰 줄을 서서 기다릴 정도였다고 한다.

럴Christmas Carol』(1843)은 하루 만에 6천 부 이상이 팔릴 정도로 그의 인기는 대단했고 그가 강연을 하는 곳마다 사람들, 특히 여성들이 몰려들었다. 그의 소설이 대중들에게 어느 정도 인기가 있었는가를 보여 주는 일화가 있다. 어느 날 디킨스가 어쩌다가 어떤 소녀의 인형을 망가뜨리게 되었는데 미안한 마음에 그는 그 소녀에게 새 인형을 사 주었다. 그러자 소녀의 어머니는 오히려 미안해하면서 답례로 책 한 권을 디킨즈에게 선물했다고 하는데 그 책은 놀랍게도 자신이 쓴 『데이비드 커퍼필드David Copperfield』였다고 한다. 하지만 이러한 성공에도 불구하고 그는 너무나 고생하고 힘들었던 어린 시절의 기억을 떨쳐 버리지 못했다. 그 결과, 디킨즈는 후에 자신의 작품이 베스트셀러가 되어 큰돈을 벌었을 때에도 심리적 안정을 찾지 못하고 늘 다른 사람으로부터 인정받는 일에 집착함으로써 어린 시절의 굴욕을 보상받으려고 했다.

디킨즈는 1812년 포츠머스Portsmouth에서 태어났다. 그의 부친은 해군 경리국에 근무했는데 이재에 어두워 많은 빚을 지게 되었고 이 때문에 끝내는 감옥에 갇히는 벌을 받게 되었다. 그 부친의 모습은 디킨즈의 자서전적 소설 『데이비드 커퍼필드David Copperfield』에서 미코버Micawber로 묘사되고 있다. 부친이 구속되자 디킨스는 아버지를 대신하여 가계를 책임지게 되었는데 그의 고난은 그때부터 시작되었다. 매일 열 시간씩 구두약 공장에서 일을 하고 일주일에 고작 6실링을 받는 비참한 생활을 하였다. 2년 뒤 그럭저럭 학교에 다시 가게 되었지만 그때에도 시간을 내어 변호사 사무실에서 일을 해야만 했다. 그러다가 디킨스는 열아홉 살 때 『모닝 크로니클The Morning Chronicle』의 통신 기자가 되었는데 이것이 인생의 전환점이 되었다. 그 무렵 영국에는 지금과 같은 교통수단이 없었고 기껏해야 각 지방을 연결해 주는 승합마차가 있었다. 직업상 그는 마차를 타고 영국 각지의 어촌이나 농촌을 찾아다니면서 그곳에서 벌어진 재미있고 신기한 이야기를 수집하여 그만의 문체로 기사를 썼다. 예리한 그의 눈을 통하여 수집된 세상 이야기는 후에 그의 작품 속에서 생생한 생명력을 가지고 다시 태어나게 된다. 1836년 신문에 기고했던 짧은 글을 모아서 『보즈 스케치Sketches by Boz』를 내었다. 1837년 디킨즈는 두 번째 작품인 『피크위크 클럽의 기록The Posthumous Papers of the Pickwick Club』을 출간하면서 일약 유명인사가 되었다. 그 책은 영국 문학 역사상 가장 많이 팔린 책 가운데 하나로 손꼽히는데, 주인공 피크위크를 비롯한 세 친구들의 모험 생활을 그린 것이다. 이 작품은 뚜렷한 형식이나 플롯은 없지만 글을 통해 보여 준 디킨즈의 훌륭한 유머감각과 삶에 대한 예리한 통찰력으로 대중들의 엄청난 인기를 끌었다. 이후 그는 대중들의 열망에 부응하여 『올리버 트위스트Oliver Twist』(1838), 『니콜라스 니클비Nicholas Nickleby』(1839), 『크리스마스 캐럴Christmas Carol』(1843), 『돔비 부자Dombey and Son』(1848), 『데이비드 커퍼필드David Copperfield』(1850), 『블리크 하우스Bleak House』(1853), 『어려운 시절Hard Times』(1854), 『리틀 도리트Little Dorrit』(1857), 『두 도시 이야기A Tale of Two Cities』(1859), 『위대한 유산Great Expectations』(1861), 『서로 좋은 친구Our Mutual Friend』(1865) 등의 작품들을 연이어 내놓았다.

물론 디킨즈의 소설은 간혹 권선징악 또는 개과천선과 같은 판에 박

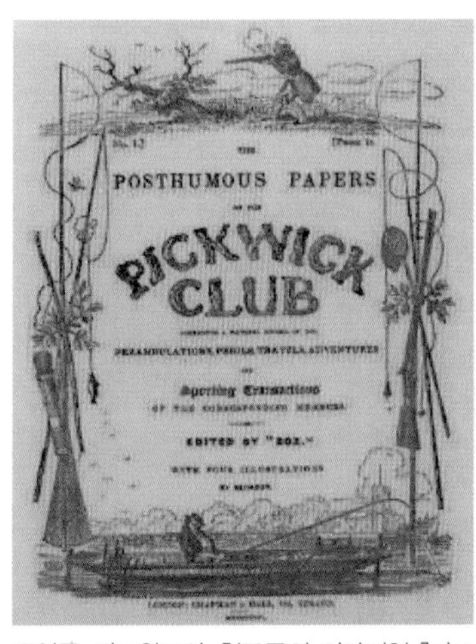

주인공 피크위크와 친구들의 이야기인 『피크위크 클럽의 기록』의 표지. 이 작품으로 디킨즈는 작가로서 기반을 다지며 일약 유명인사가 된다.

다우티 스트리트 48번지의 디킨즈 박물관. 1837년 이곳으로 이사 온 후, 디킨즈는 『피크위크 클럽의 기록』을 연재하고 또 몇 편의 소설을 발표하면서 소설가로서 입지를 굳히게 된다.

은 주제, 인위적인 줄거리, 게다가 인물의 묘사조차도 깊이가 없다고 지적되면서 평가 절하되기도 한다. 그럼에도 불구하고 당대 독버섯처럼 번지던 사회의 부조리를 그만큼 적나라하게 파헤친 소설가도 없다.

디킨즈 소설의 등장인물, 예컨대 스크루우지Scrooge나 미코버Mr. Micawber 같은 인물형은 이후 인간의 부류를 대표하는 것으로 정형화되기도 했는데 이는 디킨즈가 자신의 경험 속에서 간파해 낸 여러 가지 인간의 속성을 디킨즈적인 솜씨로 그려 내면서 대중들의 공감을 얻어낸 결과이다. 이를테면 남을 감싸주는 동정심과 배려, 쾌활함 속에 배어 있는 천진난만함, 미소를 짓게 하는 따뜻한 유머 등을 등장인물에게 적절히 입혀서 스토리의 개연성과 사실감을 높여 주었다. 이러한 요소 덕분에 그가 그려낸 아름답고 밝고 생기발랄한 그러면서도 인정 어린 삶의 모습은 빅토리아 시대 영국민들이 지향하는 보편적이고 이상적인 모델로 여겨졌고 그것을 대리만족시켜 준 디킨즈의 소설에 열광적인 환호를 보낸 것은 당연한 일이었다.

디킨즈의 이야기를 이어 나가는 그의 언어는 마치 샘에서 물이 솟아나듯 풍족하고 자연스러움이 넘친다. 누에고치가 실을 뽑아내듯 술술 풀어내는 그의 글 솜씨는 특히 등장인물의 대화 속에서 잘 드러나는데 그는 자연스런 대화 속에 인물의 특성까지 담아 놓았다. 일례로 표준 영어를 쓰는 내레이터와 코크니 방언Cockney을 쓰는 등장인물을 대비시켜 코크니 방언 사용자가 하층민임을 넌지시 알려 준다.

코크니 방언은 런던의 일부 지역의 하층민이 사용하는 방언으로서 무지, 빈곤, 범죄 등 부정적인 이미지의 언어로 인식되었고 그 결과 영어를 표준화시키려는 사람들로부터 멸시받던 언어였다. 그 때문에 코크니 방언은 연극에서도 희화적인 효과를 얻기 위한 경우에만 사용되었다. 이를테면 코크니 방언에서는 'fists주먹들'와 'posts기둥들' 등을 'fistiz'와 'postiz'로 발음하고, 'v'와 'w'를 혼용하여 'wine포도주'를 'vine포도넝쿨'로, 또 'veal송아지'를 'weal복리'처럼 들리게 발음하였다. 또 'h'를 발음하지 않아서 'while동안에'는 'wile계략'과 발음이 같으며 'heart심장'과 'harm손해'는 각각 'art예술'과 'arm팔'로 발음하였고, 또 'th'를 'f'로 대체하여 'thirty서른'을 'firty'로 발음하였다. 비단 발음뿐만 아니라 단어를 이루는 겹자음, 비강세 모음 등을 생략한다든지, 또 3인칭 현재시제와 과거시제, 과거분사 등을 나타내는 어미를 어법에 맞지 않게 사용하였다.

그러나 디킨즈는 저급 영어, 슬럼가의 말투로 여겨지던 코크니 방언에 문학적인 생명력을 새롭게 부여한 재주꾼이었다. 기피 대상이던 슬럼가의 말투는 그의 손을 거치면서 기억에 남는 인상적인 언어로 둔갑했다. 다름이 아니라 디킨즈는 등장인물의 대사에 코크니 방언을 사용함으로써 등장인물의 성격을 훌륭하게 묘사할 수 있고 또 그가 하층민의 언어에 애정을 갖고 있다는 사실을 보여 주었다. 예를 들어 『데이비드 커퍼필드』에서 주인공 데이비드의 유모인 클라라 페고티Clara Peggotty는 "There's the sea; and the boats and ship; and the fishermen; and *Am* to play with"라는 말을 하는데, 여기서 'Am'은 조카인 햄Ham을 의미하는데 'h' 발음을 하지 않음으로써 자신의 신분을 나타내 준다. 또 페고티는 'hunting'을 'huntin', 'shooting'을 'shootin', 'fishing'을 'fishin'으로 'g'를 탈락시켜 발음하는데 이것 또한 신분을 암시하는 것이다. 또한 다음과 같은 대화를 통해서 변호사의 서기로 일하는 유라이어 힙Uriah Heep 이 'h'음을 발음하지 않는다는 사실을 보여 줌으로써 그가 갖고 있는 위선적이며 좋지 못한 이미지를 은연중에 나타내고 있다.

"I am well aware that I am the *'umblest* person going. …… and my mother is likewise a very *'umble* person. We live in a numble abode, Master Copperfield, but have much to be thankful for. My father's former calling was *'umble*"

"나는 사람들 중에 가장 겸손한 사람이라는 것을 알고 있습니다. ……그리고 나의 어머니도 마찬가지로 아주 겸손한 사람입니다. 우리는 소박한 집에서 살고 있습니다. 하지만 감사할 따름입니다. 커퍼필드 선생님. 우리 아버지의 소명은 겸손이었습니다."

그 외에도 디킨즈는 『피크위크 클럽의 기록』의 샘 웰러Sam Weller의 대사를 통해서도 그 등장인물의 성격을 암시하고 있다.

"And that was a *wery* partickler and uncommon circumstance *vith* me in those days"
그리고 그것은 그 당시 내게는 매우 특별하고 보기 드문 상황이었다.

"I never see such a sensible sort of man as he is, or such a *reg'lar gen'l'm'n*"
나는 그와 같은 현명한 부류의 사람 또는 신사를 본 적이 없어.

즉, 'very'를 'wery', 'with'를 'vith'로 발음하면서 'v'와 'w'를 혼용하고

또 'reg'lar'와 'gen'l'm'n'에서처럼 비강세 모음을 생략하여 발음하는 것은 그가 하층민임을 암시하는 것이다.

디킨스 작품에서 묘사된 사회의 부조리, 부유층의 오만과 횡포, 재판의 냉혹함과 몰이해, 아동학대, 감옥과 공장 그리고 학교의 비정상적인 모습 등이 많은 대중들에게 알려지면서 그들의 공감과 요구로 폐단들이 점차 개선되는 결과를 얻기도 했다. 일례로 재판이 부당하게 지연되는 사례를 고발한 『블리크 하우스』 첫 장을 보면 디킨즈가 안개 낀 런던을 묘사하면서 오리무중인 재판의 결과를 은근히 빗대고 있다는 것을 알 수 있다.

London. Michaelmas Term lately over, and the Lord Chancellor sitting in Lincoln's Inn Hall. Implacable November weather. As much mud in the streets…… Smoke lowering down from chimney-pots, making a soft black drizzle, with flakes of soot in it as big as full-grown snow-flakes-gone into mourning, one might imagine, for the death of the sun. Dogs, undistinguishable in mire. Horses, scarcely better; splashed to their very blinkers. Foot passengers…….
Fog everywhere. Fog up the river, where it flows among green aits and meadows; fog down the river, where it rolls defiled among the tiers of shipping and the waterside pollutions of a great(and dirty) city. Fog on the Essex marshes, fog on the Kentish heights. Fog creeping into the cabooses of collier-brigs, fog lying out on the yards, and hovering in the rigging of great ships; fog drooping on the gunwales of barges and small boats. Fog in the eyes and throats of ancient Greenwich pensioners, wheezing by the firesides of their wards…….

The raw afternoon is rawest, and the dense fog is densest, and the muddy streets are muddiest, near that leaden-headed old obstruction, appropriate ornament for the threshold of a leaden-headed old corporation. Temple Bar. And hard by Temple Bar, in Lincoln's Inn Hall, at the very heart of the fog, sits the Lord High Chancellor in his High Court of Chancery.

런던, 미클마스 학기가 막 끝났고, 대법관께서는 법학원 강당에 앉아 계신다. 준엄한 11월의 날씨다. 거리에는 진흙이 가득하다. ……연기는 굴뚝에서 나지막하게 깔리면서 부드럽고 검은 이슬비를 만든다. 빗줄기를 탄 그을음 조각들은 풍성한 눈송이만큼 크다. 해의 죽음을 애도하는 것처럼 보이기도 한다. 개들은 진창에 빠져서 알아볼 수도 없다. 말들의 형편도 그보다 나을 것도 없다. 보행자들은…….
안개는 모든 곳에 있다. 강 위에 안개가 있어 초록의 작은 섬과 초원에 흐르고, 강 아래에도 안개가 있다. 안개는 배들이 쌓여 있는 사이를 일렬로 지나가고, 커다랗고 더러운 도시 물가의 매연을 지나갔다. 에식스의 들판에도, 켄트의 고원에도 안개가 있다. 석탄선의 선실 위로 기어오르고, 안개는 돛 위에도 있고, 큰 배의 장비들 위에 떠돌고 있다……. 안개는 병동의 난롯가에서 씨근거리고 있는 늙은 그리니치 연금 수령자의 눈과 목에도 기어든다…….
법학원 강당 근처에서 거친 오후는 가장 거칠고, 진한 안개는 가장 진하며, 거리는 가장 진창이다. 납덩이같이 낡은 재판 지연은 납덩이같이 낡은 단체의 입구로는 가장 적절한 장식이다. 템플 바 곁에 안개의 바로 그 중심에 챈서리 법원의 대법원장이 앉아 계신다.

위 발췌문에서 보듯이 디킨즈는 작품을 통하여 런던의 참담한 실상을 사실대로 그렸고 또 빅토리아 시대의 자긍심과 자신감에 차 있던 영국민들은 그가 소설 속에서 파헤친 문제를 그대로 간과하지 않고 가급

로버트 윌리엄 버스Robert William Buss가 그린 미완성 그림 '디킨즈의 꿈'. 사방에 디킨즈 소설의 등장인물들이 그려져 있는데 아마도 잠시 잠이 든 디킨즈가 꿈속에서도 등장인물을 구상하고 있음을 보여 주려는 의도인 것 같다.

적 해결하고자 노력했다. 영국민의 열화와 같은 환호와 기대 속에 디킨즈는 작가로서 갖고 있는 역량을 유감없이 발휘하여 런던을 배경으로 한 소설을 계속해서 쏟아냈다. 말년에 아내와 이별하는 등 가정을 둘러싼 불행은 있었지만 이미 그는 국민적인 작가로서 부러울 것 없는 명성을 얻었고 경제적으로도 엄청난 부를 얻었다. 이후 그는 고향 근처 개즈힐 플레이스Gad's Hill Place에 커다란 저택을 마련하고 생의 마지막 순간까지 그곳에 안주했다.

디킨즈는 1870년 마침내 자신의 집에서 그를 열렬히 사랑하던 영국민의 곁을 떠났지만 소설가로서 그가 풀어낸 이야기는 영국민의 생활 그 자체가 되어 버렸다. 일례로 그의 『크리스마스 캐럴Christmas Carol』과 함께 크리스마스를 보냈던 영국의 어린이들은 그의 사망 소식을 접하자 '디킨즈가 죽었으니 이제 크리스마스는 오지 않을 것이다'라고 걱정했을 정도로 그의 『크리스마스 캐럴』은 영국에서의 크리스마스 풍속도를 바꾸어 놓았다. 그리고 그의 영향력은 비단 빅토리아 시대에만 국한되지 않았다. 그의 작품 속 인물들은 시공을 초월하여 지금도 우리와 함께하는데 이를테면 유라이어 힙Uriah Heep은 록 밴드에서, 또 데이비드 커퍼필드David Copperfield는 유명한 마술사를 통해서 오늘날에도 여전히 우리 곁에 머물러 있다.

에밀리 브론테

에밀리 브론테Emily Brontë(1818~1848)는 19세기 초엽 영국 중부 서 요크셔West Yorkshire 지방의 궁벽한 마을인 하워드Haworth에서 목사였던 아버지 패트릭 브론테Patrick Brontë의 여섯 남매 중 다섯째로 태어났다. 그녀의 작품 『폭풍의 언덕Wuthering Heights』에 나타난 인물들의 연차적인 죽음은 그녀의 가족사와 일치한다. 그녀의 아버지가 이곳의 목사로 부임하면서 가족 모두가 1820년 이곳으로 이사했다. 이곳으로 이사 온 지 2년이 채 안 되어, 그러니까 에밀리 브론테가 세 살 때 어머니가 돌아가셨고 게다가 첫째와 둘째 언니는 그녀가 7살 때 죽었다. 남은 형제자매로는 화가 지망생이었던 남동생 브랜웰Branwell(1817~1848)이 있었고 자매 셋은 모두 작가로서 이름을 남겼다. 즉 언니 샬롯 브론테Charlotte

깊은 눈빛과 함께 신비감마저 풍기는 에밀리 브론테의 초상화. 그녀의 짧은 생은 이러한 이미지에서 이미 예견된 것 같은 착각에 빠져든다.

화가 지망생이었던 남동생 브랜웰이 그린 세 자매의 초상화. 초상화의 가운데에 무언가 지운 흔적이 보인다. 언니 샬롯 브론테는 『제인 에어』, 동생 앤 브론테는 『아그네스 그레이』를 발표하여 세 자매는 모두 소설가로서 이름을 남겼다.

Brontë(1816~1855)는 작품 『제인 에어Jane Eyre』로 유명하고, 동생 앤 브론테Anne Brontë(1820~1849)도 소설 『아그네스 그레이Agnes Grey』를 남겼다. 그들 남매 중 어느 누구도 마흔 살을 넘기지 못했으며 에밀리 브론테도 1848년 크리스마스 직전 결핵으로 사망했다.

기숙사 학교에서 몇 개월, 짧은 브뤼셀Brussels 방문, 그리고 핼리팩스Halifax 근처에서 가정교사를 지낸 기간을 제외하면 에밀리 브론테는 생의 대부분을 하워드와 인근 지역에서 보냈다. 그러므로 자연히 그녀의 일상사는 집에서 그들 자매들과 함께 책을 읽고 시와 드라마를 쓰면서 같이 이야기를 나누는 것이 전부였다. 그러다가 젊은 나이로 요절하기 1년 전인 1847년, 그녀는 벨Ellis Bell이라는 필명으로 그녀의 유일한 소설 작품인 『폭풍의 언덕』을 발표하였다. 인간의 격렬한 애증을 묘사한 이 소설은 발표 당시에는 그다지 관심을 끌지 못했지만 오늘날에는 셰익스피어의 『리어왕King Lear』에 비견할 만한 명작으로 평가받고 있다.

보통의 학교 교육조차 받지 못했던 에밀리 브론테는 자신이 살았던 요크 지방의 '무어moor', 즉 황야에서 얻은 영감과 상상력으로 『폭풍의 언덕』을 지어냈다. 이 소설은 그녀의 모습만큼이나 신비하고 엄숙하고 비극적이다. 작품 첫 장에서 배경에 대하여 잠깐 언급하는 대목이 있다.

Wuthering Heights is the name of Mr. Heathcliff's dwelling, "Wuthering" being a significant provincial adjective, descriptive of the atmospheric tumult to which its station is exposed in stormy weather. Pure, bracing ventilation they must have up there, at all times, indeed: one may guess the power of the north wind, blowing over the edge, by the excessive slant of a few, stunted firs at the end of the house; and by a range of gaunt thorns all stretching their limbs one way, as if craving alms of the sun. Happily, the architect had foresight to build it strong: the narrow windows are deeply set in the wall, and the corners defended with large jutting stones.

워더링 하이츠란 히스클리프 씨의 집 이름이다. '워더링'이란 이 지방에서 쓰는 함축성 있는 형용사로 폭풍이 불면 위치상 정면으로 바람을 받아야 하는 이 집의 혼란한 분위기를 표현하는 말이다. 정말 이 집 사람들은 줄곧 그 꼭대기에서 일 년 내내 그 맑고 상쾌한 바람을 쐬고 있을 것이다. 집 옆쪽으로 제대로 자라지 못한 전나무 몇 그루가 지나치게 기울어진 것이나, 태양으로부터 자혜로운 보살핌을 갈망하듯이 모두 한쪽으로만 가지를 뻗고 늘어선 앙상한 가시나무를 보아도 등성이를 넘어 불어오는 북풍이 얼마나 거센지 짐작할 수 있다. 다행히 이 집을 지은 사람은 그것을 감안하여 튼튼히 지었다. 좁은 창들은 벽에 깊숙이 박혀 있고 집 모서리는 크고 울퉁불퉁한 돌로 견고하게 되어 있었다.

또 계절에 따라 다른 느낌으로 다가오는 황무지는 소설 속에서도 자

영국 중부 요크 지방의 무어. 불어오는 거센 바람에 몸을 눕히는 나무들이 펼쳐진 황야는 에밀리 브론테의 삶이자 작품의 배경이다.

세히 묘사되고 있다. 회색빛으로 변한 황무지는 거칠고 황량하지만 낭만적인 곳이며 또한 찬란한 하늘과 빛나는 태양 아래 펼쳐진 초록의 무어는 이 세상과 전혀 다른 세계였던 것이다. 『폭풍의 언덕』 32장에서 서술자로 등장하는 로크우드Lockwood의 내레이션을 통해 에밀리 브론테가 하워드 지방의 무어에 대하여 갖고 있던 생각을 엿볼 수 있다.

I left him there, and proceeded down the valley alone. The grey church looked greyer, and the lonely churchyard lonelier. I distinguished a moor sheep cropping the short turf on the graves. It was sweet, warm weather-too warm for travelling; but the heat did not hinder me from enjoying the delightful scenery above and below; had I seen it nearer August, I'm sure it would have tempted me to waste a month among its solitudes. In winter, nothing more dreary, in summer, nothing more divine, than those glens shut in by hill, and those bluff, bold swells of heath.

나는 하인을 마을에 두고 혼자서 골짜기를 따라 내려갔다. 회색 예배당 건물은 더욱 짙은 회색이 되었고 쓸쓸했던 교회 묘지는 더욱 쓸

쓸했다. 나는 양 한 마리가 무덤 위의 잔풀을 뜯고 있는 것을 보았다. 부드럽고 따뜻한 날씨였다. 나들이하기에는 좀 더웠지만 그렇다고 해서 눈앞에 펼쳐진 아름다운 경치를 즐기지 못할 정도는 아니었다. 8월에 이 경치를 보았다면 분명 나는 8월 한 달 동안 호젓한 이곳에서 보낼 마음이 생겼을 것이다. 산으로 둘러싸인 저 계곡들 하며 깎아지른 것 같은 절벽, 그리고 소박한 느낌의 굴곡진 히스의 숲들. 아마 겨울철에 이보다 더 황량한 곳은 없을 것이고, 여름철 또한 이보다 더 멋진 곳은 없을 것이다.

그런데 소설의 배경이 된 이 황야의 모습은 주인공 히스클리프Heathcliff와 캐더린Catherine의 운명적인 사랑을 암시하는 것이다. 이 황무지에 부는 바람은 나뭇가지를 한 방향으로 쏠리게 할 정도로 강렬한데 그것은 두 사람의 사랑이 황무지와 같이 원초적인 것이어서 순수하며 격정적임을 상징한다. 그 사실은 캐더린이 히스클리프를 사랑하는 이유를 하녀 넬리 딘Nelly Dean에게 말하는 부분에서 잘 나타내고 있다.

소설 『폭풍의 언덕』의 배경으로 잡지나 영화 등에서 자주 소개되는 톱 위딘스Top Withins의 폐가 부근의 모습이다.

[I love him] not because he's handsome, Nelly, but because he's more myself than I am. Whatever our souls are made of, his and mine are the same, and Linton's is as different as a moonbeam from lightning, or frost from fire...... My love for Linton is like the foliage in the woods: time will change it, I'm well aware, as winter changes the trees. My love for Heathcliff resembles the eternal rocks beneath: a source of little visible delight, but necessary. Nelly, I am heathcliff!

넬리, 그(히스클리프)가 기품이 있어서가 아니라, 그가 나 이상으로 나 자신이기 때문에 그를 사랑하는 거야. 우리의 영혼이 무엇으로 만들어졌든지 상관없이 그와 나는 동일한 것이야. 린튼(캐더린 남편)의 것은 달빛과 번개만큼, 아니면 불과 서리만큼이나 다르지…… 린튼에 대한 나의 사랑은 숲의 잎사귀와 같지. 겨울이 나무의 모습을 바꾸듯 시간이 가면 잎이 떨어질 것을 잘 알고 있어. 그러나 히스클리프에 대한 나의 사랑은 땅 밑에 박힌 영원한 바위와 같아. 눈에는 보이지 않는 기쁨의 원천이지만 꼭 필요한 것이지. 넬리. 내가 바로 히스클리프야!

또 작품의 배경과 스토리를 암시하는 『폭풍의 언덕Wuthering Heights』이란 작품 제목조차도 폭풍이 불 때 바람 소리를 나타내는 하워드 지방의 방언wuthering인데 에밀리 브론테는 작품 속에서 하워드 지방의 방언을 많이 쓰고 있다. 그것은 등장인물의 사회적 신분과 지위를 나타내기 위함인데 다음의 발췌문에서도 그것을 확인할 수 있다. 즉 유복한 가정에서 자라난 이사벨라Isabella는 비교적 표준 영어를 구사하는 데 비해 하인인 조셉Joseph은 방언을 많이 사용한다.

"Gooid Lord!" he muttered, sitting down, and stroking his ribbed stockings from the knee to the ankle. "If they's tuh be fresh ortherings-just when Aw getten used tuh two maisters, if Aw mun hev a mistress set o'er my heead, it's loike time tuh be flitting. Aw niver did think tuh say t' day ut Aw mud lave th' owld place-but Aw daht it's nigh at hend!"

……It racked me to recall past happiness, and the greater peril there was of conjuring up its apparition, the quicker the thible ran round, and the faster the handfuls of meal fell into the water.

Joseph beheld my style of cookery with growing indignation.

"Thear!" he ejaculated. "Hareton, thah willn't sup thy porridge tuh neeght; they'll be nowt bud lumps as big as maw nave. Thear, agean! Aw'd fling in bowl un' all, if Aw wer yah! Thear, pale t' guilp off, un' then yah'll hae done wi't. Bang, bang. It's a marcy t' bothom isn't deaved aht!"

"Here's a rahm", he said, at last, flinging back a cranky board on hinges. "It's weel eneugh tuh ate a few porridge in. They's a pack uh corn i' t' corner, thear, meeterly clane; if yah're feared uh muckying yer grand silk cloes, spread yer hankerchir ut t' top on't"

I was endeavouring to gather resolution for entering, and taking possession, when my fool of a guide announced-

"This here is t' maister's"

My supper by this time was cold, my appetite gone, and my patience exhausted. I insisted on being provided instantly with a place of refuge, and means of repose.

"Whear the divil", began the religious elder. "The Lord bless us! The Lord forgive us! Whear the hell, wold ye gang? ye marred, wearisome nowt! Yah seen all bud Hareton's bit uf a cham'er. They's nut another hoile tuh lig dahn in i' th' hahse!"

(회상하는 부분)

"어이구!" 하고 중얼거리며 그는 앉은 채로 골이 진 긴 양말을 무릎에서 발목까지 쓰다듬었어. "두 주인 섬기는 데 겨우 이력이 날 만하니까 또 새로 명령하는 분이 생기는군. 마님까지 모셔야 할 판이면 꽁무니를 뺄 때도 된 모양이지. 내가 오래 살던 이 집을 떠나야 할 날이 오리라고는 생각한 적도 없는데. 그날도 멀지 않았나 보군!"

……지난 일들을 생각하면 고통스러운 데다가 옛일이 눈앞에 선하게 떠오르면 떠오를수록 막대기로 죽을 젓는 손이 빨라졌고 한 줌씩 굵은 가루를 물에 넣는 것도 빨라졌지.

조셉은 내 요리 솜씨를 지켜볼수록 부아가 치미는 모양이었어.

"저것 봐! 헤어튼, 오늘 밤 죽은 못 먹겠군. 죽이 아니라 내 주먹만한 덩어리일 테니까. 또 저것 봐! 내가 당신처럼 죽을 쑬 판이면 그릇이고 뭐고 할 것 없이 다 한데 집어넣겠어. 저것 봐. 위 꺼풀만 걷어내면 다 됐는데. 게다가 쿵덕쿵덕 소리까지 내고. 그러고도 냄비 밑바닥이 빠지지 않으니 다행이지!" 그는 이렇게 소리를 쳤어.

"여기 방이 있군." 그는 드디어 돌쩌귀를 단 덜렁거리는 판자문을 열어젖히면서 말했어. "죽 그릇이나 핥기엔 충분한 방이지. 저기 구석에 보리 포대가 놓여 있지만 그만하면 더럽진 않아. 그래도 당신의 좋은 비단옷을 더럽힐 염려가 있거든 그 위에 손수건이라도 펴시구려."

내가 들어가 그 방을 차지하려고 하자 그 바보 같은 안내인이 말하는 것이었어.

"이건 주인어른의 방이오."

이미 내 저녁 식사는 식어 버렸고 식욕도 없어졌으며, 더 이상 견딜 수도 없었어. 당장에 들어갈 수 있는 장소를 마련하고 쉴 수 있게 해 달라고 우겨댔지.

"도대체 어디에 들어가겠다는 건지?" 신앙심 깊은 영감은 말하기 시작했어. "주여, 복을 내리소서! 용서하옵소서! 도대체 어디를 가겠다는 거요? 되지못한 귀찮은 사람 같으니! 헤어튼의 작은 방을 빼고는 모조리 다 본 거요. 이 집에는 그 밖에 잘 수 있는 방이라곤 없소."

그러나 격이 다른 언어를 사용함으로써 등장인물의 신분을 나타내려는 브론테의 의도가 가끔은 정확성에서 빗나가는 경우도 있다. 'thible 죽 젓는 막대기, 손'은 험버 강Humber 이북 지역에서만 사용되는 방언이며, 'cranky판자문'도 랭커셔와 요크셔 지방에 국한되어 쓰이는 방언이다. 아마도 브론테는 이런 사실을 잘 모르고 사용했을 것이다. 여기서 방언이라도 발음상 특이한 경우가 아니라면 표준 철자로 표기되었다. 특이한 발음의 방언은 표준 철자법과는 다른 형태로 표기되었다. 작품에 사용된 대부분의 방언들이 오늘날의 방언과 일치하는데 그중 일부는 드물게 사용되거나 소멸된 것도 있다. 'ortherings명령하는 분'과 'bothom바닥'은 오히려 랭커셔 지방에서 흔하게 사용된다.

폭풍의 언덕이라고 불리는 요크셔의 한 농장을 배경으로 구성된 이 작품은 동시대의 다른 소설과 비교할 때 좀 색다른 모습을 보여 준다. 물론 스토리 전개 과정에서 부수적인 것으로서 히스클리프와 캐더린의 신분 차이, 여성의 지위와 상속 문제 등 빅토리아 시대의 계급의식이 빚어낸 계층 간 갈등을 어느 정도 보여 주고는 있다. 그러나 19세기 소설들이 대체로 산업 혁명과 더불어 발생된 사회 변화와 계층 간의 갈등 문제에 집중하고 있는 데 반하여, 에밀리 브론테는 거칠고 고립된 야성의 세계 속에서 펼쳐지는 고독한 영혼들의 인간적 갈등과 번민을 그녀 특유의 상상력만으로 그려냈다는 점에서 뚜렷한 차이를 보인다.

토마스 하디

대부분의 생을 빅토리아 시대에서 보낸 토마스 하디. 세기말의 전환기를 맞으며 다가올 현대인들의 모습을 미리 예견하여 비평가들로부터 '최초의 현대 작가'라는 평을 들었다.

인간의 의지로 어찌할 수 없는 운명과 그에 따른 숙명적인 삶을 그려낸 토마스 하디 Thomas Hardy(1840~1928)는 생의 대부분을 빅토리아 시대에 보냈지만 다가올 20세기의 모습과 현대인들의 고민을 자신의 작품을 통해서 예견하고 있었다. 그 때문에 비평가들은 그를 '최초의 현대 작가'라고 지칭하기도 한다. 1900년 12월 31일에 쓴 그의 시 「어둠 속의 티티새The Darkling Thrush」는 그가 전환기에 살았고 새로운 세기를 여는 작가임을 보여 주는 작품이다.

I leant upon a coppice gate
When frost was specter-gray,
And Winter's dregs made desolate
The weakening eye of day.
The tangled bine-stems scored the sky
Like strings of broken lyres,
And all mankind that haunted nigh
Had sought their household fires.

The land's sharp features seemed to be
The Century's corpse outleant,

His crypt the cloudy canopy,
The wind his death-lament.
The ancient pulse of germ and birth
Was shrunken hard and dry,
And every spirit upon earth
Seemed fervorless as I.

At once a voice arouse among
The bleak twigs overhead
In a fullhearted evensong
Of joy illimited;
An aged thrush, frail, gaunt, and small,
In blast-beruffled plume,
Had chosen thus to fling his soul
Upon the growing gloom.

So little cause for carolings
Of such ecstatic sound
Was written on terrestrial things
Afar or nigh around,
That I could think there trembled through
His happy good-night air
Some blessed Hope, whereof he knew
And I was unaware.

나는 기대었다 잡목 덤불 문에,
서리가 유령처럼 회색이고
겨울의 잔재가 약해지는

낮의 눈을 쓸쓸하게 할 무렵.
얽힌 덩굴줄기가 하늘에 선을 그었다,
마치 부서진 칠현금의 현들처럼.
그리고 이웃에 사는 사람들은 모두 다
가정의 벽난로를 찾았다.

대지의 뚜렷한 이목구비는 뻗어 있는
금세기의 시체인 듯,
그의 납골당은 구름 낀 하늘,
바람이 그의 애도의 노래.
씨와 출생의 옛 맥박은
단단히 메말라 오그라들었다,
그리고 지상의 모든 정신은
나처럼 정열이 식었었다.

바로 그 찰나 한 목소리가 들려왔다
머리 위의 황량한 나뭇가지 사이에서,
한없는 환희의
가슴 벅찬 저녁 노래가
작고 연약하고 수척한 늙은 티티새 한 마리,
깃털을 광풍에 펄럭이며
짙어가는 땅거미에
이처럼 그의 영혼을 내던지기로 작정한 것이었다.

이렇게 황홀한 소리의 축가에 대한
이유는 거의 적혀 있지 않았다.
멀리 혹은 근처
지상의 사물에는,

그래서 나는 생각할 수 있었다 그의 행복한
밤의 작별 노래 속에
그는 알고 있지만 내가 알지 못하는
무슨 즐거운 희망이 떨리고 있음을.

토마스 하디는 1840년 영국 남서부 도싯Dorcet 지방의 작은 마을에서 건축기사의 아들로 태어났다. 브리튼 섬의 남서쪽 해안에 면해 있는 콘월Cornwall 지방에서 시작하여 내륙 쪽으로 좀 들어오면 데본Devon 주, 더 안쪽으로 그러니까 런던 쪽으로 더 가까운 곳이 도싯 지방이다. 하디는 자녀 교육에 관심이 컸던 어머니의 영향으로 고전과 라틴어 교육을 받았으며 어릴 때부터 책 읽기를 좋아했다. 1859년 쓰인 찰스 다윈Charles Darwin의 『종의 기원On the Origin of Species』(1859)에 커다란 감명을 받았으며 또 당대의 지식인들, 즉 허버트 스펜서Herbert Spencer(1820~1903), 오귀스트 꽁트Auguste Comte(1798~1857), 존 스튜어트 밀John Stuart Mill(1806~1873) 등의 진보적이며 합리적인 사상에 감화되었고 그것은 후에 그의 작품에 고스란히 반영되었다.

토마스 하디는 1862년 자신의 진로 문제를 고민하다가 목사가 되는 길을 포기하고 런던으로 가서 건축 일을 배우기 시작하지만 그 와중에도 라틴어와 그리스어 공부와 시 쓰기를 게을리 하지 않았다. 그러다가 1867년 마침내 하디는 런던으로부터 귀향하여 소설 쓰기에 전념한다. 1871년 『필사적 처방Desperate Remedies』을 시작으로 『푸른 숲 아래에서Under the Greenwood Tree』(1872), 『광란의 무리를 멀리 떠나Far From the Madding Crowd』(1873), 『귀향The Return of the Native』(1878)을 줄줄이 발표했다. 그런데 처음

하이어 보크햄턴Higher Bockhampton에 있는 하디의 생가 모습. 짧은 기간 런던에 간 적도 있지만 결혼하여 떠나게 되는 서른 중반까지 하디는 이곳에서 살았고 이곳 주변 도체스터 지방 곳곳이 하디 작품의 배경이 된다.

도체스터 지방에 있는 하디의 동상.

에는 하디가 이러한 소설들을 출간하면서 익명으로 내놓았기 때문에 대중들은 그 일련의 소설의 작가가 당시 이름을 날리고 있었던 조지 엘리엇George Eliot(1819~1880)이라고 생각했었다. 어쨌든 하디도 점점 이름을 알리게 되면서 특히 『광란의 무리를 멀리 떠나』를 발표할 무렵, 그 소설을 영향력 있는 잡지에 싣게 되면서부터는 문필로 생계를 유지할 수 있게 되었고 그때 비로소 약혼 중이었던 에마 기퍼드Emma Gifford와 결혼했다. 1883년경 하디는 도체스터Dorchester 주변에 맥스 게이트Max Gate라는 집을 짓고 그곳에 거주하게 된다. 이곳에서 『캐스터브리지 시장The Mayor of Casterbridge』(1885), 『숲속의 사람들The Woodlanders』(1887)을 내놓고 뒤이어 그의 대표작인 『더버빌가의 테스Tess of the D'Urbervilles』(1891) 그리고 『무명의 주드Jude the Obscure』(1895)를 출간한다. 그러나 어둡고 비관적인 그의 작품 경향은 당시 세계 일등국가의 국민임을 자처하던 빅토리아인들을 분노하게 만들었다. 자신의 작품에 대한 도덕론자와 비평가들의 혹독한 공격을 견디다 못해 하디는 소설 쓰기를 그만두고 시 쓰기에 진력한다. 1896년부터 이후 죽을 때까지 하디는 간결하고 투박한 시구를 통하

결혼 후 하디가 고향인 보크햄턴을 떠나 새 보금자리를 튼 도체스터 지방의 맥스게이트. 하디는 이곳에서 그를 유명하게 만든 작품 대다수를 발표했다. 그리고 88세로 생을 마감할 때까지 이곳에서 보냈다.

여 자신의 생각을 토로했다. 그 후 시집 발간과 강연 등 기타 활동으로 갖가지 명예를 얻으며 유복한 말년을 보내다가 1928년 맥스게이트에서 88세의 나이로 사망했다. 하디가 사망한 후 그의 두 번째 부인인 플로렌스Florence Dugdale는 하디의 전기인 『토마스 하디의 생애The Early Life of Thomas Hardy』를 출간하였는데 그것은 대부분 하디가 직접 쓴 자서전이다.

그의 대표작 『더버빌가의 테스』(이후, 테스로 함)는 순결한 영혼을 갖고 있는 평범한 시골 여성의 숙명적인, 마치 신의 장난과도 같은 운명적인 슬픈 삶과 사랑을 그린 작품이다. 여기에는 상류층에 대하여 상대적으로 억압받던 하층민, 즉 사회적으로 소외되어 불행한 삶을 사는 사람들에 대한 연민이 짙게 깔려 있다. 이러한 연민과 동정이 하디에게 작품을 쓰게 된 동기가 되었는데 실제로 셰익스피어의 『베로나의 두 신사Two Gentlemen of Verona』에 나오는 "상처 입은 가련한 이름이여! 내 가슴이 침대이니, 그대 여기에 잠들어요Poor wounded Name! My bosom as bed, Shail lodge thee" 라는 대사에서 용기를 얻었다고 하디는 말했다. 하디는 그의 작품 속에서 빅토리아 시대 상류층 사람들의 도덕, 종교 그리고 법률에 대한 불만을 토로하고 그 폐단을 지적하려고 하였다. 즉 유산 계층인 지주 집안

『테스』의 배경이 되었던 스톤헨지. 알렉을 죽이고 엔젤과 함께 도망친 테스는 이곳에서 하룻밤을 보낸다. 그 둘은 소설의 묘사 그대로 오랫동안 큰 돌기둥 사이를 지나는 바람 소리를 듣고 날이 밝자 테스는 체포된다.

의 남자가 하층민인 하녀의 정조를 유린하고도 죄책감을 느끼지 않으며, 또 사랑을 강요하고 결혼까지 했으면서도 과거의 사건에 대한 고백만으로도 '더러운 여자'로 낙인찍히는 것은 그 시대에 만연되어 있던 남성 우월주의와 사회적 편견을 보여 준 것이다. 다시 말하면, 여주인공 테스Tess의 비극을 통해서 그것은 다름 아닌 상류층이 기존 질서를 유지하기 위해 만들어 낸 도덕, 종교, 법률, 남녀 차별의 관습 등 당시 사회가 안고 있던 모순 덩어리들의 합작품임을 보여 주려 하였다.

토마스 하디는 '웨식스Wessex의 작가'라고 불리는데, 물론 그것은 단편집 『웨식스 이야기Wessex Tales』(1888)에서 비롯된 것이기는 하지만 무엇보다도 그가 도싯 지방의 농촌을 배경으로 농민들의 삶을 농부들의 언어로 잘 묘사했기 때문이다. 더구나 하디는 자신이 잘 알고 있는 농장 일들을 사실적으로 묘사했기 때문에 『테스』를 읽다 보면 종종 농부 옆에서 그가 하는 일을 지켜보고 있는 것 같은 착각에 빠지기도 한다.

Tess was standing at the uncovered end, chopping off with a bill-hook the fibres and earth from each root, and throwing it after the operation into the slicer. A man was turning the handle of the machine, and from its trough came the newly-cut swedes, the fresh smell of whose yellow chips was accompanied by the sounds of the snuffling wind, the smart swish of the slicing-blades, and the choppings of the hook in Tess's leather-gloved hand.
The wide acreage of blank agricultural brownness, apparent where the swedes had been pulled, was beginning to be striped in wales of darker brown, gradually broadening to ribands. Along the edge of each of these something crept upon ten legs, moving without haste and without rest up and down the whole length of the field; it was two horses and a man, the plough going between them, turning up the cleared ground for a spring sowing.

테스는 흙을 덮지 않은 쪽 둔덕에 서서 무 뿌리에 붙은 잔털과 흙을 낫으로 잘라 내고 그것을 기계 속으로 던져 넣었다. 한 남자가 기계의 손잡이를 돌렸고 기계의 홈통에서 방금 자른 무가 쏟아져 나왔다. 무의 노란 토막에서 나는 싱그러운 냄새는 킹킹거리는 바람소리와 무 자르는 칼날의 싹둑거리는 날카로운 소리와 가죽 장갑을 낀 테스 손에서 나는 낫질 소리에 맞물렸다.
무를 뽑아내서 갈색으로 된 넓은 빈 밭은 보다 진한 갈색 줄무늬가 진 이랑이 되었다가 차츰 리본 모양으로 넓어졌다. 이랑 언저리를 따라 밭 아래위로 서두르지도 않고 또 쉬는 법도 없이 열 개의 다리가 움직이고 있었다. 한 사내가 쟁기를 사이에 두고 말 두 마리를 몰면서 봄날의 파종을 위해 무 수확이 끝난 밭을 파 뒤집고 있었다.

또한 하디 소설이 갖고 있는 빼놓을 수 없는 매력 중의 하나는 소설의 배경을 묘사하는 그의 솜씨이다. 이것은 마치 그가 시인이기도 하다는 것을 입증이나 하려는 듯이 마을의 평화로운 정경, 토지와 농작물의 상태 등 세세한 농촌의 모습을 세밀화로 그려내듯 시적 언어로 담아냈다. 때로는 그 지방 방언이 사용되어 토속적인 색채를 더해 주기도 한다.

Behind him the hills are open, the sun blazes down upon fields so large as to give an unenclosed character to the landscape, the lanes are white, the hedges low and plashed, the atmosphere colourless. Here, in the valley, the world seems to be constructed upon a smaller and more delicate scale; the fields are mere paddocks, so reduced that from this height their hedgerows appear a network of dark green threads overspreading the paler green of the grass. The atmosphere beneath is languorous, and is so tinged with azure that what artists call the middle distance partakes also of that hue, while the horizon beyond is of the deepest ultramarine. Arable lands are few and limited; with but slight exceptions the prospect is a broad rich mass of grass and trees, mantling minor hills and dales within the major.

그의 뒤로는 낮은 산들이 펼쳐져 있었다. 들판은 아주 넓어서 일대가 사유지가 아닐지도 모른다는 인상을 주었다. 그 들판 위로 햇살이 눈부시게 쏟아져 내렸다. 마을의 골목길은 하얗게 뻗어 있고 나지막하게 솟은 울타리는 잘 손질되어 있었으며 대기는 무색투명했다. 이 계곡에서는 세상이 더 작고 더 정교하게 만들어진 느낌이 들었다. 들판은 작은 목초지 같아 여행객이 서 있는 언덕에서 내려다보면 죽 늘어선 산울타리가 초원의 연한 녹색 위에 펼쳐진 진한 녹색의 그물처럼 보였다. 대기는 언덕 아래로 나른하게 깔려 있었으며 공기의 색깔은

담청색에 가까워 화가들이 중경이라고 부르는 색조를 띠었다. 지평선은 군청색이었다. 경작할 수 있는 땅은 많지 않고 한정되어 있었다. 예외가 없지는 않았지만 초원과 나무가 풍요롭고 넓게 펼쳐져 있었으며 작은 야산과 계곡이 큰 산과 큰 계곡에 둘러싸여 있었다.

The outskirt of the garden in which Tess found herself had been left uncultivated for some years, and was now damp and rank with juicy grass which sent up mists of pollen at a touch; and with tall blooming weeds emitting offensive smells-weeds whose red and yellow and purple hues formed a polychrome as dazzling as that of cultivated flowers. She went stealthily as a cat through this profusion of growth, gathering cuckoo-spittle on her skirts, cracking snails that were underfoot, staining her hands with thistle-milk and slug-slime, and rubbing off upon her naked arms sticky blights which, though snow-white on the apple-tree trunks, made madder stains on her skin; thus she drew quite near to Clare, still unobserved of him.

테스가 서 있는 정원의 끝자락은 몇 년 동안 가꾸지 않아 땅이 습했으며 역한 냄새가 코를 찔렀다. 손이 닿기만 하면 젖은 풀에서 꽃가루가 안개처럼 날아올랐고 무성한 잡초가 길게 자란 곳에서 심한 냄새가 뿜어져 나오고 있었다. 빨갛고 노랗고 자주색의 갖가지 잡초들이 손으로 가꾼 화초처럼 눈부신 색채를 이루고 있었다. 무성한 잡초 사이를 도둑고양이처럼 가만히 헤치고 가는 사이 좀매미의 거품이 스커트에 물들었고 달팽이들이 발밑에 밟혀 터졌으며 엉겅퀴 유액과 민달팽이 점액이 손에 끈끈하게 묻었다. 그녀는 맨팔에 붙은 끈끈한 진딧물을 연신 쓸어 냈다. 이 진딧물은 사과나무 줄기에 붙어 있을 때는 눈처럼 하얗게 보였으나 살갗에 묻으면 흉한 얼룩이 되었다. 이렇게 그녀는 클레어가 있는 곳까지 그의 눈에 띄지 않고 가까이 갔다.

토마스 하디는 그의 대표작 『테스』를 통하여 봉건적 농경 사회에서 산업화 사회로 옮겨가는 전환기에 불가항력적인 힘에 이끌려 운명적으로 희생되어 가는 비극적인 인물들을 그려냄으로써 "인간은 환경의 압박과 우연의 장난에 의해 멸망할 수도 있다"라는 자신의 평소 지론을 전하려 했다. 당시 하디가 살던 시기는 진화론을 비롯한 자연 과학의 발달로 기독교의 절대적 신앙은 이미 위협을 받고 있었고 신에 대한 믿음은 회의적이었다. 이러한 형국에 하디 소설의 주인공으로 대변되는 하층민들은 더 이상 신의 가호를 믿거나 기대할 수 없었고 일개 나약한 존재로서 도덕적 편견과 인습에 부딪히다가 결국 파멸당하는 비극적 운명의 존재일 뿐이었다. 하디는 이와 같은 세기말의 시대상을 지켜보면서 운명과 힘겨운 사투를 벌이다 결국 비극적 결말을 맺는 인물들을 작품 속에 담아내어 당시 사회의 부조리와 폐단을 폭로하고 그것의 개선을 도모하려 했던 것이다.

20세기

19세기 후반 절정에 달했던 영국의 번영은 빅토리아 여왕의 노년과 함께 쇠락의 길을 걷기 시작했다. 전 세계에 불어닥친 민족자결주의의 여파로 영국은 인도를 비롯한 세계 각지의 식민지를 상실하기 시작했다. 게다가 세계 제1의 국가로서 어쩔 수 없이 제1차 세계 대전에 휘말리게 되었고 설상가상으로 1929년에 시작된 대공황으로 치명적인 경제적 손실을 입었다. 이로 인해 영국 내에서는 사회 불안이 고조되었고 국제적으로는 파시즘과 공산주의 국가가 생겨나 결과적으로 제2차 세계 대전이 발발하게 되었다. 양대 세계 대전을 치르며 영국민은 가장 큰 손실과 고통을 겪었다. 식민지로부터의 자원과 부의 조달이 끊긴 상태로 영국 본토의 자원만 가지고 세계 대전을 치르기는 너무나 힘겨웠기 때문이다.

참혹한 전쟁을 치르며 사람들의 사고는 확연히 달라졌다. 지금껏 자부심을 가지고 일구어 왔던 자신들의 문명이 하루아침에 허무하게 무너져 내리는 것을 지켜보았다. 기존의 학문과 지식, 종교 등의 전통이 하찮고 볼품없는 것으로 여겨지기 시작했다. 이 허무와 상실에 대한 반응은 다양한 유형으로 표출되었는데 어떤 이는 분노하고 또 어떤 이는 절망하고 불안해하며 현실로부터 도피를 택했고 또 어떤 이는 새로운 가치관을 정립하기 위한 필사적인 노력을 기울이기도 했다.

조지 버나드 쇼

조지 버나드 쇼George Benard Shaw(1856~1950)는 특이한 자신의 외모와 재치에 연관되어 대중들에게 널리 알려진 일화를 갖고 있다. 당시 버나드 쇼의 작품을 상연한 연극 『피그말리온Pygmalion』에서 배역을 맡았던 여배우 패트릭 캠벨Patrick Campbell(1865~1940), 그리고 엘렌 테리Alice Ellen Terry(1847~1928)는 쇼와 염문설로 유명한데 패트릭 캠벨이다 아니다 엘렌 테리다라고 주장이 오락가락하는데 둘 중 한 사람임에는 틀림없는 것 같다. 어쨌든 두 여배우 중 한 사람이 당시 지적인 활동으로 인기를 끌고 있던 쇼에게 "당신은 이 세상에서 가장 훌륭한 머리를 소유하고 있습니다. 나는 이 세상에서 가장 아름다운 육체를 갖고 있지요. 우리가 결혼하면 완벽한 아이를 낳을 수 있을 거예요"라고 말하자 이에 대한 답변으로 쇼는 "그 아이가 만약에 나의 육체와 당신의 머리를 물려받는다면 어떻게 하지요?"라고 대답하였다는 것이다.

특이한 외모와 독특한 언행으로 유명한 버나드 쇼. 지나칠 정도로 비판적이고 논리적인 것을 좋아해서 주변의 비난을 많이 받기도 했지만 그의 글 속에는 따뜻한 유머가 있으며 또한 그 자신 역시 『피그말리온』으로 번 수익금의 일부를 대영 박물관의 도서관에 기증할 정도로 밝고 유쾌한 인생을 살다 간 사람이었다.

조지 버나드 쇼는 음악평론에서 시작하여 소설을 쓰기도 하였지만 무엇보다도 그를 세상에 널리 알린 것은 그의 희곡 작품이다. 그는 자본주의의 모순으로 드러난 비인간적인 제도와 낡은 인습이 지니고 있는 모순과 폐단을 찾아 그것을 자신의 작품을 통하여 신랄하게 폭로하였다. 또 수많은 강연을 통하여 남녀 임금이 같아야 하는 당위성, 사유 재산의 폐지, 영어 알파벳의 개혁 등 다양한 문제를 거론하였다. 그 가운데 쇼는 영어 알파벳을 개조하려는 운동에 상당한 열의를 보였다. 그는 영어 알파벳 'fish'의 철자를 'ghoti'로 표기하면서 영어 알파벳이 전혀 체계적이지 못한 점을 조롱하였다. 즉 tough에서 'gh'의 발음 /f/, women에서 'o'의 발음 /i/, nation에서 'ti'의 발음 /ʃ/을 따오면 'fish'를 'ghoti'로 표기할 수 있다는 것이다. 그러면서 그는 영어의 각 소리가 각각 하나의 기호로 식별될 수 있는 대체 알파벳을 고안해 내는 사람에게 상금을 수여하라고 다음과 같이 유언장에 남겼다.

To realize the annual difference in favour of a forty-two letter phonetic alphabet…… you must multiply the number of minutes in the year, the number of people in the world who are continuously writing English words, casting types, manufacturing printing and writing machines, by which time the total figure will have become so astronomical that you will realize that the cost of spelling even one sound with two letters has cost us centuries of unnecessary labour. A new British 42 letter alphabet would pay for itself a million times over not only in hours but in moments. When this is grasped, all the useless twaddle about enough and cough and laugh and simplified spelling will be dropped, and the economists and statisticians will be set to work to gather in the orthographic Golconda.

42자의 음표문자로 인해 연간 얼마의 차이가 날지 계산해 보기 위해 1년 치 분minute을 곱해 보라. 또한 끊임없이 영단어를 쓰고 활자를 주조하고 인쇄기와 타자기를 만드는 사람들의 수를 곱해 보라. 계산이 끝날 무렵이면 그 수는 이미 천문학적인 것이 되어서 하나의 소리를 두 개의 문자로 표기하는 대가가 수 세기의 무익한 노동량에 해당된다는 것을 알게 될 것이다. 새로운 42자의 영국식 알파벳은 그 자체의 효과만으로도 몇 시간 내에 아니 몇 초 만에 수백만 배의 이익을 창출할 것이다. 사람들이 이 점을 납득할 때 enough와 cough와 laugh와 단순화된 철자법에 관한 모든 비판들이 수그러들 것이고 경제학자와 통계학자들이 작업할 채비를 갖추고 철자론의 골콘다Golconda(고대 인도의 도시명, 보물창고에 비유됨)에 모일 것이다.

또한 비논리적이고 모순적인 것을 극단적으로 싫어했던 쇼는 아주 중요한 일임에도 불구하고 사람들이 아무런 제한 없이 부모라는 직업을 무모하게 갖는다고 비판하면서 끝내 자식을 갖지 않았고 철저한 채식주의자이어서 커피와 차, 알코올음료 또한 입에 대지 않았다.

쇼가 남긴 신랄한 독설과 역설적인 농담들은 지금도 회자되는 것이 많다. 이에 그치지 않고 그는 묘비조차도 범상치 않은 문장을 남겨 그의 괴팍함을 다시 한 번 보여 주고 있다. 묘비에 'I knew if I stayed around long enough, something like this would happen(우물쭈물 살다가 내 이렇게 될 줄 알았다)'라는 글귀가 새겨져 있다.

조지 버나드 쇼는 1856년 아일랜드 더블린Dublin에서 가난한 청교도 부모 아래 태어나 성장한 후 1876년 런던으로 건너간다. 이름이 알려져 유명세를 얻기 전까지 그는 런던의 빈곤층이 겪는 갖가지 고초를 겪었다. 그가 쓴 초기의 소설들은 대중과 출판사로부터 관심을 얻지 못했다. 이럭저럭 『토요 리뷰Saturday Review』지에 연극, 문예, 음악 비평을 게재하면서 이름을 알리던 쇼는 1884년 사회주의 단체인 페이비언 협회Fabian Society 설립에 주도적인 역할을 하고 정치나 사회 문제에 대한 저술과 강연을 많이 했다. 특히 『여성을 위한 사회주의와 자본주의 입문The Intelligent Woman's Guide to Socialism and Capitalism』(1928)은 지금까지도 많이 읽히는 명저이다. 그는 기존 종교의 권위에 대항하여 청교도적인 종교 개혁가로서 활동을 하였고 또 점진적 사회주의자로서 도덕적 각성과 사회의 개혁을 피력했다. 가난했지만 음악적 소양을 갖고 있었던 어머니 덕분에 쇼는 1888년 코르노 디

1889년 『페이비언 사회주의』의 표지. 헨리 조지의 영향으로 버나드 쇼는 사회주의 단체인 페이비언협회의 설립을 주도하고 점진적 사회주의자로서 사회 개혁을 역설했다. 그는 자본주의 사회에 대해 말하기를 '치가 떨릴 정도로 혐오하지는 않지만 온건하게 싫어했다'고 했다.

바세토Corno di Bassetto라는 필명으로 『더 스타The Star』라는 잡지에 음악 평론을 하고 그 자신도 희곡 다음으로 음악에 열정을 갖기도 했다. 누이 또한 뮤지컬 배우인 점도 그의 활동과 무관하지 않았을 것이다.

극작가로서 쇼는 매춘과 위선을 다룬 『웨렌 부인의 직업Mrs. Warren's Profession』(1893), 한 가정에서 발생한 삼각관계를 통해 여성의 존재를 재발견하려는 『캔디다Candida』(1894), 초인을 낳으려는 여자의 의지와 결혼을 혐오하는 남자의 끈질긴 도피를 통해 새로운 남녀 관계를 선보인 『인간과 초인Man and Superman』(1903), 빈곤과 사회 문제를 도외시한 종교의 무익한 논쟁을 비난한 『바바라 소령Major Barbara』(1907), 상류 계층의 무지하고 불합리한 계급차별을 비판한 『피그말리온Pygmalion』(1912), 잔다르크 인생의 종교적 본질을 따라가는 극으로 노벨 문학상을 타게 만든 『성녀 조앤Saint Joan』(1923) 등을 발표했는데 그는 논리적인 것을 좋아해서 그의 극 구성도 논리적으로 짜여 있다. 거기에는 긴 서문이 단단히 한몫을 하는데 쇼의 극을 보려면 반드시 길면서도 논리 정연한 서문을 거쳐야 하는데 그를 통해 작품의 의도를 직접적으로 또는 간접적으로 전달한다. 그의 작품들은 주로 현대 문명 속에서 현대인들이 안고 있는 문제들, 이를테면 기존의 전통과 인습, 도덕적 위선, 편협한 국수주의,

낭만적 영웅주의, 그리고 지배 계층과 종교의 권위 등의 폐단을 지적하며 그에 대한 개혁을 요구한다. 따라서 그의 작품에서 주로 다루어지는 것은 종교 문제, 여성 문제, 교육 문제, 임금 문제, 자본주의 사회에서의 빈부 격차 문제 등으로 다양하며 작품 속의 등장인물은 대체로 쇼 자신의 주장을 대행하는 대변자일 경우가 많다. 간혹 그의 주장이 궤변으로 변질되어 아이러니와 역설을 낳기도 한다. 어쨌든 유려한 글재주와 풍자적인 말솜씨로 그의 주장을 피력했고 그것이 대중들의 이목을 끌게 되어 그는 극작가로서 명성을 얻었다.

쇼의 희극 작품 중에서 가장 흥미롭고 인기를 끌었던 걸작은 1913년에 초연된 『피그말리온』이다. 이 작품은 그리스 신화에서 힌트를 얻은 것인데 우선 신화의 내용을 알아보면 이렇다. 키프러스Cyprus의 왕인 피그말리온Pygmalion은 뛰어난 조각 솜씨를 갖고 있었는데 그는 상아로 아름다운 여인상을 조각하고 그것을 곁에 두고 밤낮으로 너무나 흠모했다. 그러면서 그는 미의 여신 아프로디테Aphrodite에게 조각상을 인간으로 만들어 달라는 소원을 빌었다. 그 모습을 가엾게 여긴 아프로디테가 그의 소원대로 조각상에 숨결을 불어넣자 그 조각상은 생명을 얻어 갈라테아Galatea라는 여인이 되었고 피그말리온은 그녀와 결혼했다. 쇼는 이 내용에서 힌트를 얻고 거기에 자신의 메시지를 넣어 희곡 『피그말리온』을 내놓았다.

쇼의 작품 『피그말리온』에서 주인공인 음성학자 헨리 히긴스Henry Higgins는 신화 속의 피그말리온이고 갈라테아는 일라이자 두리틀Eliza Doolittle이다. 어느 날 히긴스는 우연히 런던 중심부인 코벤트 가든Covent

장 레옹 제롬(1824~1904)이 그린 '피그말리온과 갈라테아'. 조각상이 아름다운 여인이 되어 소망을 이룬다는 신화인데 이로써 간절히 원하면 언젠가는 이루어진다는 의미의 용어, 피그말리온 효과가 생겨났다.

Garden에서 심한 사투리를 쓰면서 손님들에게 꽃을 파는 무식한 아가씨를 만난다.

THE MOTHER: How do you know that my son's name is Freddy, pray?
THE FLOWER GIRL: Ow, eez yə-ooa san, is e? Wal, fewd dan y' də-ooty bawmz a mather should, eed now bettern to spawl a pore gel's flahrzn than ran awy athaht pyin. Will ye-oo py me *f*them? [Here, with apologies, this desperate attempt to represent her dialect without a phonetic alphabet must be abandoned as unintelligible outside London.]

어머니: 내 아들 이름이 프래디란 걸 어떻게 알았지?
꽃 파는 소녀: 아, 저 사람이 아줌니 아들이래유? 아줌니가 에미로서의 임무를 잘했더라면 그 아들이 불쌍한 소녀의 꽃을 다 망쳐 놓고 물어달라고 하면 그렇게 내빼지는 않았을 거유. 물어 주겠슈?(=Oh, he's

your son, is he? Well, if you'd done your duty by him as a mother should, he'd know better than to spoil a poor girl's flowers and then run away without paying. Will you pay me for them?) [여기서 사과와 함께 런던 이외 지역 사람들이 이해할 수 없기 때문에, 그녀의 사투리를 발음기호 없이 재현하고자 하는 필사적인 시도를 그만두겠다]

사투리 영어를 사용하며 꽃을 파는 그녀가 바로 일라이자 두리틀이다. 히긴스는 음성학 교수이기 때문에 그는 사람들이 사용하는 영어 억양만 들어도 그 사람이 어느 지방 출신인지 또 그가 어느 가문의 사람인지를 정확하게 알아낼 수 있다.

THE GENTLEMAN: [returning to his former place on the note taker's left] How do you do it, if I may ask?
THE NOTE TAKER: Simply phonetics. The science of speech. Thats my profession: also my hobby. Happy is the man who can make a living by his hobby! You can spot an Irishman or a Yorkshireman by his brogue. I can place any man within six miles. I can place him within two miles in London. Sometimes within two streets.

THE GENTLEMAN: But is there a living in that?
THE NOTE TAKER: Oh yes. Quite a fat one. This is an age of upstarts. Men begin in Kentish Town with £80 a year, and end in Park Lane with a hundred thousand. They want to drop Kentish Town; but they give themselves away every time they open their mouths. Now I can teach them-

신사: [노트 든 사람의 왼쪽, 아까 자기가 있던 자리로 돌아와서] 어떻

게 그렇게 용하게 알아맞히는지 물어봐도 될까요?
노트 든 사람: 단순한 음성학이죠. 언어학 말입니다. 그게 내 직업이오. 취미이기도 하구요. 취미를 가지고 생계를 유지할 수 있는 사람은 행복한 사람이죠! 사투리를 듣고 그 사람이 아일랜드 사람인지 요크셔 사람인지 알아내는 겁니다. 나는 어떤 사람이든 그의 출생지를 6마일 오차 범위 이내로 맞힐 수도 있죠. 런던 지역이면 2마일 이내도 가능하고 때로는 두 블록 이내로 맞힐 수도 있어요.

신사: 그렇지만 그게 돈벌이가 됩니까?
노트 든 사람: 그럼요. 아주 괜찮은 거죠. 지금은 벼락 출세자들의 시대거든요. 사람들은 켄티쉬 타운에서 연봉 80파운드로 시작해서, 파크 레인에서 십만 파운드를 버는 거물이 되죠. 그렇게 되면 켄티쉬 타운의 촌티를 떨쳐 버리기를 원합니다. 그렇지만 입을 벌릴 때마다 자신들의 본색을 드러내게 되는 거죠. 그런 사람들을 가르치면-

히긴스는 친구인 언어학자 피커링Pickering 대령에게 일라이자처럼 표준어를 제대로 쓸 수 없는 무식한 여자라도 교육만 잘하면 귀부인으로 만들 수 있다고 말하며 그 가능성을 걸고 내기를 하게 된다. 히긴스는 일라이자에게 정확한 발음, 화법, 그리고 예의범절을 가르쳐 드디어 6개월 뒤에 그녀를 사교계에서 공작부인에 뒤지지 않는 숙녀로 탈바꿈시켜 놓았다.

하지만 신화의 내용과는 달리 히긴스는 일라이자와 결혼하지 않는다. 히긴스는 너무나 이기적인 사람이어서 일라이자를 자신의 실험 대상으로만 생각할 뿐이다. 이것은 상류층 지식인의 전형적인 위선으로 쇼가 드러내려는 메시지 중 하나이다. 결국 일라이자는 자신을 인간적으로 대하지 않는 히긴스 대신 지적 능력은 없지만 자신을 사랑해 주는 청년 프래디 Freddy와 결혼한다.

쇼는 이 신화 속의 피그말리온이 자신이 만들어 놓은 조각상의 모습에 만족하여 빠져들듯이 영국의 상류 계층 사람들이 그토록 떠받들고 빠져드는 지성과 도덕성은 태어날 때 부여되는 천부적인 것이 아님을 희화하여 지배층의 오만과 위선적인 면을 꼬집고 계층 간의 불합리한 차별을 폭로하려 했다. 4막에서 일라이자가 하는 말은 그러한 쇼의 의도를 단적으로 나타낸 대사이다.

'My Fair Lady'의 광고 포스터. 쇼의 『피그말리온』은 '마이 페어 레이디'라는 연극과 영화로 각색, 제작되어 엄청난 인기를 끌었다. 쇼의 엄정한 희곡을 흥겨운 뮤지컬로 잘 각색하고 영화에서는 오드리 헵번, 연극 무대에서는 줄리 앤드류스가 일라이자 역을 맡아 흥행에 성공했다.

HIGGINS: [waking up]. What do you mean?
ELIZA: I sold flowers. I didn't sell myself. Now you've made a lady of me I'm not fit to sell anything else. I wish you'd left me where you found me.

히긴스: [정신을 차리며] 무슨 말이냐?
일라이자: 난 꽃을 팔았어요. 나 자신을 팔지는 않았단 말이에요. 그런데 선생님이 절 숙녀로 만들어서 전 이제 다른 무엇을 팔기에는 맞지 않는 사람이 돼 버렸어요. 나 자신을 파는 수밖에 없단 말이죠. 선생님이 절 봤던 그곳에 그대로 내버려 두었더라면 하는 생각이 드네요.

『피그말리온』은 1956년에 뮤지컬 '마이 페어 레이디My Fair Lady'로도 각색되어 브로드웨이 무대에서 엄청난 인기를 끌었고 1964년 같은 제목으로 영화로 제작되었다.

또한 영어가 갖고 있는 문제를 제기하며 영어 철자의 개혁까지도 주장했던 쇼는 『피그말리온』 작품 서문에다 영어에 대한 그의 생각을 피력해 놓았다.

The English have no respect for their language, and will not teach their children to speak it. They spell it so abominably that no man can teach himself what it sounds like. It is impossible for an Englishman to open his mouth without making some other Englishman hate or despise him. German and Spanish are accessible to foreigners; English is not accessible even to Englishmen. The reformer England needs today is an energetic phonetic enthusiast: that is why I have made such a one the hero of a popular play.

영국인들은 자신들의 언어에 대하여 존경심이 없다. 그들은 어린이들에게 영어를 말하도록 가르치지 않을 것이다. 그들은 철자를 마구잡이로 써서 철자가 어떻게 발음되는지를 습득할 수 있는 사람은 없다. 어떤 영국인들은 자신을 경멸스러워하지 않고는 입을 떼는 것조차 불가능하다. 독일어와 스페인어는 외국인들이 이해하기 쉽다. 그러나 영어는 영국인들조차 이해하기 어렵다. 오늘날 영국이 요구하는 개혁가는 열성적인 음성학자[12]이다. 즉 그것이 바로 내가 인기 있는 극의 주인공을 만들어 내는 이유이다.

이렇게 보면 쇼는 『피그말리온』을 통하여 상류층의 위선뿐만 아니라 영어 알파벳 개혁 문제를 강하게 피력하고 있는 것이다. 즉 영국인들이 영어를 소중히 여기지 않아서 영어가 타락하고 있는데 그 타락을 막고 개혁을 단행할 사람은 바로 언어학자밖에 없다는 것이다. 이와 같이 쇼는 자신의 희곡 작품을 당시 사회가 안고 있는 문제에 대한 자신의 주장을 대변하는 수단으로 활용하였다.

데이비드 허버트 로렌스

소설가로서 로렌스David Herbert Lawrence(1885~1930)는 일반인들에게 대체로 '채털리 부인의 사랑' 또는 '음란함' 등의 어휘를 떠올리는 작가일 것이다. 그러나 이것은 그의 작품 『채털레이 부인의 연인Lady Chatterley's Lover』과 비슷한 이름의 영화 '채털리 부인의 사랑'의 영향이 아닌가 싶다. 그렇든 아니든 공교롭게도 로렌스의 여러 작품들은 그가 생존해 있던 당대 그리고 그의 사후에도 '음란성'과 '예술성' 사이를 넘나들며 끊임없는 논란거리를 제공하고 있다. 1915년 작품 『무지개Rainbow』가 출간되었을 당시, 내용의 음란성이 문제가 되어 당국은 출판된 책을 모두 파기하도록 했고, 1925년 그의 그림 전시회 때도 누드화를 강제 철거했었다. 뿐만 아니라 그의 사후인 1959년 『채털레이 부인의 연인』이 출판되었을 때 영국 당국은 판매금지 처분을 내렸다. 이와 같이 로렌스와 로렌스 작품에 대하여 당국이 부정적인 태도를 취하는 데에는 몇 가지 이유가 있지만 무엇보다도 그는 당시 국가와 국민 정서에 거슬리는 사고와 태도를 취했던 것이 제일 큰 화근이었을 것이다. 예를 들면 영국이 적대국과 제1차 세계 대전을 한창 치르고 있어서 애국심을 고취시켜야 할 판에 로렌스는 오히려 『무지개』를 출간하면서 전쟁에 대한 회의적인 내용을 피력하여 결과적으로 이적 행위를 하였으니 당연히 당국과 영국민들로부터 격한 비난을 받을 수밖에 없었다. 또한 로렌스는 빈부 격차, 빈곤층의 고통 등 어두운 사회 문제 그리고 성에 관한 문제를 다루면서 그 묘사가 너무나 직설적이고 충격적이어서 독자들의 반발을 불러일으켰을 것이다. 이런 점에서 보면 디킨즈는 로렌스와 대비되는 좋은 예이다. 디킨즈도 사회의 어둡고 부정적인 면을 고발하였지만 그는 거기에 유머라든지 익살 등 충격을 흡수하는 완충 요소를 적절히 가미하여 독자들의 거부감을 줄여 주었다.

로렌스는 1885년 9월 11일, 영국 중부 노팅험Nottinghamshire의 한 작은 광산촌인 이스트우드Eastwood에서 광부인 아버지와 교사 출신의 어머니 사이에 3남 2녀 중 넷째로 태어났다. 로렌스는 유년 시절 노동자들의 집단 가옥인 테라스트 하우스terraced house에서 무식한 아버지와 교양 있는 어머니 사이에 분출되는 신분 갈등과 가정불화를 지켜보면서 성장하는데 이 시기의 경험들은 이후 그의 작품에서 고스란히 반영된다.

유약한 신체에 섬세한 감수성을 가지고 있었던 로렌스에게 그의 어머니가 거는 기대는 특별했다. 그의 어머니는 로렌스가 광부가 되는 것을 원치 않았다. 열세 살이 되던 해, 어머니의 독려 속에 장학금으로 노팅험 고등학교Nottingham High School에 진학했고 잠깐 동안 의료 기구 제조상에서 일하기도 했다. 이 무렵 폐렴을 앓고 건강이 좋지 않아 이스트우드 교외에 있는 해그스Haggs 농장에서 지내게 되었는데, 그때 어머니 친구의 딸인 제시 체임버스Jessy Chambers와 만나게 된다. 그 두 사람은 1904년

성애 소설가의 대명사처럼 인식되고 있는 D. H. 로렌스의 모습. 물론 그것은 그의 소설 작품 속에서 성에 대한 묘사가 지나칠 정도로 노골적인 데서 기인하지만 그 자신 또한 대학 시절 자신을 가르쳤던 교수의 부인과 만난 지 몇 주 만에 사랑의 도피를 할 정도로 평범한 사랑을 한 사람은 아니었다.

영국 중부의 탄광촌인 이스트우드에 있는 로렌스 생가의 모습. 광부들의 집단 가옥인 테라스트 하우스인데 이곳에서의 열악한 주거 환경은 그의 대표작 『아들과 연인』에 묘사되어 있다.

약혼을 하고 거의 10년을 사귀지만 결혼을 하지 못하고 헤어지게 된다. 이 경험은 후에 그의 대표작 『아들과 연인』에 반영되는데 첫사랑의 연인 제시는 소설 속의 미리엄Miriam으로 등장한다. 그러다가 로렌스는 1906년 교사 자격증을 얻기 위해 노팅험 대학Nottingham University에 입학한다. 이 모든 것은 그의 어머니의 꿈을 이루어 주기 위한 효도 과정이었다. 그때 이미 그는 여러 편의 시와 단편 소설을 쓰고 있었다. 그의 회고에 의하면 그는 어머니로부터는 '생명과 따뜻함과 힘'을 얻었고 또 첫사랑의 연인 제시로부터는 '흰빛처럼 격렬하게 타오르는' 의식을 얻어 작가로서 그 나름의 기질을 갖추고 있었다. 아무튼 글쓰기에 진력하여 그는 1911년에서 1913년 사이에 『하얀 공작The White Peacock』, 『침입자The Trespasser』와 그의 자전적 소설인 『아들과 연인Sons and Lovers』을 발표했다.

1912년 27살의 로렌스는 휴양을 위해 출국 준비를 하던 중 노팅험대학 재학 시절 스승이었던 위클리Ernest Weekley 교수를 만난다. 그런데 노팅험에서 머무는 몇 주 동안 위클리 교수의 부인, 프리다Frieda Weekley와 불륜 관계를 맺게 된다. 당시 프리다 부인은 독일 귀족 출신으로 이미 아이가 셋이 있었고 로렌스보다 여섯 살이나 연상이었다. 그 이후 두 사람은 세간의 비난을 피해 독일로 도피하게 된다. 잠시 동안의 도피 생활 후에 그들은 다시 영국으로 돌아와 콘월 지방의 젠노Zennor에 정착한다. 바닷가 젠노의 평화로움에 흠뻑 빠져든 로렌스는 마음에 맞는 친구들과 함께 공동체 생활을 꿈꾸었다. 이 공동체를 '라나님Rananim'이라 했는데 이 꿈은 오래가지 못했다. 당시 로렌스는 비평가들로부터는 점점 인정받고 있었지만 1915년 발표한 『무지개Rainbow』가 음란물로 규정되자 그에 대한 비난은 다시 거세졌다. 게다가 설상가상으로 제1차 세계 대전을 치르고 있던 영국 당국으로부터 로렌스 부부는 독일 스파이로 의심을 받았고 그 결과 1917년 콘월로부터 추방되었다. 그러자 그는 부인과 함께 이탈리아로 떠났다. 어렵고 힘든 해외 생활 속에서도 로렌스는 글쓰기를 계속하여 『연애하는 여인들Women in Love』(1920)을 출간했고 자신의 고국에 대해 실망한 로렌스는 1919년 미국의 뉴멕시코 지방의 타오스Taos에 정착을 시도했었다. 그곳에서 아즈텍Aztec 문명에 대한 영감을 바탕으로 『날개 돋힌 뱀The Plumed Serpent』(1926)을 썼고, 또 이탈리아 플로렌스Florence에서 『채털레이 부인의 연인Lady Chatterley's Lover』(1928)을 발표한다. 그 무렵 로렌스는 해외로 떠돌다가 간간이 영국에 돌아오기도

로렌스의 그림 솜씨를 엿볼 수 있는 그의 작품. 그러나 당국과 지속적인 불화를 빚고 있었던 그는 그림 전시회를 열 때에도 그림을 몰수당하는 등 어려움을 겪었다.

했으며 1925년에는 런던에서 그림 전시회를 갖기도 했었다. 그림에 대한 그의 열정은『아들과 연인』작품 속에 묘사되고 있는 부분에서 간접적으로나마 엿볼 수 있다. 말년에 들어 당국과의 끊임없는 마찰과 갈등으로 한 곳에 정착하지 못하고 불안정한 삶을 보내다가 지병인 만성 폐결핵이 악화되어 마침내 1930년 3월 2일 베니스Venice에서 숨을 거두었다.

『아들과 연인』은 1913년 출판된 로렌스의 대표작이자 자전적 소설이다. 이 작품은 잉글랜드 중부에 있는 마을 베스트우드라는 탄광촌을 배경으로 주인공 폴 모렐Paul Morel의 부모형제와 폴 자신의 유년기, 사춘기 그리고 청년기에 이르기까지 겪게 되는 이야기로 엮어져 있다. 로렌스는 『아들과 연인』을 쓸 때만 해도 자신이 성장한 이스트우드의 탄광촌을 그리워했기 때문에 작품 속에서도 아름다운 마을의 전경을 시적으로 묘사하여 군데군데 삽입해 놓았다.

Down Derby Road was a cherry-tree that glistened. The old brick wall by the Statutes ground burned scarlet, spring was a very flame of green. And the steep swoop of highroad lay, in its cool morning dust, splendid with patterns of sunshine and shadow, perfectly still. The trees sloped their great green shoulders proudly.......

더비거리에 벚나무가 빛났다. 시장 근처의 스태튜츠 광장 앞에 있는 낡은 벽돌 벽은 진홍빛으로 불타고 봄은 녹음이 불붙는 것 같았다. 그리고 한길의 급격한 경사는 시원한 아침 바람에 화려한 햇살과 그늘의 무늬를 이루며 완전한 정적 속에 잠겨 있었다. 나무들은 녹색의 거대한 어깨를 자랑스럽게 늘어뜨렸다…….

A half-moon, dusky gold, was sinking behind the black sycamore at the end of the garden, making the sky dull purple with its glow. Nearer, a dim white fence of lilies went across the garden, and the air all round seemed to stir with scent, as if it were alive.

어스레한 황금빛 반달이 그 빛으로 하늘을 우중충한 보라색으로 물들이며 정원 끝에 있는 검은 단풍나무 뒤로 지고 있었다. 가까이에는 희미한 흰색의 나리 울타리가 정원을 가로질렀고 주위의 공기는 마치 살아 있는 향기처럼 움직이는 것 같았다.

이렇듯 아름다운 자연환경을 자랑하는 한적한 탄광촌은 19세기 중반 산업 혁명의 변혁기를 맞으면서 탄광이 대규모로 개발되기 시작하고 그에 따라 인구가 늘어나자 집단 주거용 주택이 들어서게 되었다. 로렌스는 작품 앞부분에서 광부들의 집단 주택인 보텀스Bottoms의 열악한 환경을 세밀하게 묘사하고 있다.

The houses themselves were substantial and very decent. One could walk all round, seeing little front gardens with auriculas and saxifrage in the shadow of the bottom block, sweet-williams and pinks in the sunny top block; seeing neat front windows, little porches, little privet hedges, and dormer windows for the attics. But that was outside; that was the view on to the uninhabited parlours of all the colliers' wives. The dwelling-room, the kitchen, was at the back of the house, facing inward between the blocks, looking at a scrubby back garden, and then at the ash-pits, went the alley, where the children played and the women gossiped and the men smoked. So, the actual conditions of living in the Bottoms, that was so well built and that looked so nice, were quite unsavoury because people must live in the kitchen, and the kitchens opened on to that nasty alley of ash-pits.

집 자체는 견고하고 근사하게 보였다. 그 주위를 걸어 다니면 조그마한 앞뜰을 볼 수 있었는데 그늘진 아래쪽 블록에는 앵초와 범의귀류가 있고 햇빛이 드는 위쪽 블록에는 패랭이꽃들이 피어 있었다. 말끔한 앞 창문과 조그마한 현관, 자그마한 쥐똥나무 울타리, 그리고 다락방의 지붕창도 볼 수 있었다. 그러나 그것은 바깥 모습이었고 광부의 아내들이 자주 드나들지 않는 작은 응접실 쪽의 풍경이었다. 가족들이 머무는 거실과 부엌은 집의 뒤쪽에 있었고 블록들 사이를 향하고 있었으며 잡목이 무성한 뒤뜰과 그 너머의 뒷간을 내다볼 수 있었다. 집들이 늘어선 사이로, 길게 이어진 뒷간들 사이로 좁은 길이 나 있는데, 거기에서 아이들은 놀이를 하고 여자들은 잡담을 했으며 남자들은 담배를 피웠다. 사람들이 부엌에서 살아야 하고 부엌은 불결한 뒷간을 향하고 있었기 때문에 보텀스가 아주 잘 지어졌고 대단히 근사해 보였지만 그 실질적인 삶의 조건은 상당히 열악한 것이었다.

폴의 아버지 월터 모렐Walter Morel은 이 탄광촌의 광부이며 어머니 거트루드Gertrude Coppard는 청교도 가정에서 교육을 잘 받은 교사 출신이다. 두 사람은 크리스마스 축제 중에 만났는데 폴의 아버지는 교양을 갖춘 기품이 있는 숙녀에게 끌렸고, 어머니는 지적 속박 없이 생명력 넘치는 남자의 육체적인 매력에 끌려 결혼하게 되었는데 그것이 불행의 시작이었다. 아버지는 술주정뱅이에다 비속한 성격의 소유자였고 그래서 아내와 자식들에게 폭력을 휘두른다. 이에 실망한 어머니는 자기의 소유욕에서 비롯된 사랑을 자식들에게 쏟게 되는데 큰 아들 윌리엄William이 죽은 후 그녀는 남아 있는 아들 폴에게 집착하게 된다. 폴은 어머니를 사랑하고 기대에 못 미치는 아버지를 증오한다. 가난에서 배어 나오는 우울한 집안 분위기에 불만스러워하지만 폴은 노팅엄에 있는 회사에도 다니고 그림 전시회에 입상도 하면서 어머니가 쏟은 사랑에 보답한다. 그러던 어느 날 농장주의 딸 미리엄Miriam과 사귀게 되는데 정신적인 사랑을 고집하는 그녀와 어머니의 방해로 그들의 사랑은 결국 맺어지지 못한다. 그 후 폴은 연상의 유부녀 클라라 도스Clara Daws를 사랑하게 된다. 하지만 폴은 아직 미리엄에 대한 미련이 있었고 클라라 역시 남편을 완전히 떨쳐 버리지 못했기 때문에 이들의 사랑 또한 이루어지지 못한다.

『아들과 연인』은 로렌스의 장기인 성격 묘사가 일품인데 그것은 폴의 성장 과정, 녹서와 예술, 특히 그림그리기에 재능을 발견하는 과정 등을 통하여 로렌스의 솜씨를 엿볼 수 있다. 일례로 어머니의 죽음 이후 폴의 심경을 묘사한 부분을 보기로 하자. 작품 속에서 폴은 마치 오이디푸스 콤플렉스Oedipus complex를 갖고 있는 사람처럼 어머니에 대한 강력한 관계 때문에 끝내 다른 여인을 사랑하지 못한다. 어머니가 암으로 죽자 폴은 비로소 자신의 인생을 새롭게 시작하겠다는 결심을 하게 된다. 그래서 잠깐 동안 미리엄과 결혼을 생각해 보기도 하지만 어머니의 그림자가 집요하게 따라다니는 것을 알고 결국 두 여자를 버리고 홀로 떠나게 되는 마지막 장면이다.

Little stars shone high up; little stars spread far away in the flood-waters, a firmament below. Everywhere the vastness and terror of the immense night which is roused and stirred for a brief while by the day, but which returns, and will remain at last eternal, holding everything in its silence and its living gloom. There was no Time, only Space. Wo could say his mother had lived and did not live? She had been in one place, and was in another; that was all. And his soul could not leave her, wherever she was. Now she was gone abroad into the night, and he was with her still. They were together. But yet there was his body, his chest, that leaned against the stile, his hands on the wooden bar. They seemed something. Where was he?-one tiny upright speck of flesh, less than an ear of wheat lost in the field. He could not bear it. On every side the immense dark silence seemed pressing him, so tiny a spark, into extinction, and yet, almost nothing, he could not be extinct. Night, in which everything was lost, went reaching out, beyond stars and sun. Stars and sun, a few fright grains, went spinning round for terror, and holding each other in embrace, there in a darkness that outpassed them all, and left them tiny and daunted. So much, and himself, infinitesimal, at the core a nothingness, and yet not nothing.

"Mother!" he whispered-"mother!"

She was the only thing that held him up, himself, amid all this. And she was gone, intermingled herself. He wanted her to touch him, have him alongside with her.

But no, he would not give in. Turning sharply, he walked towards the city's gold phosphorescence. His fists were shut, his mouth set fast. He would not take that direction, to the darkness, to follow her. He walked towards the faintly humming, glowing town, quickly.

조그마한 별들이 높은 곳에서 빛나고 있었고 여기 지상의 창공인 강물 위에서 멀리까지 펼쳐 빛나고 있었다. 낮이 되면 잠시 일깨워지고 동요되지만 돌아와서 끝내는 영원히 남을 거대한 밤의 광막함과 공포가 도처에서 모든 사물을 그 침묵과 살아 있는 어둠 속에 감싸고 있었다. 시간은 없고 공간만이 있을 따름이었다. 그의 어머니가 살아 있었고 이제는 살아 있지 않다고 누가 말할 수 있겠는가? 그녀는 한 장소에 있었는데 이제 다른 곳으로 옮긴 것이었다. 그것이 전부였다. 그리고 그의 영혼은 어머니가 어디 있든지 그녀를 떠날 수 없었다. 이제 그녀는 밤의 세계로 떠났고 그는 여전히 그녀와 함께 있었다. 그들은 함께 있었다. 그러나 그의 몸은 여기 있어서 그의 가슴을 들판의 산울타리 계단에 기대고 모재 난간을 손으로 잡고 있었다. 이것은 어떤 의미가 있는 것처럼 보였다. 그가 어디 있는 것일까?-밀밭에 숨어 있는 하나의 밀 이삭보다도 못한 똑바로 서 있는 조그마한 하나의 살점인 자신은. 그는 그것을 참을 수 없었다. 사방에서 거대한 어둠의 침묵이 그를, 그 조그마한 반점을 소멸하도록 짓누르고 있는 것 같았지만 그는 거의 아무것도 아닌 존재이면서도 소멸할 수가 없었다. 모든 것을 삼켜 버리는 밤이 별들과 해를 넘어서 계속 확장되어 나갔다. 몇 개의 빛나는 미소한 낟알 같은 별들과 해는 그것들 모두를 능가하고 그들을 왜소하고 미약하게 만들어 버리는 거기 어둠 속에서 공포에 질려 빙빙 돌면서 서로를 부둥켜안고 있었다. 그 자신도 마찬가지여서 무한히 작고 그 근처에 있어서는 무가치한 존재이지만 그러나 단순히 아무것도 아니라고는 할 수 없었다.

"엄마!" 그는 속삭였다. "엄마!"

어머니는 이 모든 것들 가운데 그 자신을 지탱해 준 유일한 존재였다. 그리고 그녀는 가 버렸고 이 어둠 속에 뒤섞여 버렸다. 그는 그녀가 자기를 만져 주고 그녀 옆에 자신을 두기를 바랐다.

그러나 아냐, 그는 굴복하지 않을 것이다. 갑자기 몸을 돌리면서 도시의 황금빛 인광을 향해 걸어갔다. 그는 주먹을 꼭 쥐고 입을 굳게 다물었다. 그는 어머니를 따라서 그 방향으로 어둠을 향해 나아가지 않을 것이다. 그는 희미하게 소음이 들리고 불빛이 타오르는 도시를 향하여 재빨리 걸어갔다.

로렌스의 작품이 출간되던 시기는 산업 혁명이 한창 진행되던 시기였다. 즉 신흥 공업 도시들이 우후죽순처럼 생겨나고 영국 각 지역에서 노동자들이 유입되고 서로 섞이면서 당시 공업 도시에는 그 지역만의 특이한 방언이 생겨나는 경우도 있었다. 로렌스 또한 자신의 소설 속에서 언어를 통하여 등장인물들의 성격을 묘사하고 있다. 비교적 표준 영어를 구사하는 어머니는 교양 있는 사람임을 암시하는 것이며 이에 비해 중부 지역의 방언을 사용하는 아버지는 노동자 계층임을 드러내는 것이다.

Not knowing what he[Walter Morel] was doing-he often did the right thing by instinct-he sat beside her[Gertrude], inclining reverentially.
"But you mustn't miss your dance", she reproved.
"Nay, I don't want to dance that-it's not one as I care about"
"Yet you invited me to it"
He laughed very heartily at this.
"I never thought o' that. Tha'rt not long in taking the curl out of me"
It was her turn to laugh quickly.
"You don't look as if you'd come much uncurled", she said.
"I'm like a pig's tail, I curl because I canna help it", he laughed, rather boisterously.

......"And you are a miner!" she exclaimed in surprise.
"Yes. I went down when I was ten"
She looked at him in wondering dismay.
"When you were ten! And wasn't it very hard?" she asked.
"You soon get used to it. You live like th' mice, an' you pop out at night to see what's going on"
"It makes me feel blind", she frowned.
"Like a moudiwarp!" he laughed. "Yi, an' there's some chaps as does go round like moudiwarps"

자신이 무엇을 하는지도 모르면서-그는 종종 본능적으로 적절한 일을 했다-그는 그녀의 옆에 앉아 존경하듯이 몸을 굽혔다.
"하지만 당신은 이번 춤을 놓쳐서는 안 돼요." 그녀가 항의했다.
"아니에요, 나는 춤추고 싶지 않아요. 이건 내가 좋아하는 것이 아니에요."
"하지만 내게 추자고 했잖아요."

그는 이 말에 호탕하게 웃었다.
"그 생각은 못 했는데요. 당신 앞에서 내 어리석음이 금방 드러나는군요."
이번에는 그녀가 재빨리 웃었다.
"당신은 별로 드러난 게 없는 것 같은데요." 그녀가 말했다.
"나는 돼지 꼬리가 꼬부라지는 것처럼 어쩔 수 없이 나의 어리석음이 드러나요." 약간 떠들썩하게 그가 웃었다.

……"그런데 당신이 광부라고요?" 그녀가 놀라서 소리쳤다.
"네, 열 살 때 탄광에 들어갔지요."
그녀는 놀랍고도 당황하여 그를 바라보았다.
"열 살 때였다고요! 아주 힘들지 않았나요?" 그녀가 물었다.
"곧 익숙해지지요. 쥐처럼 살다가 밤이 되면 튀어나와 어떤 일이 일어나고 있는지 둘러보지요."
"마치 장님이 되는 것 같겠군요." 그녀가 이마를 찡그렸다.
"두더지 같지요!" 그가 웃었다. "그래요, 정말 두더지처럼 돌아다니는 녀석들도 있지요."

이외에도 방언을 이용하여 등장인물들의 성격과 신분을 암시하려는 로렌스의 의도는 작품 속 여러 곳에서 발견된다. 『아들과 연인』은 출판 당시 성에 관한 직접적이고 대담한 묘사 때문에 당국과 비평가들의 거센 항의와 비난을 받은 바 있지만 그럼에도 불구하고 탄광촌을 배경으로 등장인물들이 겪는 갈등을 뛰어난 심리 묘사를 통하여 그려냈기 때문에 로렌스 소설 중의 최고의 걸작으로 꼽힌다.

토마스 스턴스 엘리엇

T. S. 엘리엇Thomas Stearns Eliot(1888~1965)은 현대인에게 널리 회자되는 시 구절 '4월은 잔인한 달……'의 장본인이다. 1922년 엘리엇은 의식의 흐름 수법을 이용하여 제1차 세계 대전을 치른 후 유럽인들이 겪게 된 정신적 공황 상태를 동서 고전의 적절한 구절들을 인용하여 4백 행이 넘는 장시에 담아냈는데 이것이 바로 그 유명한 「황무지The Waste Land」이다. 엘리엇은 이 시를 문화평론지 『크라이티어리언Criterion』에 발표했는데 이 시는 제임스 조이스James Joyce(1882~1941)의 소설 『율리시즈Ulysses』(1922)와 함께 20세기 모더니즘을 대표하는 문학 작품이 되었다.

엘리엇은 그만의 독특한 시를 가지고 모더니즘을 연 시인으로 널리 알려져 있지만, 그는 또한 현대시의 새로운 시론을 주창한 비평가이며, 게다가 『대성당의 살인Murder in the Cathedral』(1935) 등을 창작한 극작가이기도 하다.

엘리엇은 『전통과 개인의 재능Tradition and the Individual Talent』(1919)에서 '예술가의 진보는 끝없는 자기희생, 끝없는 개성의 소멸이다The progress of an artist is a continual self-sacrifice, a continual extinction of personality'라고 말했는데, 그가 주장한 몰개성 시론poetry of impersonality은 다름 아닌 복잡하고 다양한 현대 문명 속에서 시인은 자신이 표현하고자 하는 대상과 느낌을 과학적이라 할 만큼 정확하고 객관적으로 표현해야 한다는 것이다. 따라서 엘리엇은 이른바 '강렬한 느낌이 자연스럽게 넘쳐흐름the spontaneous overflow of powerful feeling' 또는 '고요한 가운데 우러나는 감정emotion recollected in tranquility'이라고 피력한 워즈워드 시인의 낭만주의 시관을 부정하고 시는 사상과 정서가 통합된 감수성에 의해 통일된 '정서의 지적 등가물the intellectual equivalent of emotion'이어야 한다고 했다.

엄격한 청교도 가풍에서 자라나 하버드 대학에서 문학, 역사, 철학을 공부한 지식인이었던 T. S. 엘리엇. 더욱더 질서 있고 전통적인 것을 추구하기 위해 1927년 영국으로 귀화한 사건을 놓고 혹자는 르네상스 시대 스페인의 에라스무스가 영국에 머문 것에 비유하기도 한다. 지나치리만큼 정확하고 단정했던 그의 행동거지 못지않게 외모도 차가울 정도로 빈틈없어 보인다.

엘리엇은 1888년 미국 미주리Missouri 주의 세인트 루이스St. Louis에서 태어났다. 할아버지의 영향으로 그는 독실한 청교도 집안 분위기 속에서 성장하였다. 근엄하고 성실하며 종교와 도덕적 책임을 중시하는 가풍은 어린 시절부터 엘리엇에게 커다란 영향을 주었다. 그러나 선천적으로 유약한 체질로 태어난 엘리엇은 외향적으로 활동하기보다는 사색을 즐기는 내성적인 성격의 소유자로 성장했다. 더구나 그의 어머니 샬럿 챔프 엘리엇Charlotte Champe Eliot도 시인이었기 때문에 엘리엇은 어머니로부터 어느 정도 문학적 감수성을 물려받았음을 부인할 수는 없다. 대학 입학을 준비하던 무렵 엘리엇은 바이런George Gordon Byron과 존슨Ben Johnson 등의 시를 모방하며 습작을 했고 이들 시인들의 시행을 자신의 시 작품에 적절히 활용하는 재주를 보이기도 했다. 그러던 중 1906년 그는 하버드Harvard 대학에 입학한다.

하버드 대학 시절 엘리엇은 역사, 철학, 문학을 공부하였고 그의 해박한 지식은 주변 사람들로부터 부러움을 사기도 하였다. 그리고 대학 2학년 때 불문학을 공부하다가 보들레르Charles-Pierre Baudelaire(1821~1867)의 시를 접하게 되는데 그 시에 표현된 현대인의 고독과 우울 그리고 권태로운 삶에 대한 통렬한 지적은 그에게 다시없는 감동으로 다가왔다. 이후 상징주의 운동에 영향을 받아 엘리엇은 현대인들이 갖는 병적인 불안감을 그대로 드러내지 않고 이것을 지적으로 분석한 후 그만의 독특한 시적 정서로 통합하여 나타내고자 하였다. 그에게 있어서 시는 단순한 감정의 표출이 아니라 연속되는 이미지와 적절한 리듬을 통하여 어떤 정서를 만들어 내기 위해 치밀하게 조작된 객관적 대상, 바로 그것이었다. 그러므로 지성을 통하여 시인의 감정을 걸러내면서 반어적이고 다의적인 언어로 표현하려면 시인은 한 걸음 물러나 객관적인 관조자 입장에서 내면의 감정과 의식을 표현할 수밖에 없는데 이 때문에 엘리엇의 많은 시들이 이른바 '내적 독백interior monologue'의 형식을 취하게 되었다. 에즈라 파운드Ezra Pound(1885~1972)가 최초의 현대적 시라고 칭찬한 엘리엇의 「J. 앨프리드 프루프록의 사랑노래The Love Song of J. Alfred Prufrock」는 시적 화자인 프루프록이 떠올리는 온갖 상념과 우유부단한 심리 상태를 보여 주는 전형적인 내적 독백의 시이다. 물질문명의 삶 속에서 개인이 느끼는 소외와 좌절을 억지로 도외시하려는 독자들을 달래듯이 '우리 이제 가 볼까, 당신과 나'로 시작하면서 시적 화자의 심리 상태를 면밀히 보여 준다.

Let us go then, you and I
When the evening is spread out against the sky

Like a patient etherized upon a table;

……

In the room the women come and go

Talking of Michelangelo.

The yellow fog that rubs its back upon the windowpanes,

The yellow smoke that rubs its muzzle on the windowpanes

Licked its tongue into the corners of the evening,

Lingered upon the pools that stand in drains,

Let fall upon its back the soot that falls from chimneys,

Slipped by the terrace, made a sudden leap,

And seeing that it was a soft October night,

Curled once about the house, and fell asleep.

자 우리 가 볼까, 당신과 나

수술대 위에 누운 마취된 환자처럼

저녁이 하늘을 배경으로 사지를 뻗고 있는 지금

……

방 안에는 여인들이 오고 간다

미켈란젤로를 이야기하면서.

창유리에 등을 비벼대는 노란 안개,

창유리에 콧등을 비벼대는 노란 연기

저녁 구석구석을 혀로 핥고서,

하수도에 괸 웅덩이 위에 머뭇거리다,

굴뚝에서 떨어지는 검댕을 등에 받고,

테라스 곁을 미끄러져, 껑충 뛰어오른다,

온화한 시월의 밤인 것을 알고서

집 주위에 웅크리고, 잠이 들었다.

현대 문명 속에 드러난 개인의 무기력함을 저물어 가는 저녁 풍경에 연계시켜 나타내고 있다. 의기소침하고 무기력한 자아, 그리고 그로부터 비롯되는 좌절감과 그 결과 무의미하게 끝나 버리는 개개인의 삶을 적절히 표현하고 있다. 그러면서 현대인이 할 수 있는 것은 기껏해야 예전의 낭만적인 삶의 한순간을 기억해 내는 일인데 그것도 부질없는 것임을 보여 주고 있다.

We have lingered in the chambers of the sea
By sea-girls wreathed with seaweed red and brown
Till human voices wake us, and we drown.

우리는 바다의 방에 머물렀다
적갈색 해초를 휘감은 바다처녀들 곁에
이윽고 인간의 목소리가 우리를 깨운다, 우리는 익사한다.

또한 엘리엇은 질서와 전통을 중시하였다. 이것은 브래들리F. H. Bradley(1846~1924)의 인식론에 영향을 받았기 때문이라고 생각된다. 즉 인간의 경험이 제대로 인식되려면 어떤 형태로든 질서가 잡힌 정돈된 상태로 되어야 하며 그렇지 못한 경우에는 우리가 인식한다는 자체가 불가능하고 또 이 세계에 존재할 수 없다는 것이 주된 골자인데 엘리엇은 그 절대적 질서가 있는 정돈된 세계를 가정하고 그에 대한 접근이 중요하다고 생각했다. 이에 따라 엘리엇은 자신의 작품세계를 통해 이 절대적 질서를 추구하였고, 또한 현실 세계에서도 질서와 전통을 추구하려는 시도의 일환으로 1927년 영국으로 귀화하여 영국인보다도 더 영국적인 사람이 되었으며, 후기에 나온 짙은 종교적 성향의 시들은 절대적 질서에 접근하려는 그의 의도에서 비롯된 것이다.

이렇게 엘리엇이 갖고 있는 독특함으로 그는 현대 영시와 현대 비평의 출발점이 되었고 동시에 문단에 큰 영향을 끼쳤다. 1915년 엘리엇은 비비안 헤이우드Vivien Haigh-Wood와 결혼하는데 이로 인한 경제적 어려움 때문에 그는 1917년부터 로이드 은행에 근무하게 된다. 결혼 생활, 은행 근무, 창작 작업 등에서 오는 과로와 긴장으로 엘리엇은 신경쇠약에 걸렸고 결국엔 스위스 로잔느의 요양소에 입원도 하게 된다. 게다가 당시 영국은 제1차 세계 대전 이후 정치, 경제적인 면에서 최악의 상황을 면치 못했다. 이와 같은 엘리엇의 주변을 둘러싼 내우외환의 상황, 그리고 불안과 갈등 요인이 「황무지」의 테마인 우울, 절망과 무관할 수는 없었을 것이다.

엘리엇은 1922년 문예잡지 『크라이티어리언Criterion』을 창간하고 그 창간호에 장편 시 「황무지」를 발표한다. 에즈라 파운드에 의해 원래 길이의 3분의 1로 줄었다고 알려져 있는 장편 시 「황무지」는 총 5부로 구성되어 있으며 서로 다른 6개 언어에서 따온 낱말과 어구는 물론 여러 명의 다른 작가들로부터 암시와 인용문을 가져왔다. 엘리엇은 이 장편 시 속에다 기독교적 성배 찾기 전설, 근동 지방에 전래되는 재생의 풍요제, 힌두교의 우파니샤드 철학, 예수와 부처의 가르침 등을 담고 있는데 이것을 교훈으로 황무지 같은 현대인의 삶을 재생시킬 수 있는 구원의 가

제1차 세계 대전 당시 연합군의 공격을 피해 참호 안에 숨은 독일 병사의 모습을 담은 사진인데 T. S. 엘리엇의 『황무지』를 소개할 때 많이 게재되는 사진이다. 이 까닭은 아마도 엘리엇의 『황무지』가 세계 대전 이후 인간성을 상실하고 황폐화된 문명의 이기를 비판했고 그 내용이 이 사진이 주는 이미지와 잘 들어맞기 때문이 아닌가 생각된다.

능성을 모색해 보려는 것이다.

1부 '죽은 자의 매장The Burial of the Dead'은 중세 시인 초오서Chaucer의 『캔터베리 이야기』 서시Prologue의 패러디로 시작한다. 불안감과 우울한 현실 속에 삶의 의미를 상실하였기 때문에 4월이 가장 잔인한 달이며 오히려 겨울이 더 따뜻하게 느껴진다는 것인데 이것은 겨울의 동면 속에서 움츠리고 있던 망각 상태를 깨우는 생명의 봄기운은 오히려 잔인한 일깨움일 뿐이라는 현대인의 의식 세계를 역설하는 것이다.

April is the cruelest month, breeding
Lilacs out of the dead land, mixing

Memory and desire, stirring
Dull roots with spring rain.
Winter kept us warm, covering
Earth in forgetful snow, feeding
A little life with dried tubers.

4월은 가장 잔인한 달, 죽은 땅에서
라일락을 꽃피우고,
기억과 욕망을 뒤섞으며
봄비로 잠자던 뿌리를 깨운다.
겨울은 따뜻했다. 망각의 백설이
모든 곳을 덮고
말라빠진 줄기로 연명했으니.

이어서 엘리엇은 성경 구절, 단테의 『신곡』, 셰익스피어 작품, 바그너의 오페라 『트리스탄과 이졸데』, 보들레르의 시구를 인용하여 물질문명으로 피폐해진 서구 문명 사회를 공허한 허상의 도시로 묘사한다.

Unreal City,
Under the brown fog of a winter dawn,
A crowd flowed over London bridge, so many,
I had not thought death had undone so many.
Sighs, short and infrequent, were exhaled,
And each man fixed his eyes before his feet.
Flowed up the hill and down King William Street,
To where Saint Mary Woolnoth kept the hours
With a dead sound on the final stroke of nine.

공허한 도시,
겨울 새벽 갈색 안개 속을
런던 브리지 위로 사람들이 흘러갔다, 이렇게 많이
이렇게도 많은 사람을 죽음이 파멸시켰는지는 결코 생각지 못했다.
짧은 한숨을 이따금 내쉬며
각자 자기 발 앞을 주시하면서,
언덕을 올라가서 킹 윌리엄 거리로 내려가
성 마리아 울노드 교회가 죽은 소리로 아홉 시의
마지막 일타를 울려 시간을 알리는 곳으로.

"이렇게도 많은 사람을 죽음이 파멸시켰는지는 결코 생각지 못했다"라는 시구는 단테의 『신곡』 지옥편의 구절을 인용한 것인데 「황무지」에서는 이와 같이 기존의 유명 작품에서 다수의 시구가 인용되었다.

2부 '체스 놀이A Game of Chess'에서는 공허한 허상의 도시에 사는 현대인들의 삶의 현실, 즉 고독하고 불안하고 생기가 없는 무기력한 삶을 실제로 보여 준다.

"My nerves are bad to-night. Yes, bad. Stay with me.
Speak to me. Why do you never speak. Speak.
What are you thinking of? What thinking? What?
I never know what you are thinking. Think"

"오늘밤 내 기분이 이상해요. 정말 그래요, 같이 있어 주세요.
내게 말해 봐요, 왜 도무지 말도 안 해요, 말해 봐요.
당신은 무얼 생각하고 있어요? 무슨 생각을? 무얼?

나는 당신이 무얼 생각하는지 도무지 알 수가 없어요. 생각해 봐요"

사람들 사이에 대화가 단절된 이 여성의 말처럼 공허한 도시 속에 사는 현대인들은 스스로를 자신의 감옥 속에 가둠으로써 고독에 몸부림치며 또한 신경 불안 증세를 호소한다.

3부 '불의 설교The Fire Sermon'는 한 타이피스트 여성의 일상을 보여 줌으로써 삭막해진 인간관계와 생명과 사랑이 없는 사랑 행위의 단면을 소개한다.

The time is now propitious, as he guesses,
The meal is ended, she is bored and tired,
Endeavors to engage her in caresses
Which still are unreproved, if undesired.
Flushed and decided, he assaults at once;
Exploring hands encounter no defense;
His vanity requires no response,
And makes a welcome of indifference.

지금이 그 딱 그때이다, 그의 생각엔,
식사가 끝나 그녀는 따분해하고 노곤하다,
그녀를 애무하려 덤빈다.
그래도 그녀는 화내지 않는다, 원치도 않지만.
얼굴을 붉히며 결단을 내리고, 그는 단숨에 덮친다.
더듬는 두 손은 아무런 저항도 받지 않는다.
그의 자만은 여자의 반응을 바라지도 않고
여자의 무관심을 오히려 환영한다.

She turns and looks a moment in the glass,
Hardly aware of her departed love;
her brain allows one half-formed thought to pass:
"Well now that's done: and I'm glad it's over"
When lovely woman stoops to folly and
Paces about her room again, alone,
She smoothes her hair with automatic hand,
And puts a record on the gramophone.

여자는 돌아서서 잠시 거울 속을 들여다본다,
애인이 나간 걸 거의 의식지 않으며.
뇌리에 한 가닥 생각이 어렴풋이 스친다.
"일을 치르고 나니 아이 개운해"
사랑스런 여인은 어리석음을 저지르고
홀로 다시 방 안을 거닐며
기계적인 손으로 머리칼을 쓰다듬으면서
레코드 한 장을 들어 전축 위에 건다.

남자는 진정한 사랑의 관계를 바라지도 않으며 여자는 귀찮은 일이 지나갔음을 무감각하게 받아들인다. 엘리엇의 눈에는 현대인들의 사랑 행위가 상대와 벌이는 게임에 불과하며, 그래서 기계적으로 돌아가는 레코드판으로 비춰진 것이다.

플레바스Phlebas의 익사로서 희생이 있었음을 암시하는 짧은 4부 '수사Death by Water'에 이어 5부 '천둥이 말한 것What the Thunder Said'에서는 재생의 가능성을 타진해 본다.

Here is no water but only rock
Rock and no water and the sandy road
The road winding above among the mountains
Which are mountains of rock without water
If there were water we should stop and drink
Amongst the rock one cannot stop or think……

여기는 물이 없고 다만 바위뿐
바위만 있고 물이 없다 그리고 모래길
길은 산 사이로 구불구불 돌아 오르는데
그 산들도 물이 없는 바위만의 산
물이 있다면 우리는 멈춰서 마시련만
바위 사이에선 사람들이 멈춰 생각할 수도 없다…….

피폐한 황무지에 생명을 가져다줄 물은 없다. 현대 문명사회에서 새로운 재생의 희망이나 가능성을 생각하면 암담할 뿐이다. 그래서 그는 서구 문명에 대한 몰락을 예견하고 있다.

What is that sound high in the air
Murmur of maternal lamentation
Who are those hooded hordes swarming
Over endless plains, stumbling in cracked earth
Ringed by the flat horizon only
What is the city over the mountains
Cracks and reforms and bursts in the violet air
Falling towers
Jerusalem Athens Alexandria

Vienna London
Unreal

공중 높이 들리는 저 소리는 무엇인가
저 어머니의 비탄의 흐느낌
지평선으로 둘러싸인 갈라진 땅 위로 비틀거리며
끝없는 벌판을 넘어 몰려오는
저 두건 쓴 무리들은 누구냐
저 산 너머 보랏빛 하늘에
깨어지고 개조하고 폭발하는 저 도시는 무엇인가
무너지는 탑들
예루살렘 아테네 알렉산드리아
비엔나 런던
공허하구나

무너지는 교회의 탑들은 종교와 신앙이 흔들리는 상태를 나타내며, 깨어지고 폭발하는 도시는 개혁과 혁명이라는 미명하에 혼돈 속으로 빠져드는 공허한 모습을 묘사하고 있다.

이러한 현대 사회의 피폐함이 최고조에 달하던 어느 땐가 비를 머금은 습한 바람이 불어온다.

……In a flash of lightning. Then a damp gust
Bringing rain

Ganga was sunken, and the limp leaves
Waited for rain, while the black clouds

Gathered far distant, over Himavant.
The jungle crouched, humped in silence.
Then spoke the thunder
DA

……번쩍하는 번갯불 속에. 그러자 비를 몰아오는 한 줄기 습한 바람
갱가 강은 바짝 마르고 맥을 잃은 나무들이
비를 기다렸다. 한편 먹구름이
일었다, 저 멀리 히마봔트 산에.
밀림은 쭈그리고 등을 굽혔다. 침묵을 지키며.
그때 천둥이 말했다
다~

물이 없어 점점 메말라 가고 생명력은 없어져 가는데 그때 히말라야 산맥 위로 비를 머금은 먹구름이 몰려온다. 이 구름이 생명을 되살리고 풍요를 가져다줄 비구름인가는 천둥이 '다DA'라고 말한 것에 어떻게 대답하느냐에 달려 있다. 그 천둥소리에 신들은 '베풀어라Datta', 인간들은 '공감하라Dayadhvam', 악마들은 '자제하라Damyata'로 각기 다르게 해석한다. 우리는 무엇을 주었는가, 인간들은 과연 공감하였는가? 또 인간들은 과연 자제하였는가? 엘리엇은 현대 문명이라는 황무지에 활력을 되찾아 줄 생명의 빗줄기가 내릴 것인가에 대한 질문을 던진 채 시를 마무리했다.

「황무지」 이후, 엘리엇은 「텅 빈 인간들The Hollow Men」(1925), 「성회 수요일Ash Wednesday」(1930) 등을 발표한다. 대중들이 자신의 시를 읽고 비통과 한숨을 쉬며 불신과 회의에 빠져 절망하고 있는 사이에 그는 영국

국교회로 개종하며 대작인 「사중주Four Quartets」(1943)를 발표한다. 이러한 작품에서는 종교적 색채가 점점 짙어가는 것을 느낄 수 있는데 이것은 엘리엇이 현대 사회의 불안과 폐쇄된 고립 상황에서 탈피하여 종교로부터 정신적인 위안을 얻고자 하였기 때문이다. 또한 그는 시극에도 관심을 두어 『성당에서의 살인Murder in the Cathedral』(1935), 『가족 재회Family Reunion』(1939), 「칵테일 파티Cocktail Party」(1950) 등을 발표했다.

이렇듯 엘리엇은 「황무지」로 대표되는 그의 시 작품으로 1차 세계 대전 후 서구인의 정신적인 공황 상태를 단번에 꿰뚫어 버렸다. 그는 영문학 사상 최초로 현대 도시의 음울한 모습을 시의 소재로 삼아 현실과 환상 사이의 갈등과 괴리, 그로부터 파생된 현대인의 고독과 우울, 환멸과 자조 등을 그려내어 동시대인들의 엄청난 반향과 공감을 얻어내며 1948년 메리트 훈장Order of Merit과 노벨 문학상을 받았다.

10

제국의 영광을 이은 패권 국가 미국, 그리고 그 언어

1620년 11월.
102명의 청교도들을 태운 메이플라워호는
잉글랜드 플리머스를 출발하여 아메리카대륙으로 향했다.

대서양의 험난한 파도를 넘어
마침내 그들은 신대륙에 도착하였고
그곳을 떠나온 곳과 똑같이 플리머스라고 하였다.

자유를 찾아 정착한 신천지.
추위와 풍토병으로 그들의 삶은 고달팠지만
그들은 새 역사의 주인공이 되었다.
그리고 그곳에서 영어도 새로운 변신을 시작했다.

신대륙으로의 이주

미국 영어의 역사는 1607년 대서양을 가로질러 아메리카 대륙의 동부 해안에 도착한 영국인들에 의하여 시작되었다. 이들은 정착지를 자신들의 왕, 제임스 1세의 이름을 따서 제임스타운Jamestown이라 하였고 그 지역을 엘리자베스 1세Elizabeth I 여왕을 기념하여 버지니아Virginia라고 이름 지었다.

이어 1620년 청교도들이 종교의 자유를 찾아서 메이플라워Mayflower 호를 타고 버지니아의 북쪽, 뉴잉글랜드New England 지방인 매사추세츠Massachusetts의 플리머스 록Plymouth Rock에 도착하였다. 이후 유럽으로부터 이주는 계속되어 1640년경 뉴잉글랜드 지방의 거주민은 2만 5천 명에 달했다.

또한 흑인들의 강제 이주도 시작되었다. 1619년 버지니아 주의 제임스타운에 들어온 것을 시작으로 영국인을 비롯한 기타 유럽인들에 의한

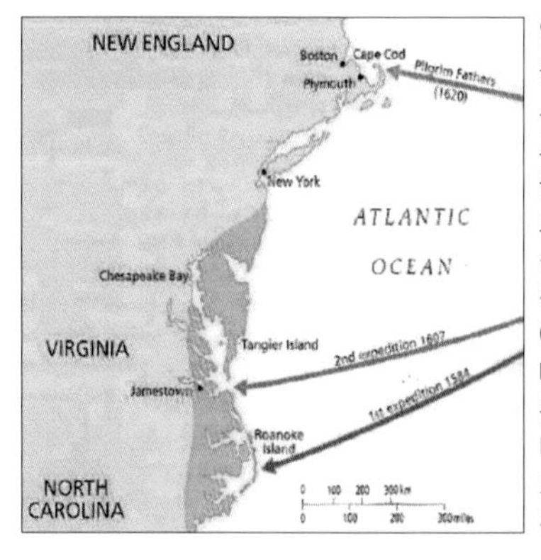

영국인들의 첫 번째 신대륙 이주는 1584년 월터 롤리Walter Raleigh에 의해 이루어졌다. 그와 함께 간 사람들은 지금의 노스캐롤라이나North Carolina인 로아노크 섬Roanoke Island에 상륙하였지만 원주민과의 충돌로 그들은 본국에 대하여 물자와 돌아갈 배를 요청했다. 그러나 본국에서 온 배가 도착했을 때 생존해 있는 사람은 아무도 없었다. 1607년 영구 정착을 위한 이주민들이 체서피크 만Chesapeake Bay에 도착하여 정착하면서 그곳을 국왕의 이름을 따 제임스타운이라 명명했고 그 일대를 처녀 여왕virgin queen이었던 엘리자베스 여왕을 기리며 버지니아라고 하였다. 그 후 1620년 청교도들이 지금의 플리머스Plymouth, 즉 케이프코드 만Cape Cod Bay에 정착하였다.

플리머스에 정착한 초기 이주민의 모습. 메이플라워호를 타고 온 102명의 정착민은 어린이부터 50대까지 다양한 연령층 사람들에, 종교도 다양했다. 그들의 목표는 오로지 타락한 잉글랜드의 교회로부터 벗어나 정화된 교회를 세우는 것이었다. 후에 필그림 파더스Pilgrim Fathers라고 불리게 되는 그들은 정착에 성공하였고 1640년 거주민은 2만 5천 명에 달했다.

미국, 매사추세츠 주, 필그림 메모리얼 주립공원에 있는 플리머스 록. 1620년 11월 필그림 파더들이 아메리카 대륙에 첫발을 디딘 곳이다.

노예무역으로 아메리카 대륙의 흑인 인구는 엄청나게 늘었는데 이 노예무역은 1808년까지 지속되었다. 당시 흑인노예들은 플랜테이션 농업에 부족한 노동력을 메우기 위해 인간 상품으로 거래되었다. 그들은 아프리카 대륙 각지에서 노예상인들에게 포획되어 아프리카의 서부해안으로 이송된 후, 거기서 다시 노예선에 실려 대서양을 건넜다. 상당수의 흑인 노예들은 이 과정에서 열악한 여건을 견디지 못해 사망했다. 비인도적인 노예제도는 남북 전쟁Civil War의 끝 무렵인 1865년에 가서야 폐지되었는데 그 당시 아메리카 대륙의 흑인 인구는 이미 4백만 명이 넘었다.[13]

17세기와 18세기에 이주민의 수는 더욱 늘어났다. 영국에서는 죄수들의 형벌로 아메리카 대륙으로 강제 이주를 시키기도 했으며 프랑스, 독일, 북아일랜드 그리고 카리브 해 연안에서 많은 사람들이 건너와 정착

필그림 파더들이 타고 온 메이플라워호의 모형. 분리파Separatist Church 교도 35명과 기타 67명의 이주민 등 총 102명이 이 배를 타고 대서양을 건너 1620년 11월 플리머스에 도착했다. 그러나 온난한 잉글랜드의 기후와 달리 혹독한 미 북동부의 추위를 이기지 못해 그해 겨울을 무사히 넘긴 생존자는 절반도 되지 못했다.

하였다. 특히 18세기 후반에는 북아일랜드에서 건너온 이주민들이 압도적으로 많았다. 19세기에도 아일랜드, 독일, 이탈리아 그리고 기타 유럽 국가에서 아메리카 대륙으로 이주하는 이민자의 수가 꾸준히 늘었다. 이들 중에는 중부유럽과 동부유럽 출신의 유태인들이 상당수 포함되어 있었다. 1900년쯤에 미국의 인구는 7천5백만 명이 되었고 20세기 후반 아시아와 스페인어 사용 국가로부터 엄청난 수의 이주민을 받아들여 2000년경 미국의 인구는 무려 2억 8천만 명에 이르렀다.[14]

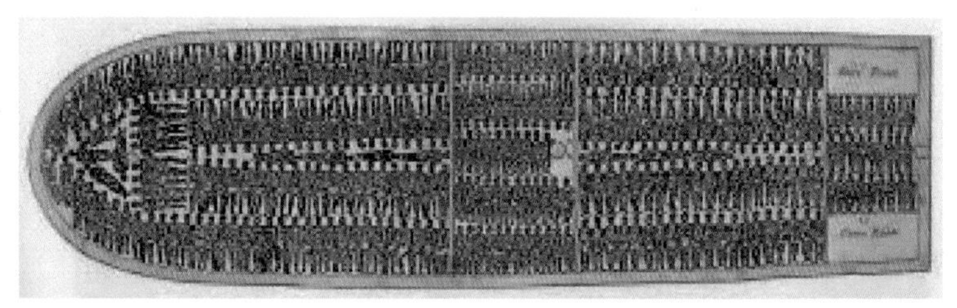

노예선의 내부에 노예를 태운 모습. 가능한 한 많은 노예를 실어 나르기 위해 노예를 눕혀서 물건처럼 차곡차곡 태웠다. 이와 같이 열악한 상태로 대서양을 건너다 보니 많은 노예들은 목숨을 잃었고 살아남은 노예는 그야말로 튼튼하고 건강한 노예일 수밖에 없었다.

미국 영어의 태동

오스카 와일드Oscar Wilde(1854~1900)는 미국과 영국의 언어가 갈리게 된 것은 영국 영어의 사용자들이 대서양 건너 아메리카 대륙으로 이주하면서 영국 영어 사용권에서 이탈하였기 때문이라 하였다. 다시 말하면, 종교의 자유를 얻고자 영국 남동부에서 아메리카로 건너간 중하층민의 영어 방언이 미국의 표준 영어가 되었다. 또한 북아일랜드계의 스코틀랜드인들이 이주하면서 그들 영어를 주축으로 미국 남부 방언을 형성하였다. 초기 아메리카의 이주자들은 동부에 정착하였기 때문에 미국 동부의 방언들은 이주 초기의 성격이 한동안 그대로 유지되었다. 그에 반하여 나중에 이주한 사람들은 동부에 정착했다가 다시 서부로 진출하였기 때문에 그들의 말은 혼합되는 양상을 보였다. 그럼에도 불구하고 미국의 광활한 영토에 비하면 미국 영어의 방언은 동질적이라 할 수 있다. 그것은 신대륙 이주민들의 높은 이동 성향과 대중 교육 그리고 미디어의 영향 때문이라고 할 수 있다.

웹스터의 미국 영어 사전

1776년 영국으로부터 독립한 이후 미국인들은 그들의 정체성에 관심을 갖기 시작했다. 모든 면에서 영국으로부터 벗어나기를 원했으며 또한 영국과의 독립전쟁으로부터 쟁취한 그들의 국가에 자부심을 느끼고 있었다.

1776년 7월 5일 독립 선언서 조인식 모습. 영국과 전쟁이 시작될 때만 해도 아메리카 식민지 거주자들은 자신들이 대영 제국의 국민인 것에 자부심을 갖고 있어서 영국으로부터 독립을 원치 않았다. 그러나 본국으로부터 무거운 세금 부과와 차별 대우에 대한 불만이 커져 갔다. 그러다 전쟁을 치르면서 적대감은 점점 고조되었고 마침내 13개 주 대표자들이 모여 대륙의회를 구성하고 본국으로부터 독립에 이르게 된다.

또한 그들의 언어에 대해서도 자긍심을 갖고 있었는데 그 대표적인 사람이 바로 노아 웹스터Noah Webster(1758~1843)였다. 1783년에서 1785년까지 웹스터는 철자법, 문법, 학습용 독본을 저술하면서 아메리카에서 사용되는 영어의 기준을 마련하여 영국 영어와의 차별화를 꾀했다.

미국 영어를 정립한 노아 웹스터. 아메리카 대륙 거주자들은 영국으로부터 독립한 이후 정체성 확립에 관심을 갖게 되었고 특히 아메리카 대륙에서 사용되는 영어에 대하여 자긍심을 갖고 있었던 웹스터는 철자법 교본과 사전 편찬을 통하여 미국 영어를 표준화하는 데 기여했다.

그의 철자법은 후에 『철자교본The American Spelling Book』으로 출간되어 향후 100년간 8천만 부 이상 팔렸는데 그는 『철자교본』을 팔아서 번 돈으로 미국 영어 사전을 만들기로 결심하였다.

그는 사전을 통하여 미국 영어가 영국 영어만큼 훌륭한 것이며 미국 영어가 결코 영국 영어를 모방할 필요는 없다고 주장했다. 그의 첫 번째 사전은 1806년 출간되었고 이어 1828년 유명한 『미국 영어 사전An American Dictionary of the English Language』이 나왔다. 이 『미국 영어 사전』은 존슨의 사전보다 더 방대한 약 7만 개의 어휘를 수록하였으며 나아가 미국인들의 마음속에 미국 영어가 영국 영어와 마찬가지로 똑같이 중요하다는 인식을 심어 주었다. 이보다 60년 앞서서 프랭클린Benjamin Franklin이 철자 표기에 관한 여러 가지 제안을 내놓은 적이 있었는데 이 제안이 웹스터에게 커다란 영향을 주었다. 두 개의 사전에서 웹스터는 새로운 철자법을 제시했고 이것이 오늘날 미국 영어 철자법에 그대로 반영되어 있다. 그의 주장의 요체는 철자를 가급적 발음대로 쓰자는 것이었다. 예를 들면, 웹스터는 영국 영어 단어에 쓰고 있는 -u-를 없애면서 color, favor, neighbor로 표기했고, 단어의 끝에 오는 철자 -re를 -er로 바꾸어 theater, center, meter로 만들어 놓았다. 영국 영어에서는 cheque, gaol, pye('pie'), pyjamas, traveller, tyre, waggon, woollen을 사용하는데, 이것을 check, jail, pie, pajamas, traveler, tire, wagon, woolen

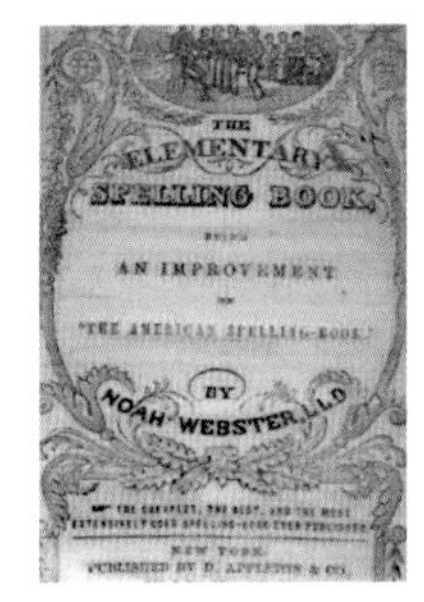

철자법 지침서로 활용되면서 미국 영어의 표준화에 지대한 기여를 한 철자교본. 웹스터는 이 책을 팔아 번 돈으로 『미국 영어 사전』을 편찬하였다.

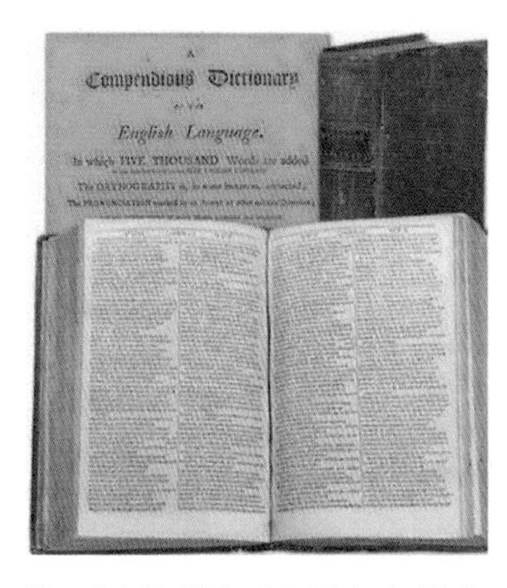

웹스터의 첫 번째 미국 영어 사전인 『A Compendious Dictionary of the English Language』

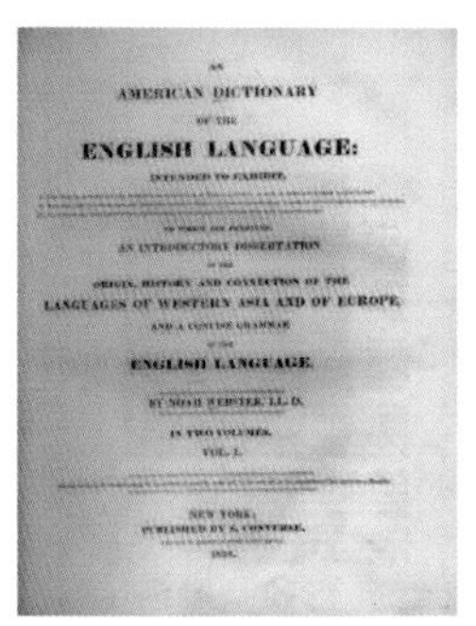

1828년에 출간된 미국 영어 사전 『An American English of the English Language』 이 사전의 출판은 미국인들에게 그들 영어에 대한 자부심을 심어 주었다.

로 표기하였다. 또 웹스터는 se–cre–ta–ry 같은 어휘를 영국 영어처럼 /se–cre–try/로 어휘의 각 부분을 축약하지 말고 분명하게 발음할 것을 주장하였다.

이제 영어는 더 이상 영국민의 언어the king's English를 의미하지 않는다. 1942년 '영국과 미국은 같은 언어를 쓰는 분단된 두 나라'라고 말했던 버나드 쇼George Bernard Shaw의 말이 이제는 정확한 말이라고 할 수 없다. 어떤 면에서 영국인과 미국인은 다른 영어를 사용한다는 말이 더 정확할 수도 있다. 예를 들어, 미국 영어가 갖는 한 가지 특성인 gotten, fall(=autumn)과 같은 어휘들이 지금은 사용되지 않는다. 그러나 영국 영어와 미국 영어를 여러 가지 면에서 놓고 볼 때 서로 다른 언어로 분류하기는 아직 이르다.

미국 영어와 영국 영어의 차이

미국 영어와 영국 영어는 발음, 문법, 철자 그리고 어휘 면에서 차이가 나지만 그중에서 어휘의 차이가 가장 심하다. 각 부분별로 차이를 보이는 대표적인 예들을 『옥스퍼드 사전Oxford Advanced Learner's Dictionary』(7th edition, 2005)에서 발췌하여 인용한다.

발음

- 미국 영어에서 강세가 있는 모음은 보통 장음으로 발음된다. 예를 들면 packet에서 /æ/는 장음이다.
- 영국 영어에서 /r/은 red, bedroom처럼 모음 앞에서만 발음되며 그 외의 경우, 즉 car, learn, over 등에서는 묵음이다. 그러나 미국 영어에서는 모든 경우에 발음된다.
- 미국 영어에서 모음 사이에 있는 t는 /d/로 유성음화되기 때문에 writer와 rider는 비슷하게 발음된다. 그러나 영국 영어에서는 보통 t는 /t/로 발음된다.
- schedule[ʃedju:l(영), skedʒu:l(미)], lieutenant[leftenənt(영), lu:tenənt(미)], squirrel[skwɜrəl(영), skwɜ:rəl(미)], herb[hɜ:b(영), ɜ:rb(미)]와 같은 어휘는 여전히 서로 다른 발음을 갖고 있다.
- library, preliminary, extraordinary, military 같은 어휘를 발음할 때 영국 영어는 어휘 끝의 한 음절을 축약하여 /–əri; –ri/로 발음하지만 미국 영어에서는 /–eri/로 발음한다.

• 미국 영어의 경우, due, dual, neuron, neutral에 들어 있는 장음 u는 yoo(few에서처럼 '유')라기보다는 그냥 oo(grew에서처럼 '우')로 발음된다.

어휘

• 아메리카 대륙 이주 이후 유입되어 미국 영어에서만 사용되는 어휘는 제외하고라도 동일한 사물에 대하여 각기 다른 어휘로 쓰이는 경우의 예이다. 그러나 이 차이도 의사소통에 지장을 줄 정도로 절대적이지는 않다.

미국 영어/영국 영어

apartment/flat, cookie/biscuit, baggage/luggage, elevator/lift, first floor/ground floor, freeway/motorway, gas/petrol, mailman/postman, package/parcel, pocketbook/purse, railroad/railway, truck/lorry 등

철자

• 철자 –l로 끝나며 마지막 음절에 강세가 없는 동사 어휘인 경우, –ing 형태와 과거분사 형태에서 미국 영어는 겹글자를 쓰지 않는다: cancelling(영)/canceling(미)

• –tre로 끝나는 어휘는 미국 영어에서 –ter로 되었다: centre(영)/center(미)

• -our로 끝나는 어휘는 미국 영어에서 -or로 쓰인다: colour(영)/color(미)
• -ogue로 끝나는 어휘는 미국 영어에서 -og로 되었다: dialogue(영)/dialog(미)
• 영국 영어에서 동사 어휘는 -ize이거나 또는 -ise로 쓸 수 있으나 미국 영어에서는 -ize로만 쓰인다: realize, -ise(영)/realize(미)

문법

• 영국 영어의 현재완료시제 문장에 사용되는 already, just, yet 등의 어휘가 미국 영어에서는 단순과거시제 문장에서 사용될 수 있다.

I have already given her the present.(영)/I already gave her the present.(미)

I've just seen her.(영)/I just saw her.(미)

Have you heard the news yet?(영)/Did you hear the news yet?(미)

• 소유를 나타낼 때 영국 영어에서는 have got이나 have가 사용되지만 미국 영어의 의문문과 부정문에서는 have만 사용되고 있다.

They have/have got two computers.(영, 미)

Have you got a computer? Yes, I have.(영)

Do you have a computer? Yes, I do.(영, 미)

• 미국 영어에서 got의 과거분사는 gotten이다.

Your English has got better.(영)

Your English has gotten better.(미)

• 몇몇 전치사와 부사는 각기 다르게 사용된다: stay at home(영); stay home(미)

• -ly로 끝나는 부사가 미국 영어의 비격식체 영어에서 종종 다르게 사용된다.

He looked at me really strangely(영); He looked at me really strange.(미)

• 미국 영어에서는 미래 1인칭 단수 주어에 shall이 사용되지 않는다.

I shall/will be here tomorrow(영); I will be here tomorrow.(미)

또 정중한 제안을 할 때에도 사용되지 않는다.

Shall I open the window?(영); Should I open the window?(미)

• 동사의 과거분사 형태로 영국 영어에서는 -ed나 -t가 사용되지만 미국 영어에서는 -ed 형태만이 사용된다.

They burned/burnt the documents(영); They burned the documents.(미)

또 명사 앞에서 수식하는 과거분사일 경우, 영국 영어는 -t 형태를 더 선호하고 반면에 미국 영어는 -ed 형태가 선호되고 있다.

a spoilt child(영); a spoiled child(미); burnt toast(영, 미)

• Go/Come and…… 표현에서 and는 종종 생략된다.

Go and take a look outside(영); Go take a look outside.(미)

• 전화로 이루어지는 대화에서도 차이가 있다.

Hello, is that David?(영); Hello, is this David?(미)

미국 영어의 어휘와 발음 등이 라디오와 TV를 통하여, 그리고 제2차 세계 대전 당시 영국에 주둔했던 미국 군대를 통하여 전파되면서 미국 영어와 영국 영어의 차이는 많이 줄어들었다. 게다가 근래에 들어 음악, 영화, 인터넷 매체를 통하여 그 격차는 더욱 좁혀져 있다. 실제로 런던 영어와 같은 영국 내의 글래스고우Glasgow에서 사용되는 영어의 차이보다도 오히려 대서양을 사이에 둔 런던 영어와 뉴욕 영어의 차이가 훨씬 덜할 것이다.

11 세계어로서 영어, 그리고 그 미래

작은 섬나라 언어에서
지금은 5대양 6대주의 통용어가 된 언어.

팍스 브리태니카, 팍스 아메리카나에 이어
탈식민주의를 넘어서는 절대 매체, 영어.

외교어=영어, 교역어=영어, 학술어=영어, 기술어=영어……
이제 영어는 명실상부한 세계어.

사용 지역의 확산과 지역적 변이형

영어는 전 세계적으로 3억 명 이상의 사람들에 의해 제1언어로 사용되고 있으며 또 그만큼의 사람들이 영어를 제2언어로 사용하고 있다. 이렇게 보면 대략 세계 인구의 다섯 명 가운데 한 명이 70여 개 국가에서 공식 또는 비공식 언어로서 영어를 사용하고 있는 셈이다. 이렇게 많은 사용자와 사용 지역을 갖고 있는 영어는 표준화된 단일 형태로서 사용되는 것이 아니라 각 지역마다 조금씩 다른 변이 형태로 사용되고 있다. 여기서 영국 영어와 미국 영어를 제외한 지역별 변종 영어를 간단하게 살펴보기로 한다.

호주 영어와 뉴질랜드 영어

호주와 뉴질랜드 영어의 어휘는 매우 동질적이다. 이 두 언어에는 유럽인들이 이곳에 정착하기 전 이곳에 살았던 토착민들의 언어에서 차용된 어휘들이 많다. 호주 영어는 어휘와 철자 면에서 볼 때 영국 영어의 성격이 짙다.

캐나다 영어

캐나다 영어는 역사적으로는 영국 영어에, 그리고 지역적으로 미국 영어의 영향을 받아 양쪽의 성격을 모두 갖고 있다. 게다가 eavestrough

처마의 홈통과 같은 캐나다 영어 고유의 어휘가 있듯이 그 나름의 특성도 갖고 있다.

아프리카 영어

아프리카 대륙을 통틀어 폭넓게 통용되는 언어는 영어인데 지역에 따라 조금씩 다르다. 즉 케냐, 탄자니아, 말라위 등에서 쓰이는 동아프리카 영어, 또 나이지리아와 가나에서 사용되는 서아프리카 영어, 또한 아프리카 남부 지역에서 사용되는 남아프리카 영어가 그것이다. 남아프리카 영어는 남아프리카 인구의 약 10% 사람들에게 제1언어이며 기타 다수의 사용자들에게는 제2언어로 사용된다. 이들 변종 영어에는 각 지역의 관습, 음식 등 문화를 반영하는 특징적인 어휘가 들어 있다.

남아시아 영어

남아시아에서 영어는 힌두어 및 기타 몇몇 언어와 오랫동안 병용되어 왔다. 이 지역에서 비교우위를 보여 주는 영어는 인도 영어이며 기타 남아시아의 다른 국가에서는 인도 영어와는 좀 다른 형태의 영어가 사용된다. 남아시아 영어 어휘 가운데 대다수는 표준 영국 영어의 어휘이다. 또 bhaji, salwar, kameez 같은 식품과 의류에 관련된 토속어 어휘들이 영국으로 이주한 남아시아인들에 의해 영어에 유입되어 사용되고 있다.

동남아시아 영어

동남아시아 지역에는 통일된 표준 영어가 없다. 말레이시아 영어는 말레이시아에서 의사소통 수단으로 중요한 역할을 담당하고 있고 싱가포르 영어는 중국어와 말레이어의 어투와 어휘가 가미된 독특한 방언인데 이것을 일컬어 싱글리시Singlish라 한다.

언어 통일의 과정? 그 결과는……

오늘날 세계는 근현대 이래 역사적 사실이 된 서세동점의 산물, 즉 서양의 열강들이 동양을 지배하는 가운데 구축된 질서를 거부하고, 동아시아와 제3세계를 중심으로 자신들의 고유성과 주체성을 회복하려는 움직임을 보이고 있다. 이것이 바로 후기식민주의 또는 탈식민주의로 번역되는 포스트콜로니얼리즘postcolonialism이다. 그러나 실제로는 그 의도와는 역으로 오히려 제3세계의 묵과적인 '동의' 속에 서구열강들이 뿌려놓은 식민의식이 문화적, 심리적, 이데올로기적으로 확대 재생산되고 있다. 더구나 이것이 미국 일변도로 치닫게 되면서 '세계화란 곧 미국화이며, 글로벌스탠다드는 곧 미국적 가치 기준이며, 언어는 곧 미국 영어'라는 결과를 낳게 되었다. 그런데 이러한 과정에서 중요한 역할을 담당한 요소 중 하나는 바로 영어이다. 과거 팍스 브리태니카하에서도 그랬듯이 지금의 팍스 아메리카나하에서도 영어는 문화제국주의를 이행하는 매체로서의 중요한 역할을 담당하고 있다. 하지만 그 둘 사이의 차이는 있다. 과거 팍스 브리태니카하에서 문화제국주의는 영국의 식민 통치를 정당화하고 합리화하는 데 있어서 단지 보조적 기능을 수행하였을 뿐이었다. 그러나 오늘날 팍스 아메리카나하에서 미국적 가치를 몰아붙이는 문화제국주의는 과거 어느 때보다 훨씬 더 적극적이고 강제적이며 그것을 이행하는 매체, 영어도 전에 없던 막강한 이데올로기적 강제성과 영향력을 발휘하고 있다. 그리고 이러한 상황으로 볼 때, 지금의 추세대로 나아간다면 소수 언어들은 점점 소멸되고 머지않아 영어에 의한 언어 통일로 이어지리라 생각된다.

학자들은 약 1만 년 전, 세계 인구가 5백만 내지 1천만 명쯤일 때 약 1만 2천 개의 언어가 있었을 것으로 추측하고 있다. 지난 수십 년간 진행된 세계화로 인하여 소수 언어는 급속히 사멸하여 지금은 세계적으로 약 6천8백 개의 언어가 잔존하는 것으로 밝혀졌다. 언어사적으로 볼 때 지난 오백 년 동안 세계 언어의 절반이 사멸되었고 현존하는 6천8백 종의 언어 중 3천 개 정도도 사멸 위기에 놓여 있으며 이것마저 앞으로 몇 세기가 지나면 약 2백 종의 언어만이 남을 것으로 예측하고 있다. 언어가 사멸한다는 것은 그 언어 사용자들이 시간, 주변 환경, 생물, 예술, 지식 등에 관하여 수 세기에 걸쳐 생각하고 축적해 온 모든 것이 사라진다는 것이다. 그러나 이와 같은 안타까움에도 불구하고 오늘날 교통과 통신 그리고 미디어의 발달은 소수 언어의 사멸을 재촉하고 있다. 더구나 세계가 점점 하나의 동질적인 문화권으로 통합되어 감에 따라 더 많은 사람들과 경제적으로 소통할 필요성이 대두되면서 유력한 언어, 즉 영어로의 언어 통일은 더욱 가속화될 것이다.

현재 영어는 절대적 힘과 지위를 누리는 세계어가 되었다. 그러나 앞으로의 운명은 아무도 모른다. 흐르는 시간은 모든 것을 바꾸어 놓기 때문이다. 영어도 흐르는 시간과 함께 그 모습과 위상에 변화가 생길 것이다. 지금까지 그래왔듯이…… 이쯤에서 김훈이 쓴 『말들의 풍경』 서문을 되뇌며 마무리를 하려 한다.

말들은 저마다 자기의 풍경을 갖고 있다. 그 풍경들은 비슷해 보이지만 자세히 들여다보면 다 다르다. 그 다름은 이중적이다. 하나의 풍경도 보는 사람에 따라 다르고, 풍경들의 모음도 그러하다. 볼 때마다 다른 풍경들은 그것들이 움직이지 않고 붙박이로 있기를 바라는 사람들에게는 견딜 수 없는 변화로 보인다. 그러나 변화를 좋아하는 사람들에게는 그것이야말로 말들이 갖고 있는 은총이다. 말들의 풍경이 자주 변하는 것은 그 풍경 자체에 사람들이 부여한 의미가 중첩되어 있기 때문이며, 동시에 풍경을 보는 사람의 마음이 자꾸 변화하기 때문이다. 풍경은 그것 자체가 마치 기름 물감의 계속적인 덧칠처럼 사람들이 부여하는 의미로 덧칠되며, 그 풍경을 바라다보는 사람 마음의 움직임에 따라, 마치 빛의 움직임에 따라 물의 색깔이 변하듯 변한다. 풍경은 수직적인 의미의 중첩이며, 수평적인 의미의 이동이다. 그 중첩과 이동을 낳는 것은 사람의 욕망이다. 욕망은 언제나 왜곡되게 자신을 표현하며, 그 왜곡을 낳는 것은 억압된 충동이다. 사람의 마음속에 있는 본능적인 충동이 모든 변화를 낳는다. 본질은 없고, 있는 것은 변화하는 본질이다. 아니 변화가 본질이다. 팽창하고 수축하는 우주가 바로 우주의 본질이듯이. 내 밖의 풍경은 내 충동의 굴절된 모습이며, 그런 의미에서 내 안의 풍경이다. 밖의 풍경은 안의 풍경 없이는 있을 수 없다. 안과 밖은 하나이다. 하나는 둘을 낳고 둘은 만물을 낳는다는 말의 참뜻은 바로 그것이다.

참고문헌

가메야마이쿠오 외, 임희선 옮김. 2005. 교양으로 읽어야 할 절대지식. 서울: 이다미디어.

강대건 외. 1976. 18세기 영시. 서울: 탐구당.

경상대학교 인문학연구소 엮음. 2002. 세계화 시대의 국제어: 영어공용어론과 외국어문제 다시보기. 서울: 동남기획.

고종석. 2003. 히스토리아. 서울: 마음산책.

______. 2007. 말들의 풍경: 고종석의 한국어 산책. 서울: 개마고원.

______. 2007. 발자국. 서울: 마음산책.

김명숙 외. 2006. 영어의 역사. 서울: 형설출판사.

김병걸. 1999. 문예사조, 그리고 세계의 작가들: 단테에서 밀란 쿤데라까지 1–2. 서울: 두레.

김인성. 2005. 소설가의 길을 따라. 서울: 평민사.

______. 2005. 시인의 자리를 찾아서. 서울: 평민사.

김희보. 2000. 그림으로 읽는 세계사 이야기 1–2. 서울: 가람기획.

다니엘 네틀 외. 김정화 옮김. 2003. 사라져 가는 목소리들. 서울: 이제이북스.

데즈먼드 모리스, 김석희 옮김. 2006. 털 없는 원숭이. 고양: 문예춘추사.

랑카 비엘작 외, 신광순 옮김. 2004. 언어의 다양한 풍경. 서울: 시공사.

로버트 슈나켄베르크, 박선령 옮김. 2008. 위대한 작가들의 은밀한 사생활. 서울: 로그인.

리처드 카벤디쉬 엮음, 김희진 옮김. 2009. 죽기 전에 꼭 봐야 할 세계 역사 유적 1001. 서울: 마로니에북스.

미우라 노부타카 외, 고영진 옮김. 2005. 언어 제국주의란 무엇인가. 파주: 돌베개.

미하엘 코르트, 권세훈 옮김. 2009. 광기에 관한 잡학사전. 서울: 을유문화사.

박영배. 2001. 앵글로색슨족의 역사와 언어. 서울: 지식산업사.
박지영. 2006. 유쾌한 심리학. 서울: 파피에.
빌 브라이슨, 황의방 옮김. 2009. 빌 브라이슨의 셰익스피어 순례. 서울: 까치글방.
스티븐 미슨, 김명주 옮김. 2008. 노래하는 네안데르탈인: 음악과 언어로 보는 인류의 진화. 서울: 뿌리와이파리.
스티븐 버트먼, 김석희 옮김. 2008. 낭만과 모험의 고고학 여행. 서울: 루비박스.
씨씨티비 다큐멘터리 대국굴기 제작진. 2007. 강대국의 조건: 영국. 파주: 안그라픽스.
아베 긴야, 양억관 옮김. 2005. 중세유럽산책. 파주: 한길사.
앤드류 달비, 오영나 옮김. 2008. 언어의 종말. 서울: 작가정신.
앤드류 샌더즈, 정규환 옮김. 2003. 옥스퍼드 영문학사. 서울: 동인.
에드워드 파이도크 외, 노용필 옮김. 2009. 고대 브리튼, 그들은 어떻게 살았을까. 서울: 일조각.
엘리자베스 거, 손영도 옮김. 2008. 시대사 속의 영국문학. 서울: 고려대학교출판부.
영미문학연구회. 2001-2. 영미문학의 길잡이 1-2. 서울: 창작과 비평사.
우메다 오사무, 위정훈 옮김. 2006. 뿌리깊은 지명이야기. 서울: 파피에.
윤지관 엮음. 2007. 영어, 내 마음의 식민주의. 서울: 당대.
윤희억. 2003. 영국 문학의 이해: 고대에서 현대까지. 서울: 지문당.
이미재. 2005. 영어 역사 이야기 산책. 서울: 경진문화사.
이인식. 2006. 미래교양사전. 서울: 갤리온.
이재호 편역. 2003. 낭만주의 영시. 서울: 탐구당.

_________. 2003. 17세기 영시. 서울: 탐구당.
_________. 1976. 20세기 영시. 서울: 탐구당.
자크 아탈리, 이효숙 옮김. 호모 노마드 유목하는 인간. 서울: 웅진지식하우스.
조두상. 2007. 영어의 역사를 알면 영어가 보인다. 서울: 신아사.
조일제. 2001. 영국문학과 사회. 인천: 우용출판사.
존 배그넬 베리, 김성균 옮김. 2007. 바바리안의 유럽 침략. 서울: 우물이 있는집.
존 앨지오 외, 박의재 외 옮김. 2005. 영어의 기원과 발달. 서울: 경문사.
지오바니 아리기 외, 최홍주 옮김. 2008. 체계론으로 보는 세계사. 서울: 모티브북.
지오프리 파커 엮음, 김성환 옮김. 2005. 아틀라스 세계사. 파주: 사계절.
크리스 바커 외, 백선기 옮김. 2009. 문화연구와 담론분석: 언어와 정체성에 대한 담화. 서울: 커뮤니케이션북스.
타임-라이프 북스, 권경희 옮김. 2004. 엘리자베스 여왕의 왕국. 서울: 가람기획.
_____________, 김옥진 옮김. 2004. 기사도의 시대. 서울: 가람기획
_____________, 신형승 옮김. 2004. 유럽의 낭만주의 시대. 서울: 가람기획.
_____________, 이종인 옮김. 2004. 바이킹의 역사. 서울: 가람기획.
_____________, 전일휘 옮김. 2004. 유럽의 정복자 켈트 족. 서울: 가람기획.
타케미츠 마코토, 이정환 옮김. 2001. 세계 지도로 역사를 읽는다. 서울: 황금가지.
탐구당 엮음, 김석산 옮김. 1976. 베오울프 외. 서울: 탐구당.
폴 에얼릭, 전방욱 옮김. 2008. 인간의 본성들. 서울: 이마고.

프랑수아 라로크, 이종인 옮김. 2007. 셰익스피어: 비극의 연금술사. 서울: 시공사.

피터 퍼타도, 김희진 외 옮김. 2009. 1001 Days: 죽기 전에 꼭 알아야 할 세계역사. 서울: 마로니에북스.

캐서린 엠. 에스. 알렉산더, 정신아 옮김. 2006. 셰익스피어의 시대. 파주: 청아출판사.

Algeo, J. 2006. British or American English? Cambridge: Cambridge University Press.

Alexander, C. M. S(EDT). 2004. Shakespeare and Language. Cambridge: Cambridge University Press.

Barber, C. 2000. The English Language. Cambridge: Cambridge University Press.

Bauer, L. 1994. Watching English Change. Harlow: Longman.

Beal, J. C. 2004. English in Modern Times. London: Arnold.

Bragg, M. 2004. Adventure of English: The Biography of a Language. New York: Arcade.

Bryson, B. 2001. Made in America: An Informal History of the English Language in the United States. New York: Harpercollins.

Burnley, D. 2000. The History of the English Language. Harlow: Longman.

Crystal, D. 1995. The Cambridge Encyclopedia of the English Language. Cambridge: Cambridge University Press.

__________. 2000. Language Death. Cambridge: Cambridge University Press.

__________. 2003. English as a Global Language. Cambridge: Cambridge University Press.

Damrosch, D. 2004. The Longman Anthology of British Literature 1–2. New York: Longman.

Dixon, R. M. W. 1997. The Rise and Fall of Languages. Cambridge: Cambridge University Press.

Fennell, B. A. 2001. A History of English. Malden: Blackwell Publishing.

Freeborn, D. 1998. From Old English to Standard English. New York: Palgrave.

Görlach, M. 1991. Introduction to Early Modern English. Cambridge: Cambridge University Press.

Graddol, D., Leith D. and J. Swann. 1996. English: history, diversity and change. London: Routledge.

Harley, H. 2006. English Words: A Linguistic Introduction. Malden: Blackwell Publishing.

Hughes, G. 2000. A History of English Words. Malden: Blackwell Publishing.

Katamba, F. 2005. English Words: Structure, history, usage. London: Routledge.

Kemenade, A. V. 2006. The Handbook of The History of English. Malden: Blackwell Publishing.

Knowles, G. 1997. A Cultural History of the English Language. London: Arnold.

Leith, D. 1997. A Social History of English. London: Routledge.

Lerer, S. 2007. Inventing English: A Portable History of the Language. New York: Columbia University Press.

McCrum, R., MacNeil, R. and W. Cran. 2002. The Story of English. New York: Penguin books.

Millward, C. M. 1996. A Biography of the English Language. Boston: Thomson.

Oxford University Press. 2005. Oxford Advanced Learner's Dictionary(7th ed.). Oxford: Oxford University Press.

Pearsall, J. and B. Trumble(EDT). 2002. The Oxford English Reference Dictionary. Oxford: Oxford University Press.

Pinker, S. 1994. Language Instinct. New York: W. Morrow and Co.

Singleton, D. 2000. Language and the Lexicon: An Introduction. London: Arnold.

Stevenson, V. 1999. The World of Words. New York: Sterling Publishing.

Stockwell, R. and D. Minkova. 2001. English Words: History and Structure. Cambridge: Cambridge University Press.

Viney, B. 2008. History of the English Language. Oxford: Oxford University Press

Wright, L(EDT). 2000. The Development of Standard English 1300–1800. Cambridge: Cambridge University Press.

미주

1) 영어는 end-finish-conclude fear-terror-trepidation ask-question-interrogate time-age-epoch 등과 같은 앵글로색슨어-불어-라틴어 동의어 짝을 많이 갖고 있다.

2) 인도유럽어에 사용되었을 것으로 추정되는 일상 어휘
말horse, 곰bear, 염소goat, 소ox, 산토끼hare, 고슴도치hedgehog, 연어salmon, 집토끼rabbit
눈snow, 천둥thunder, 불fire
떡갈나무oak, 너도밤나무beech, 자작나무birch, 버드나무willow
눈eye, 귀ear, 심장heart, 발foot

3) 게르만어와 기타 인도유럽어의 비교

고대 영어	라틴어	그리스어	산스크리트어
fæder 'father'	pater	pater	pitar
twā 'two'	duo	duo	dvau
siex 'six'	sex	hex	sat

* 그림의 법칙Grimm's Law
1822년에서 1840년 사이에 유럽의 동화를 수집하던 Grimm 형제 가운데 형이었던 Jacob은 인도유럽어의 변화 현상들을 설명할 수 있는 법칙을 발견하였다. 인도유럽어는 원래 자음 18개를 갖고 있었다. 그런데 게르만어로 넘어가는 수백 년에 걸쳐서 그 절반이 변하였다.
먼저, 세 개의 무성폐쇄음이 마찰음이나 무성음으로 바뀌었다.
(예, 인도유럽어→게르만어)
p→f
pater/father penna/feather penta/five pisces/fish pod/foot pyre/fire
t→th
mater/mother pater/father tres/three tumor/thigh, thumb
k→h

cornet/horn cardiac/heart canine/hound cannabis/hemp
이러한 변화는 무성폐쇄음 p, t, k가 사라지게 만들었는데, 그러다가 다음 예에서 보듯이 유성폐쇄음 b, d, g를 변화시켜 그 사라진 음들을 대신하게 하였다.

b→p
reimburse/purse boast/puff bosom/pouch, pocket
d→t
decade/ten dentist/tooth domestic/tame
g→k
agriculture/acre grain/corn grate/scratch genuflect/knee

4) 영어와 기타 서게르만어 비교
영어-독일어-스웨덴어
stone-Stein-sten/bone-Bein-ben/home-Heim-hem/rope-Reif-rep/one-ein-en

* 제2차 음 변화
5세기 서게르만어 사용 지역 내의 바바리아Bavaria(현 독일 남부 지방)에서 시작된 자음 변화 현상이 서서히 북쪽으로 옮아가고 있었다. 그 변화로 인하여 영어와 독일어는 각기 다른 언어로 갈라지게 되었고, 차이는 주로 그림의 법칙에 적용되었던 자음들에서 볼 수 있다(예, 영어/독일어).

English German
p→f: open-offen sleep-schlafen ship-Schiff
t→s: water-Wasser eat-essen what-was
k→ch: make-machen seek-suchen reek-rauchen
p→pf: apple-Apfel pan-Pfanne pound-Pfund
d→t: bid-bitten do-tun hand-hant(철자 표기는 Hand임)

그러나 이와 같은 변화가 왜 일어났는지에 관해서는 정확히 규명된 바가 없다.

5) 캐멀롯Camelot은 아더왕King Arthur이 통치하는 왕국의 왕궁이 있던 지명이다. 아더왕은 켈트족으로부터 전승되는 전설적인 영웅이다. 아마도 아더왕은 5세기에서 6세기경, 즉 로마 제국의 멸망 이후 앵글로색슨Anglo-Saxon족이 영국 섬을 차지하기 이전까지 브리튼을 다스리면서 앵글로색슨족의 침입에 대항하여 용감하게 싸웠던 켈트계 브리튼족의 왕으로 추정된다. 그는 거세게 밀려오는 이민족의 침입을 막아내고

찬란했던 과거의 영광을 재현할 인물이며 또 지금 여의치 못하더라도 후에 반드시 돌아와 그들의 비원을 들어줄 켈트족의 희망으로 그려지고 있다. 아더왕의 이야기는 여러 가지 버전이 있지만 대략 다음과 같은 내용이다.

아더왕은 브리튼 왕 유더 펜드라곤Uther Pendragon의 아들로 태어나 마법사였던 멀린Merlin의 양육으로 성장한다. 왕위 계승자를 예언하는 돌에 박힌 검, 엑스칼리버Excalibur를 뽑아 15세에 브리튼 왕이 되고 용감하게 적과 싸워 평화를 얻어낸다. 왕궁은 캐멀롯Camelot이고 궁 안에는 상하 서열 문제로 일어날 수 있는 분쟁을 피해 원형 탁자에 둘러앉는 원탁기사단the Knights of the Round Table이 있었는데 그 기사들 가운데서도 아더왕의 조카인 가웨인 랜슬롯Sir Gawain Lancelot이 가장 용감했다. 랜슬롯은 호수의 님프가 키웠다고 하여 호수의 기사라고도 불렸는데 녹기사Green Knight와 싸워 용맹을 떨쳤다. 아더왕의 왕비는 귀네비어Guinevere인데, 아더왕이 원정을 간 사이 조카 모드레드Modred는 왕비 귀네비어를 꾀어 그녀와 결혼하고 아더왕에게 반란을 획책한다. 이에 아더왕은 되돌아와 모드레드를 죽이지만 자신도 치명상을 입고 마법의 배에 실려 애벌론Avalon 섬으로 사라진다. 얼마 후 애벌론 섬의 한 수도원에는 새로운 묘가 생겼는데, 묘비에는 "여기에 아더왕이 잠들다. 과거 왕이었고 또 앞으로도 왕이 될 사람이다(Hic jacet Arthurus, Rex quondam Rexque futurus)"라고 쓰여 있었다. 그러나 사람들은 아더왕이 죽지 않고 다른 곳으로 은신하였으며 언젠가 자신들의 위대한 왕으로 다시 돌아올 것으로 굳게 믿고 있었다.

6) 몰든 전투에서 에식스 왕국의 브리히트노스Bryhtnoth가 적의 화살에 맞아 쓰러졌을 때, 충성스런 가신들과 부하들이 그를 따라 끝까지 싸우다 전사한 것을 말한다.

7) 엘리자베스 1세는 메리 스튜어트의 5촌 아주머니이다. 즉 메리 스튜어트의 아버지 제임스 5세가 엘리자베스 1세와 사촌 간이 되는데 제임스 5세의 어머니, 즉 메리 스튜어트의 할머니가 다름 아닌 엘리자베스 1세의 아버지 헨리 8세의 누나인 마가렛 튜더이기 때문이다. 적자와 서자라는 입장에서 보면 어머니가 아버지 헨리 8세의 첫 부인이 아니어서 엘리자베스 1세는 서자이고 또 아버지 헨리 8세의 다른 후계가 없는 것으로 보면 잉글랜드 왕실의 혈통으로 볼 때 오히려 스코틀랜드의 메리 스튜어트는 서자가 아니므로 오히려 잉글랜드 왕위 계승권에서 엘리자베스 1세보다 한 발 앞서 있는 셈이었다. 이런 점 때문에 엘리자베스 1세는 오랫동안 메리 스튜어트를 경계하였다. 후에 메리 스튜어트가 스코틀랜드의 내분에 휩싸여 도움을 청하며 잉글랜드로 피신해 왔을 때, 엘리자베스 1세는 스코틀랜드의 요청에도 불구하고 메리 스튜어트를 송환하지 않고 잉글랜드 내의 몇 개 성을 옮겨 가며 살아가게 보살펴 주지만 사실상 19년 정도 자신의 감시하에 유폐시킨 셈이다. 결국 메리 스튜어트는 엘리자베스 1세를 끌어내리고 자신이 잉글랜드와 스코틀랜드의 왕으로

복귀할 계획을 세우지만 엘리자베스 1세에게 발각되어 결국 처형당하고 만다. 그러나 엘리자베스 1세의 후계가 없어 메리 스튜어트의 아들이 잉글랜드의 제임스 1세(스코틀랜드에서는 제임스 6세)로 왕위에 올라 잉글랜드의 스튜어트 왕조를 열면서 메리 스튜어트의 왕위에 대한 꿈은 아들이 대신 이루어 준 셈이다.

8) 이 시기의 대표적 인문주의자는 토마스 모어Thomas More(1478~1535)이다. 주시하다시피 그는 『유토피아Utopia』(1516)라는 소설의 작가로도 알려져 있다. '유토피아'는 그리스어로 '아무데도 없는 곳'이라는 뜻인데 오늘에 와서는 이상향이라는 의미로 쓰인다. 소설 속에 유토피아 공화국의 실상, 예를 들면 유토피아에 사는 시민들은 하루에 6시간만 일하면 되고 필요한 물건들은 공동창고에서 마음대로 쓸 수 있다는 등을 소개하면서 토마스 모어는 종교적 관용, 교육의 평등을 내세우며 중세 말기의 유럽 사회를 비판하였다.

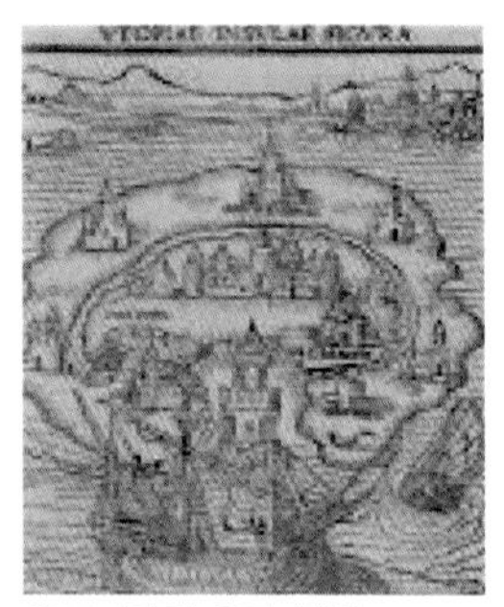
유토피아의 초판 삽화

9) 의미상의 주어인 명사에다가 분사, 형용사 또는 명사를 첨가하여 다 같이 탈격이 되고 시간, 원인 따위를 나타내는 부사절 상당의 구를 말한다. 예를 들면 viãfactã(the road having been made).

10) 영국의 엘긴 경이 그리스 주재 영국 공사로 있던 시절 1801년부터 1903년에 걸쳐 아테네 파르테논 신전의 박공 및 조각상들을 수집하여 영국으로 들여왔는데 그 후 영국 정부에서 일괄 매입하여 현재 대영 박물관에 전시되어 있다. 요즘 들어 그리스의 반환 요청을 둘러싸고 국제적인 문제가 되고 있다.

11) 스푸너리즘은 실수로 두 낱말의 소리를 서로 바꿔 발음하는 언어 현상을 가리킨다. 빅토리아 여왕 시절 옥스퍼드대학 뉴칼리지의 학장을 지낸 윌리엄 아치볼드 스푸너의 말실수에서 비롯된 어휘이다. 빅토리아 여왕이 참석한 만찬에서 건배를 제의하며 'for our dear old queen' 대신 'for our queer old dean'이라고 외친 것에서 비롯되었다. 첫 소리 /d/와 /k/를 바꾸어 '경애하는 여왕'이 아니라 '별난 학장'을 만드는 실수를 범했다.

12) 쇼는 당시 영국의 언어학자 헨리 스위트Henry Sweet(1845~1912)가 극 중 등장인물 히긴스에 대한 실제 모델임을 밝혔다.

13) 흑인영어[Black English]

아프리카계 흑인들이 발전시킨 변종 영어인 흑인영어는 진짜 변이 형태라기보다는 정치적인 문제라고 보는 경향이 있다. 이 흑인영어는 흑인들이 미국 남부 지방을 떠나 북부 지방으로 대거 옮겨 간 20세기에 들면서 미국 영어에 커다란 영향을 미쳤다. 흑인영어는 발음과 문법 면에서 미국 영어와는 다른 점들이 있다. 예를 들면 ask는 ax, aunt는 ant로 발음한다. 동사의 어미 s는 종종 생략한다(예를 들면, she love you). 또 ng 어미는 'comin'처럼 in으로, 또한 'he be working now'와 같은 진행형 표현에서 is가 be로 대체된다. 미국 영어에 유입된 흑인영어 어휘로는 jazz[음악 장르 재즈], cool[좋은, 훌륭한], dude[사람] 등이 있다.

14) 새로운 어휘의 유입

초기 정착민들은 유럽 대륙에서 보지 못했던 신대륙의 새로운 지형과 동식물들을 지칭할 새로운 어휘의 필요성이 제기되었고 이것을 해결하기 위하여 기존 영어 어휘를 활용하거나 인디언어, 그리고 다른 언어로부터 어휘를 차용하여 사용하였다.

1. 기존 어휘의 활용 또는 새로운 어휘 추가: blackbird, backwoods, bluegrass, caribou, locust, opossum, raccoon, tomahawk
2. 인디언어에서 차용: Potomac, Massachusetts, Mississippi, Alabama, Dakota, Minnesota, Allegheny, Appalachian, Chicago, Sitka, hickory, hominy, papoose, squash, wampum
3. 불어에서 차용: Detroit, St Louis, Illinois, cent, dime, bayou, cache, crevasse, levee, portage, prairie
4. 스페인어에서 차용: Los Angeles, San Francisco, Santa Fe, plaza, adobe, alligator, armadillo, canoe, canyon, castanet, coyote, mesa, vamoose
5. 네덜란드어에서 차용: New York(〈New Amsterdam), Brooklyn(〈Breukelyn), Harlem(〈Haarlem), Bronx(〈Bronck's), buoy, cookie, leak, sleigh, waffle, yacht
6. 기타 언어에서 유입된 어휘
   독일어에서 온 어휘: check, kindergarten/이탈리아어에서 온 어휘: pasta, spaghetti/이디시(동유럽 유태인어): schmuck[바보], shlep[당기다, 피곤한 여행, 하찮은 사람]

노진서(盧鎭瑞)

광운대학교 교양학부 교수이다. 주된 연구 분야는 인지언어학을 이론적 배경으로 한 영어의미론, 영어어휘론이며 특히 은유 연구에 몰두하고 있는데 이와 연관된 영어와 한국어의 은유 표현 번역에도 관심을 갖고 있다. 또 전문적인 연구 외에도 언어에 관련된 주제들을 쉽게 풀어서 소개하는 일을 계속하고 있다.

최근의 저서로 『시간과 공간을 조각하다』(2007)가 있고 번역서로 『율이 들려주는 언어학 강의』(2009)가 있으며 최근 논문으로 「한-영 시에 나타난 은유 표현의 번역 문제」(2007), 「영어와 한국어 시 구절에 나타난 개념적 은유 비교」(2007), 「한-영 시에 활용된 문화소의 번역 전략」(2007), 「한-영 시 번역텍스트에서 활용된 의성어의태어 번역 전략」(2008), 「근대 초기와 현대 영어에서의 시간에 대한 개념적 은유」(2008), 「영어에서의 죽음의 은유적 개념화」(2008), 「인생의 개념적 은유를 통해 본 영어와 한국어의 은유 변이」(2009), 「영어 은유적 합성명사의 의미양상」(2010), 「신체 관련 은유 표현의 영-한 번역 전략」(2010) 등이 있다.

e-mail: sweetnoh@kw.ac.kr

표지 일러스트: 노이한

(런던 킹스턴대학교 일러스트 & 애니메이션 재학 중)

천오백 년, 영어 글로벌화의 역사

초판인쇄 | 2010년 10월 30일
초판발행 | 2010년 10월 30일

지 은 이 | 노진서
펴 낸 이 | 채종준
기 획 | 문진현
마 케 팅 | 김봉환
아트디렉터 | 양은정
표지디자인 | 장선희

펴 낸 곳 | 한국학술정보(주)
주 소 | 경기도 파주시 교하읍 문발리 파주출판문화정보산업단지 513-5
전 화 | 031)908-3181(대표)
팩 스 | 031)908-3189
홈페이지 | http ://ebook.kstudy.com
E-mail | 출판사업부 publish@kstudy.com
등 록 | 제일산-115호(2000.6.19)

ISBN 978-89-268-1592-2 03740 (Paper Book)
978-89-268-1593-9 08740 (e-Book)

이담 Books 는 한국학술정보(주)의 지식실용서 브랜드입니다.

책에 대한 더 나은 생각, 끊임없는 고민, 독자를 생각하는 마음으로 보다 좋은 책을 만들어갑니다.